Citadel
Filmbücher

Gregor Ball/Eberhard Spiess

HEINZ RÜHMANN

UND SEINE FILME

Herausgegeben von JOE HEMBUS

Originalausgabe

Goldmann Verlag München

Danksagung

Für Rat und Hilfe danken die Autoren folgenden Personen und Instiutionen: Susanne Aernecke, ARD-Filmredaktion, Christa Bandmann, Jo M. Blanche, Rudolf Carl, Roswitha Daniel, Degeto-Frankfurt/M., Deutsches Rundfunkarchiv-Frankfurt/M., Bodo Dorra, Klaus Eck, Annelies Englisch, Gianni Florio, Micky Glässge, Klaus Hanitzsch, Stephan K. F. Hron, Günther Kallinger, Peter M. Kraus-Kautzky, Kristine Krois, Ulrich Kurowski, Peter Magdowski, Erich Felix Mautner, Brigitte Mieles, Gisela Naß, Bruno W. Pantel, Peter Papenbrok, Christa Reichel, Heribert Schaack, Barbara Schell, Siglinde Schwenzl, Sonja Smolinski, Werner Winetzhammer, ZDF-Mainz.

Für
Verena – Corinna

Made in Germany
1. Auflage 4/82 · 1.–20. Tsd.

Umschlaggestaltung: Atelier Adolf & Angelika Bachmann, München
Fotos des Innenteils: Fotoarchiv Gregor Ball, Fotoarchiv Christa Bandmann, Deutsches Institut für Filmkunde, Wiesbaden; Fotoarchiv Joe Hembus, Fotoarchiv Dr. Konrad Karkosch, München, Fotoarchiv Ursula Röhnert, Berlin, Fotoarchiv Peter Magdowski, Österreichisches Filmarchiv, Wien; Ullstein Bilderdienst, Berlin; ZDF-Bildarchiv, Mainz
Satz: Filmsatz Schröter GmbH, München · Druck: Courier Druckhaus, Ingolstadt
Verlagsnummer: 10213-0
Lektorat: Christa Bandmann · Layout: Christa Bandmann
Herstellung: Peter Papenbrok
ISBN 3-442-10213-8

Inhalt

Lächeln, das Kleingeld des Glücks

Wenn »Lächeln das Kleingeld des Glücks« ist, wie Heinz Rühmann einmal so schön sagte, so ist es für ihn doch ein großes, breites Lachen geworden, denn es zahlte mit voller Münze zurück, sowohl im ideellen, was die Akklamation durch sein Publikum anbelangte, wie auch im materiellen Sinne, was seine Einnahmen betraf. Zwar sind sie auch ihm nicht sogleich in den Schoß gefallen und wenigstens in einer Periode seines Schaffens, nach dem zweiten Weltkrieg nämlich, als die zusammen mit Alf Teichs als Produktionsfachmann gegründete Herstellerfirma »Comedia« zusammenbrach und er als Mitgesellschafter auf Heller und Pfennig anteilmäßig die Schulden der Firma abzahlen mußte, schien ihm Fortuna nicht hold gesonnen zu sein. Und wenn es danach auch still um ihn wurde – alte Freunde oder Geschäftspartner vermieden, ihm zu begegnen –, so hätte er aber nicht das unbekümmerte, sich wie in den meisten seiner Filme durch kleinbürgerliche Zwänge hindurchwurstelnde Stehaufmännchen sein dürfen, wenn ihm das für lange Zeit hätte etwas anhaben können; wie denn überhaupt der Lebenswille des von ihm immer wieder dargestellten kleinen Mannes, der sich mit List und Zielstrebigkeit aus mancher Unbill des Lebens herausmogelt, wohl auch ein wesentlicher Bestandteil seines eigenen Charakters ist. Eines Charakters, der sich dem Publikum anpaßt, wie es von Adolphe Zukor als wichtiges Kriterium eines erfolgreichen Schauspielers einmal definiert wurde.

Heinz Rühmann wurde am 7.3.1902 in Essen als Sohn eines Gastwirts und Hoteliers in durchaus gutbürgerlichem Milieu geboren. Dieses hinderte den Vater jedoch nicht, seine und der Mutter gastronomische Fähigkeiten leichtfertig durch einen fatalen Hang zum Leben und Leben lassen aufs Spiel zu setzen, so daß die Mutter nach dem frühen Freitod des Vaters mit Heinz Rühmann und seinen Geschwistern, dem älteren Bruder Hermann und der jüngeren Schwester Ilse, nach München verzog, wo er seine Jugend verbrachte und wohin er im Alter auch wieder zurückgekehrt ist. Damals spielte er schon als der »Kleine« bei Schülerversammlungen eine maßgebliche Rolle. Der Abschlußfeier in seiner Schule sah Rühmann mit großen Erwartungen entgegen, da er dabei gedachte, Regie zu führen. Doch das wollten seine Klassenkameraden nicht, und Heinz Rühmann als erster Schulsprecher war sauer. »So ein undankbares Volk«, wetterte er, und faßte mit seiner Mutter den Entschluß »da bleiben wir weg, sowas kann man doch mit mir nicht machen!« Wie sich später zeigen sollte, mußten noch etliche Jahre vergehen, bevor sich Rühmann erstmals 1938 in dem Film *Lauter Lügen* als Regisseur betätigen durfte. Wo immer sich die Möglichkeit ergab, wollte Rühmann seine Neigungen demonstrieren. An einen dieser Auftritte erinnert er sich noch Jahre später ganz genau. Er wurde später in dem Film *Die Feuerzangenbowle* aufgegriffen. Als ein Mathematikpauker eines Tages kurz nach Unterrichtsbeginn zum Direktor gerufen wurde und ausgerechnet Rühmann mit der Klassenaufsicht betraut wurde, sah dieser seine große Stunde gekommen: Kaum hatte der Lehrer das Zimmer verlassen, begann Rühmann auch schon Haltung und Sprechweise vom Katheder herunter nachzuahmen. Der Erfolg war in jeder Hinsicht durchschlagend: Bei jeder neuen Pointe steigerte sich das Lachen, das begeisterte Trampeln der Schüler zu einem furiosen Lärm, so daß niemand die Rückkehr des Pädagogen bemerkte. Denn plötzlich, während Rühmann mit dem Rücken zur Klasse wortreich dozierte, wurde es plötzlich still. Schuldbewußt schlich er auf seinen Platz – des Donnerwetters des Lehrers gewahr.

Wenig später hatte Rühmann Gelegenheit, in Raupachs DER MÜLLER UND SEIN KIND erstmals die Bretter, die für ihn die Welt bedeuteten, zu betreten. Er spielte den Sohn Konrad, der sterben muß und dessen Geist dann auf dem Friedhof zu erscheinen hat. Da Kostüme fehlten, kam Heinz Rühmann im eigenen langen Nachtgewand zur Vorstellung. Er muß ihn recht temperamentvoll gespielt haben, diesen Geist, denn er wurde engagiert und bald schon schwand sein Interesse an der Schule. Kaum war er in der Unterprima, faßte er den festen Entschluß, zum Theater zu gehen. Hier kam ihm der Zufall und eine temperamentvolle junge Frau, in deren Kinderwagen Zwillinge lagen, zu Hilfe. In einem kleinen Park nahe der Münchner Wohnung Schlotthauerstraße Nr. 5 lernte der 18jährige Schüler Heinz Rühmann im Auf- und Abgehen mit geschlossenen Augen Rollen und Szenen. Dabei lief er unversehens in einen Kinderwagen, entschuldigte sich artig, bestaunte höflich die Babys und gleich darauf auch die hübsche junge Mutter. Nachdem er dem offensichtlich entflammten Frauenherz als Ursache der komischen Kollision sein Anliegen, Schauspieler werden zu wollen, vorgetragen hatte, zeigte die verwandte Seele, die Mitglied des Staatsopernballetts war, Verständnis. Mit jugendlichem Elan und gefühlvollem Einsatz schaffte er es, daß sich diese Dame bei dem bekannten Schauspiellehrer Friedrich Basil für ihn einsetzte. Nun hielt Heinz Rühmann sich damals von Typ und Aussehen her für den idealen jungen Helden und Liebhaber. Mit Vehemenz deklamierte er seinen geliebten Leon aus WEH DEM DER LÜGT, und scheiterte. Nach einer Weile winkte der große Basil gelassen ab. »Temperament ist ohne Zweifel vorhanden«, hörte Rühmann ihn sagen, »aber mehr sehe ich vorläufig nicht. Es tut mir leid, Ihnen sagen zu müssen, daß ich Sie nicht als Schüler zu mir nehmen kann – vielleicht später einmal, wenn Sie sich in Geduld üben und weiterhin so fleißig bemüht sind.« Daheim vertuschte er den Reinfall mit scheinheiligen Ausreden. Aber er schaffte es dann doch, weil sich die junge Frau noch einmal bei Basil für ihn bemühte. Friedrich Basil hatte außer Rühmann noch einen anderen Schüler, dem er beigebracht hatte, wie man wirkungsvolle Gesten produziert und für das Publikum mitreißende theatralische Wortgebilde hervorstößt: Adolf Hitler.

Zunächst bedeutete die Lehrzeit bei Basil Heulen und Zähneknirschen. Radikal wurde Rühmanns Temperament gedrosselt, sein Glaube, ein strahlender Held und Liebhaber zu sein, unterhöhlt und das Schiller'sche Pathos abgeschafft. Er begann, sein großes Vorbild teils unbewußt, teils bewußt, nachzuahmen. Des Meisters Musterschüler redete und bewegte sich wie dieser, und wenn Basil erkältet war, hatte auch Heinz Rühmann eine krächzende Stimme, weshalb ein geflügeltes Wort die Runde machte: »Seh'n Sie dort, der kleine und der große Basil.« Heinz Rühmann hörte das nicht ungern, achtete aber ebensowenig wie Basil auf das, was sich im Bereich der Filmgeschichte tat. Jahre zuvor war in Amerika bereits mit Griffith's *Birth of a Nation* ein Höhepunkt gelungen, *Das*

Heinz Rühmann

siebente Buch Moses wurde ebenso wie *Danton, Das indische Grabmal* und schließlich *Das Kabinett des Dr. Caligari* verfilmt. Asta Nielsen trat in Erscheinung und in Schwabing in München verkehrte ein bunt gemischtes Völkchen noch relativ friedlich nebeneinander: In der italienischen *Osteria* in der Schellingstraße speisten nicht nur Schauspieler, sondern auch Adolf Hitler, der saß ebenso friedlich am Tisch wie nebenan seine späteren Todfeinde, die Leute vom *Simplicissimus*.

Rühmann, der sich aus Politik nie sehr viel gemacht hat, interessierte dieses Szenarium kaum. Schon nach fünf Monaten Schauspielunterricht galt er als talentierter Schüler. Bis eines Tages Theaterdirektor Richard Gorter aus Breslau auf der Suche nach jungen Talenten bei Basil vorsprach und für 80 Mark Monatsgage den jungen Rühmann engagierte. Als alle Vorbereitungen für Rühmanns erstes Engagement nach Breslau getroffen waren, passierte es eines Morgens: Beim Blick in den Spiegel stellte Rühmann fest, daß die linke Gesichtshälfte geschwollen und unbeweglich geworden war. Der Hausarzt stellte die Diagnose, daß es sich hier vermutlich um die Lähmung des Facialis-Nerves handle. So kam Rühmann 1921 mit entstelltem Gesicht in Breslau an, bedeckte seine gelähmte Gesichtshälfte mit einem Taschentuch und sprach bei dem Direktor vor. Der rang bei diesem Anblick bestürzt die Hände. Da auch die Kollegen nicht mit Spott sparten, wurde aus dem fröhlichen Rühmann rasch ein menschenscheuer junger Mann, der sich am liebsten in seine unbeheizte Bude verkroch, bis eines Tages die Gesichtslähmung ebenso schnell verschwunden wie sie gekommen war. Jetzt konnten die großen Rollen kommen! Es kamen aber nur kleine. Rühmann hatte meist nicht mehr als ein, zwei Sätze zu sprechen. Er fühlte sich zurückgesetzt, gekränkt und verschmäht und reagierte auf seine Weise: Er tat alles, um die Aufmerksamkeit des Publikums auf sich zu lenken, wobei es ihm gelang, nicht nur den Direktor, sondern sehr schnell auch das Publikum gegen sich aufzubringen. Als ein Kritiker Rühmanns Spielereien mit den Zeilen »Herr Rühmann unterhielt wieder einmal die Galerie. Herr Spielleiter, legen Sie diesem jungen Mann Fesseln an!« öffentlich rügte, wurden die Rollen noch kleiner und sollten bald ganz aufhören. Zum Jahresschluß wechselte die Direktion, Gorter ging und Ludwig Barnay kam. Er übernahm das gesamte künstlerische Personal mit einer einzigen Ausnahme: Rühmann. Den wollte er nicht haben.

Durch glückhafte Umstände kam Rühmann für 120 Mark Monatsgage nach Hannover ans Theater, wo er zwei Kollegen kennenlernte: Rudolf Platte und Theodor Lingen. Keiner der Drei ahnte damals, daß sie später einmal für ein großes Filmpublikum gemeinsam spielen sollten. Rudolf Platte spielte den alten Beethoven mit Löwenmähne und hatte sich dem Hochdramatischen verschrieben. Lingen hingegen kannte viele modische Tricks, konnte sogar Steppen und schien der geborene Salonlöwe und Liebhaber zu sein. Immer wieder gelang es Rühmann, gemäß den Worten seines Theaterdirektors »sich jeden Abend neu zu bewähren«. Oft begann das Publikum in Hannover mitten in den Tragödien zu lachen und herzlichen Abgangsapplaus zu spenden. Bei einem Gastspiel mit dem Stück LA FEMME X hatte er den Kellner Viktor zu spielen, der nur in einer Szene aufzutreten und ziemlich belanglose Sätze zu sprechen hatte. Nach dem Motto, das man ihm eingetrichtert hatte, »eine Rolle ist immer nur das, was man aus ihr macht«, wollte er sich rächen. Möglichst gelangweilt und völlig uninteressiert leierte er seine Rolle runter, damit nur ja alle merken sollten, was für eine miese Sache man ihm angedreht hatte. Das Gegenteil trat ein: Diese unergiebige Rolle, die seiner Vorstellung nach nichts, aber auch gar nichts an schauspielerischer Leistung verlangte, entlarvte ihn. Das Publikum hatte an der lustigen Type, die eigentlich nur seine Unzufriedenheit zum Ausdruck bringen wollte, die helle Freude und am nächsten Tag stand im Hannover'schen Courier: »Die Gestaltung der Kellnerrolle durch Heinz Rühmann zeigt, daß er gestern abend sein Talent entdeckt zu haben scheint. Er hat nicht nur höchst eigenwilliges Profil gezeigt, sondern besitzt auch ganz offensichtlich eine starke komische Begabung.«

Die Inflation beendete das für Rühmann erfolgreiche Jahr in Hannover, weil das Theater aus finanziellen Gründen seine Pforten schloß. Rühmann ging nach Bremen. Durch die Inflation hatte jede Gage schon wenige Tage nach der Auszahlung keinerlei Kaufwert mehr, ein Schnaps kostete Unsummen, ein Wurstbrot blieb utopischer Wunschtraum und sich die Zigaretten mit einem Million-Markschein anzuzünden, galt nur in den ersten Tagen als schick. Schließlich wurde sogar ein Teil der Gage in Kohlen und Kartoffeln ausgezahlt, und bald war auch die Situation an den deutschen Theatern für einen Anfänger wie Rühmann alles andere als rosig. Zumal sich seine Eskapaden auf der Bühne, sein Spiel für die Galerie, bei Intendanten, Regisseuren und Dramaturgen herumgesprochen hatte. Niemand wollte ihn haben, eine Absage jagte die andere, daheim in München lag er wochen- und monatelang seiner Mutter auf der Tasche. Seine Schwester Ilse vermittelte ihm ein Gespräch mit Otto Kustermann,

Heinz Rühmann 1927 in »Papiermühle« an den Münchner Kammerspielen

dem Intendanten der Bayerischen Landesbühne. Rühmann wurde engagiert. Kustermanns Theatertruppe probierte in München und zog dann von Ort zu Ort. Die Schauspielerin Maria Herbot, bürgerlich Maria Bernheim und Tochter einer angesehenen Münchner Familie gehörte zu dieser Truppe. Sie war einige Jahre älter als Rühmann und überragte ihn fast um Haupteslänge. Jedenfalls schien diese Maria einen sehr sicheren Instinkt zu haben, denn schon bald erschien ihr, die Frau eines begnadeten Schauspielers zu sein, eine verlockende Aufgabe. Mit dieser Kollegin probte Rühmann seine Rollen, und sie gab ihm wertvolle Anregungen. Maria Bernheim heiratete 1924 den gerade 22jährigen Rühmann. Sehr bald verließ sie die Bühne, um nur noch die Frau ihres Mannes zu sein. Später sollte dieser oftmals bekennen: »Nicht wenig von dem, was ich erreicht habe, verdanke ich dieser Frau.« In diese Zeit fielen auch Rühmanns erste Kontakte zum Münchner Schauspielhaus, das von Hermine Körner geleitet wurde. Als er dort spielte, streckte der Film erstmals seine Fühler nach ihm aus und bot für zehn Drehtage 500 Mark. Es erschien Rühmann wie ein kleines Vermögen. Die Körner aber entgegnete kühl: »Sagten Sie Film, junger Mann? Ich denke, Sie sind Künstler? Was hat man da beim Film zu suchen?« Der Stummfilm hatte publikumswirksame Erfolge mit Fritz Lang's *Metropolis* oder Murnau's *Faust* sowie Sergej Eisenstein's *Panzerkreuzer Potemkin* erreicht, war aber unter »wirklichen Künstlern« immer noch milde belächelter Kintopp, den man bestenfalls machen durfte, wenn man Geld brauchte. Und Rühmann brauchte Geld. So sagte er zu, ohne zu wissen, auf welch schlimmes Filmerlebnis er sich mit *Das deutsche Mutterherz* einließ. Er spielte einen von fünf Söhnen, der als wahres Scheusal seine Mutter drangsaliert, traktiert und auch sonst vor keiner Gemeinheit zurückschreckt. Diese Filmgage und die ebenso lehr- wie erlebnisreichen Jahre bei Hermine Körner brachten Heinz Rühmann die Erfüllung eines Jugendtraumes. Er konnte sich sein erstes Motorrad kaufen. Bald begannen ihm die Kassiererinnen der Münchner Kammerspiele liebevolle Blicke zu schenken, da dieser Heinz Rühmann nicht nur volle Häuser brachte, sondern sich überdies auf Künstlerpostkarten gut verkaufte.

Kurt Horwitz machte Otto Falckenberg, den Intendanten der Münchner Kammerspiele, auf Rühmann aufmerksam. Und dieser Falckenberg machte Rühmann zum Spaßmacher, zum Clown und zum Kassenmagneten. Als er in *Der Mustergatte* auftrat – seine spätere Darstellung im Film sollte ebenfalls zum vielbeachteten Erfolg werden – beauftragte er einen Kollegen, die Lacher im Publikum mitzuzählen. Das Ergebnis bestärkte sein Selbstgefühl, so daß er Abend für Abend neue Gags erfand und Solodarbietungen für Bekannte im Parkett einflocht. Zum Teil waren es recht bedenkliche Eskapaden, mitunter auch Geschmacklosigkeiten – gerade gut zum Gaudium der Galerie. Als Falckenberg *Charley's Tante* mit Rühmann inszenierte, hielt er sich bei der Premiere noch an die Inszenierung. Bei den folgenden Aufführungen ließ Applaus auf offener Szene ihn übermütiger werden.

In George Bernard Shaw's »Eltern und Kinder« 1928 an der Berliner Komödie:
Marlene Dietrich, Heinz Rühmann,
Otto Wallburg, Paul Hörbiger und Oskar Sima

Zu dieser Zeit träumte Rühmann, trotz seines Erfolges als Komiker, von ernsten Klassikerrollen. Mittlerweile war er 27 Jahre alt, dachte hin und wieder an Berlin, wo er auch nach mehreren Anläufen landete. Das Stück, mit dem Rühmann in Berlin bei Max Reinhardt Premiere hatte, hieß Lockvögel, und er bekam die vielversprechende Gage von 80 Mark pro Tag. Das war genau die Summe, die er als Anfänger in Breslau pro Monat erhalten hatte.

Das Leben im Berlin der zwanziger Jahre beeindruckte ihn. Bedeutende Schauspieler wie Paul Wegener, Albert Bassermann, Werner Krauss und Emil Jannings fanden es längst nicht mehr unter ihrer Würde, zu filmen. Der Tonfilm war im Begriff sich durchzusetzen. Eines Tages meldete sich Erich Pommer, der Produktionschef der Ufa. Er erklärte Rühmann: »Wir wollen eine ganz neue Art von Film machen – ein Lustspiel mit Musik und Tanz, aber keine Operette. Es soll ein Stück aus unseren Tagen werden und *Die Drei von der Tankstelle* heißen.« Die Probeaufnahmen waren katastrophal. Der Traum von der großen Filmwelt schien ausgeträumt. Pommer ließ nochmals Probeaufnahmen machen und nun klappte es. Als der Vertrag unterzeichnet war, wurde er auch bei Lloyds versichert. Das war Rühmann neu und kam ihm reichlich komisch vor. Deshalb leistete er sich beim Ausfüllen des Fragebogens unter der Rubrik »Ist Ihnen ein Umstand bekannt, der Sie an der Ausübung der Tätigkeit hindern kann?«, die Bemerkung: »Saufen«. Wenngleich dies auch stimmte, weil Rühmann in jener Zeit so manche Nacht mit Freunden durchzechte; die Leute von Lloyds kannten dieses Wort nicht. Höflich fragten sie zurück: »Was bitte ist das, Saufen?« Die Verantwortlichen der Ufa empfahlen den Versicherungsleuten, das ersatzlos zu streichen. Sich als Neuling im Tonfilm durchzusetzen, war damals alles andere als leicht. Als Bühnenschauspieler mußte Rühmann für den Film noch vieles dazulernen. Tanz, Gymnastik- und Gesangsstudium waren zu absolvieren. Das Private kam in dieser bewegten Zeit entschieden zu kurz. Rühmann spielte weiterhin bei Max Reinhardt Theater und stand schon bald unter der Regie von Robert Siodmak für *Der Mann, der seinen Mörder sucht* vor der Kamera. Dann folgte *Einbrecher,* wieder mit Lilian Harvey und Willy Fritsch, sowie kurz darauf *Bomben auf Monte Carlo,* zum ersten Mal mit Hans Albers. Nach dem großen Einspiel-Erfolg von *Die Drei von der Tankstelle* hatte die Ufa Rühmann einen Jahresvertrag gegeben. Er bestellte daraufhin bei Klemm in Böblingen ein eigenes Flugzeug.

Politisch war zu dieser Zeit in Deutschland allerhand los, die Harzburger Front der Nationalsozialisten und der Deutschnationalen wurden gegründet. Nach einer Rede Hitlers vor deutschen Industriellen beschlossen diese ihn zu unterstützen, und die Filme *Die Dreigroschenoper* von G.W. Pabst sowie Leni Riefenstahls *Das blaue Licht* waren zu sehen. In den USA zeigte Charlie Chaplin *Lichter der Großstadt* und in Hollywood begann Clark Gable seine Filmkarriere.

Heinz Rühmann mit Ehefrau Maria Bernheim 1931 in
Berlin-Tempelhof vor seinem ersten Flugzeug

Auch Rühmanns Gagen stiegen. Er bezog 140000 Reichsmark im Jahr. Damit kam er seinem Wunsch, ein eigenes Flugzeug zu besitzen, immer näher. Während der Dreharbeiten zu *Der brave Sünder* mit Max Pallenberg war es dann so weit: die Fliegerin Elly Beinhorn, Frau des Rennfahrers Bernd Rosemeyer, flog die »Klemm« von Böblingen zum Berliner Flugplatz Tempelhof. Bald darauf begegnete Rühmann im Münchner Regina-Hotel dem mehrfachen Weltmeister und Flieger-As Ernst Udet. Rühmann bewunderte den ausgezeichneten Jagdflieger des Ersten Weltkrieges, der großzügig, tollkühn und leichtsinnig sein Leben genoß. »Dieses Leben«, sagte Rühmann später einmal, »war wild bewegt, gefährlich und sehr verspielt.«

Heinz Rühmann schloß Freundschaft mit Max Schmeling, Ringelnatz und dem Rennfahrer Carraciola. Die Nächte waren kurz, und wenn es knallte, waren es nicht nur Sektkorken: der Hausherr Udet pflegte mit Schüssen Zigaretten auf den Lippen mutiger Gäste zu zerteilen. Zu Beginn des Jahres 1933 kamen die Nazis an die Macht. Joseph Goebbels wurde Reichsminister für Volksaufklärung und Propaganda. Im Gegensatz zu seiner Frau bagatellisierte Heinz Rühmann die Gefährlichkeit der Nationalsozialisten und sah in ihr nur einen Spuk, der rasch wieder verschwinden würde. Es war nicht der einzige Gegensatz zwischen ihnen. Rühmann filmte in dieser Zeit viel, flog und trank. Die Filme Rühmanns aus dieser Zeit sind mehr quantitativ denn qualitativ orientiert. Diese Unbedenklichkeit führte unter anderem zwischen den Eheleuten zu ersten Konflikten. Sie begannen sich auseinanderzuleben.

Alsbald wurde Udet Oberst des Luftfahrtministeriums und später General.

In jenen Jahren gab es eine Menge Empfänge in Berlin, mal bei Hitler, mal bei Goebbels. Die neuen Machthaber umgaben sich gerne mit Künstlern und Prominenten, waren großzügig und fragten nicht nach dem Parteibuch, das die wenigsten Schauspieler hatten. Bei einem dieser Künstlerempfänge versicherte Hitler wörtlich, er habe in seinen schweren Stunden »mitten im entscheidenden Kampf um die Macht« als Zuschauer in den Münchner Kammerspielen durch Maria Bard und ihn, Rühmann, »neue, erlösende Kraft geschöpft«. Somit verdanke er ihnen sehr viel. Dennoch war sich Rühmann nie ganz sicher, ob Adolf Hitler ihm wohlgesonnen war. Deshalb war bei solchen Begegnungen für Kollegen wie Theo Lingen, Paul Henckels, Gustaf Gründgens, Hans Moser und natürlich Rühmann die Devise: Lächeln und Schweigen oder ein wenig Nuscheln, wie es Hans Moser tat. Dieser war ebenso wie Rühmann – trotz seiner jüdischen Frau – oft zu solchen Empfängen geladen, da Hitler an seinem österreichischen Landsmann einen Narren gefressen hatte. Doch so sehr die Prominenten von den Nazis als Aushängeschild benutzt wurden, so wenig sicher war das Dasein für »belastete« Kollegen. Heinz Rühmann wußte längst, daß auch er auf der Abschußliste stand. Als ihm der Aero-Club mit der Begründung kündigte, er sei mit einer Jüdin verheiratet, wurde die Luft, die er zum Leben

Heinz Rühmann im Winter 1932
vor seiner Klemm

brauchte, recht dünn. Auch das Geld, um das Rühmann sich bislang nicht hatte sorgen brauchen, wurde knapp: die Angebote der Filmgesellschaften wurden spärlicher und blieben schließlich ganz aus. Rühmann suchte einen Ausweg und ging mit DER MUSTERGATTE auf Tournee. Die von Schwager Otto Bernheim gut organisierten Vorstellungen liefen wie am Schnürchen – das Publikum kam in Scharen. Nur in Oldenburg war es anders. Dort waren die Werbeplakate mit einem dicken Überkleber versehen: »Ist mit einer Jüdin verheiratet.« Wenige Tage zuvor hatte das »Schwarze Korps« gegen ihn gehetzt: »Heinz Rühmann, führender Mann im Theater und beim Film, ist immer noch mit einer Jüdin verkuppelt und nicht bereit, Konsequenzen zu ziehen.« »Der Stürmer« druckte dies mit Vehemenz nach. Nun war Rühmann mit seinem Latein am Ende. Bisher hatte er in seinem Leben nie Bittgänge unternommen. Jetzt aber mußte etwas geschehen! Die erbetene Audienz bei Goebbels verlief höflich-kühl, und sein Ratschlag lautete: »Lassen Sie sich scheiden und seien Sie finanziell großzügig!« Wenige Tage später war Rühmann bei Göring in Karinhall. Nachdem Göring viel von ihrem gemeinsamen Freund Udet geschwärmt und überschwenglich das Können seines Lieblingsschauspielers Hans Moser gelobt hatte, gab er Rühmann den jovialen Rat: »Sie sind einer unserer beliebtesten Schauspieler. Sie sind für uns unentbehrlich! Machen Sie Ihrer Frau klar, daß sie Ihnen nicht im Weg stehen darf. Vielleicht kann sie

Hermann Rühmann, Heinz Rühmann und Hertha Feiler
1939 vor dem Standesamt

Ernst Udet

pro forma einen neutralen Ausländer heiraten?« Bei einem Familienrat im Beisein von Maria und guten Freunden kamen alle nach längerem Für und Wider zu der Überzeugung, daß Rühmann als »freier Mann« erheblich mehr für Marias Schutz tun könne, als wenn er selbst belastet wäre. Der neutrale Ausländer wurde in der Person eines Herrn von N., der die schwedische Staatsangehörigkeit hatte, gefunden. Diese war auch in Großdeutschland akzeptiert, und nach der Heirat mit ihm fiel Maria Rühmann nicht mehr unter das Verdikt der Nürnberger Gesetze. Maria von N. übersiedelte nach Stockholm und wurde Direktrice in einem Modegeschäft. Nach der Scheidung durfte Rühmann wieder filmen und sich einen langgehegten Wunsch erfüllen und Regie führen. Der Film hieß *Lauter Lügen*. Hertha Feiler spielte die Hauptrolle. Nach erfolgreichen Premieren in Berlin und Hamburg wurde die bislang unbekannte Hertha Feiler in *Lauter Lügen* als »bemerkenswerte Neuerscheinung« begrüßt.

Am 1. Juli 1939 wurde Hertha Feiler Rühmanns Frau.

Mittlerweile zogen sich über Ernst Udet dunkle Wolken zusammen. Als Rundfunk und Zeitungen meldeten: »Der Generalluftzeugmeister, Generaloberst Udet, erlitt am Montag, den 17. November 1941, bei der Erprobung einer neuen Waffe einen tödlichen Unfall!« sah die Wahrheit anders aus: Udet hatte sich in seiner Wohnung erschossen. Neben ihm lag ein Zettel mit den Worten: »Eisener, Du hast mich verlassen.« Der Freitod des Freundes war für Rühmann ein schwerer Schock.

Bald darauf wurde er in die Technische Kompanie einer Fliegerhorst-Kommandantur eingezogen. Goebbels veranlaßte, daß Rühmann für die Deutsche Wochenschau als Kurierflieger eingesetzt werde. Die Szene war kurz und eindrucksvoll. Sie sollte zeigen, wie prominente Künstler im Krieg in selbstloser Weise für »Führer, Volk und Vaterland« zur Verfügung stehen. Kaum war Rühmann vom Militär ins Filmatelier zurückgekehrt, als das Schauspielerpaar in Berlin neuerlich von einem Bescheid aus Wien aufgeschreckt wurde. Auf einem Vordruck war die Standardformulierung »Hertha Feiler ist nicht als rein arisch zu betrachten« dick unterstrichen. Um im deutschen Film arbeiten zu können, mußte jeder Schauspieler eine Mitgliedsnummer in der Reichsfilmkammer haben. Je niedriger die Nummer, desto angesehener war er. Andere durften nur mit einer Sonderbewilligung von Goebbels arbeiten. Im American Document Center-Berlin gibt es heute noch eine Liste von Künstlern, die während der Nazi-Zeit nur mit Sonderbewilligung filmen durften. Auch aus welchen Gründen ist vermerkt. – Zum Beispiel »Theo Lingen – mit Halbjüdin verheiratet«, »Hertha Feiler – selbst Vierteljüdin«, »Heinz Rühmann – mit Vierteljüdin verheiratet«, »Hans Moser – mit Volljüdin verheiratet«. Rühmann wandte sich an den Reichsfilmdramaturgen Fritz Hippler. Der ging zu Goebbels, und jener entschied: »Diese Angelegenheit gilt als erledigt, bleibt aber unter uns.« Rühmanns letzter offizieller Film, der wegen der Kriegswirren nicht mehr fertiggestellt wurde, hieß *Sag' die Wahrheit.*

Als im April 1945 die sowjetischen Truppen die Reichshauptstadt erreichen, ist Rühmann in Berlin. In seinem Haus am Wannsee will er mit seiner Frau und dem dreijährigen Sohn Peter das Ende der Kämpfe im Keller überleben. Aber nach einem Bombardement brennt das Rühmann-Haus bis auf die Grundmauern nieder. Schließlich kommen die Rühmanns notdürftig in einer Baracke unter, wo sie nach einiger Zeit ein russischer Major aufstöbert. Dieser Mann, der als Kriegsgefangener in einem deutschen Lager Rühmann-Filme sah, machte sich in einer Zeit, in der ganz Deutschland in Schutt und Asche versinkt, Gedanken, wie er den in Berlin verbliebenen Künstlern zu neuer beruflicher Tätigkeit verhelfen kann. Rühmann nennt Namen von Kollegen, die in Berlin geblieben waren: Hans Söhnker, Erich Engel, Eberhart Klagemann, Werner Fuetterer. Schon bald liest er in einem neu ernannten »Haus der Kultur« Gogols ironisch-fantastische Geschichte DIE NASE. Diese »bunten Abende«, zwischen Kisten und Koffern veranstaltet, werden von den andächtig lauschenden Zuhörern dankbar aufgenommen.

Der britische Offizier, Captain Sealey, hatte die Frage zu klären, ob Rühmann ein Nazi gewesen war oder nicht. Mit großer Akribie befragt er Zeugen und solche, die es sein wollen. Er nimmt sich auch der Vorwürfe und Aussagen jener Leute, die Rühmann als besonders schneidigen »Endsieg-Offizier« oder besonders »scharfen« Kompaniechef erlebt haben wollen, mit großer Geduld an. Rühmann verflucht diesen Sealey vielfach und ist ihm kurze Zeit später doch dankbar. Aufgrund dieser Ermittlungen wird er sowohl von der alliierten als auch von der deutschen Spruchkammer von allen Vorwürfen freigesprochen.

In Deutschland wurden kaum Filme produziert, und die wenigen verbliebenen Theater waren fast ausschließlich den Siegermächten vorbehalten. So trommelte Rühmann einige Leute zusammen: »Wir gehen auf Tournee!« Für dieses Unternehmen wählte er wieder *Der Mustergatte* aus. Nachdem Kostüme eigenhändig genäht und vom Schrottplatz alte Vehikel fahrbar gemacht worden waren, brach das erste Nachkriegsensemble auf. Bei den oft ausverkauften Abenden in den spärlich beheizten Tanz- oder Turnsälen ging kaum Bargeld ein.

Als Alf Teichs, einstiger Terra-Produktionschef, bei seinem Bekannten Rühmann auftaucht, schlägt er die Gründung der Filmfirma Comedia vor. Die amerikanische Lizenz hatte er gleich mitgebracht. Der erste Film, den sie produzierten, war die *Berliner Ballade,* inszeniert von R. A. Stemmle, und mit Gert Fröbe als Hauptdarsteller. Der Film hatte am letzten Tag des Jahres 1948 Premiere und wurde von der Kritik gut aufgenommen. Rühmann und Teichs' zweites Filmprojekt hieß *Der Herr vom andern Stern.* Die Handlung war dem Publikum zu kompliziert. Nun versuchte Rühmann als Regisseur mit *Die kupferne Hochzeit,* das Blatt zu wenden. Aber auch diesem Streifen war kein Erfolg beschieden. Es folgte *Das Geheimnis der roten Katze* und schließlich noch *Ich mach' dich glücklich.* Danach mußte die Comedia Konkurs anmelden! Zurück blieben horrende Schulden. Das Schlimme daran war, daß der geschäftliche auch als künstlerischer Mißerfolg Rühmanns gewertet wurde. Er war nicht mehr gefragt. Zahlreiche seiner sogenannten guten Freunde waren wie vom Erdboden verschluckt. Rühmann zahlte, zahlte und zahlte. Er war kaltgestellt, mußte wieder ganz von vorne anfangen. 1952 – Rühmann war gerade fünfzig geworden – wurde ein entscheidendes Jahr für ihn. Filmproduzent Walter Koppel bot ihm mit seiner in Hamburg neu gegründeten Real-Film die Hauptrolle in *Keine Angst vor großen Tieren* an. Der Film wurde zur Wendemarke für Rühmann. Als danach *Das kann jedem passieren, Schäm' dich, Brigitte* und *Briefträger Müller* in die Kinos kamen, waren sie gut besucht. Kurt Ulrich engagierte Rühmann für *Charley's Tante.* Mit Rühmann's Frau in der Rolle der

Heinz Rühmann 1959 mit dem
Produzenten Kurt Ulrich

echten Tante wurde *Charley's Tante* zu einem der größten Kassenschlager der damaligen Zeit. Als es darum ging, die Hauptrolle in *Der Hauptmann von Köpenick* zu besetzen, schieden sich die Geister. Da er zuvor Charley's Tante gespielt hatte, meinte die Filmbranche: »Den Schuster Voigt nimmt ihm keiner ab!« Das Gegenteil passierte: es wurde die Rolle seines Lebens! Der Film und sein Hauptdarsteller wurden mit Ehrungen nur so überschüttet. Gemessen an dem, was Rühmann wirklich kann, trat der eigentliche Erfolg verspätet ein. Mitte der fünfziger Jahre wurde Heinz Rühmann wieder das, was er bereits in den dreißiger Jahren gewesen war: der beliebteste Schauspieler des deutschen Publikums! Vor allem die Presse hätte ihn am liebsten in den Himmel gehoben. Aber sie stieß auf Widerstand. Heinz Rühmann hat ein gutes Gedächtnis, und die Wunden waren noch nicht vernarbt. Sein Verhältnis zu Journalisten blieb fortan ein wenig unterkühlt.

In den späten fünfziger Jahren spielte Rühmann die unterschiedlichsten Rollen. Einen Lehrer in *Der Pauker,* einen Berliner Droschkenkutscher in *Der eiserne Gustav,* einen Richter in *Der Jugendrichter,* den getretenen Buch-

Hertha Feiler und Heinz Rühmann
in *Charley's Tante*

Eva Kotthaus, Heinz Rühmann, Produzent Kurt Ulrich und Brigitte Grothum 1958 bei der Berliner Premierenfeier für *Der eiserne Gustav*

Heinz Rühmann beim Rollenstudium zum *Narrenschiff*

halter Kringelein in *Menschen im Hotel,* einen Kommissar in *Es geschah am hellichten Tag* und den Pater Brown mit kriminalistischem Spürsinn in *Das schwarze Schaf.* Im gleichen Jahr folgte die Glanzrolle in *Der brave Soldat Schwejk,* bald danach der Bildungsteutone Traugott Nägler in dem Curt-Goetz-Film *Das Haus in Montevideo* und 1964 in Hollywood die Rolle des Juden Julius Löwenthal in Stanley Kramers *Das Narrenschiff.*

In der Zwischenzeit hatte das Fernsehen erheblich an Bedeutung gewonnen. Aus Nibelungentreue zum Film hatte sich Rühmann diesem Medium bislang verweigert. Da Produzent Georg Richter Arthur Miller's *Tod des Handlungsreisenden* für's Fernsehen vorschlug, willigte Rühmann ein. Nach und nach erkannte er, welche Möglichkeiten ihm das neue Medium bot. Endlich konnte er seine schauspielerische Kraft in tragischen Rollen erproben.

Eine der schwierigsten Prüfungen seines schauspielerischen Könnens schrieb ihm jedoch in dieser Zeit das Leben vor: Hertha Feiler erkrankt an Krebs. Mit ungeheurer Willenskraft spielt er ihr etwas vor, tut alles, um ihr Hoffnung auf Heilung zu geben. In Südfrankreich kauft er ein Haus und richtet es für gemeinsame Ferienzeiten ein. Dabei weiß er genau, daß die Tage dieser Ehe, in der beide

Gyula Trebistch, Hertha Droemer, Heinz Rühmann

mehr als dreißig Jahre glücklich waren, gezählt sind. Er flieht in Arbeit. Im Fernsehstudio steht er für Peter Ustinov's *Endspurt* vor der Kamera. Wer seine Sorgen nicht kennt, merkt sie ihm nicht an. Am 2. November 1970 stirbt Hertha Feiler mit 53 Jahren. Er kehrt, mit der Rolle des einsamen Sonderlings in *Der Pfandleiher* nach fast einem Jahr, zur Arbeit zurück.

1974 heiratet er die zwanzig Jahre jüngere Hertha Droemer. Die Reise zu den Dreharbeiten für *Das chinesische Wunder* nach Hongkong wird für beide eine verspätete Hochzeitsreise. Es wird Heinz Rühmann's vorläufig letzter Kinofilm. Auch im Fernsehen macht er sich bewußt rar. Jahre zuvor hatte er bereits gesagt: »Nichts nutzt sich so schnell ab, wie das Gesicht und der Ruhm eines Schauspielers.« Das ist auch der Grund, warum er nur noch wenige, ausgesuchte Rollen übernimmt. In einem Interview mit *Hör zu* bekannte er: »Als junger Mensch störte mich die vordergründige Heiterkeit nicht. Die Hauptsache war, die Leute amüsierten sich. Heute bin ich glücklich, wenn sie mitten aus dem Lachen heraus ganz still werden... Der Gedanke an den Tod hat für mich seine Schrecken verloren. Ich weiß genau, daß wir nicht nur für diese lächerlichen achtzig Jahre, die wir bestenfalls zu leben haben, auf die Welt gekommen sind. Ich glaube fest daran, daß es irgendwie weitergeht nach unserem Tod. Dieser ganz komplizierte Mensch – nur für ein einziges kleines Leben? Das wäre doch zu wenig!« 1980 feierte er sein 50. Pilotenjahr. Immer noch besteht er problemlos die Flugtauglichkeitsuntersuchung, sitzt jedes Jahr fünfzig Flugstunden am Steuerknüppel. Den Rummel um seine Person – er mag ihn schon längst nicht mehr. Mit den Jahren ist dieser einst so aufgeweckte Komödiant still geworden. Vielleicht weil er erkannt hat, daß es so laut geworden ist um uns herum. Deshalb will er auch nicht gefeiert werden, als das, was er ist: ein einmaliges Phänomen, das sich die Zuneigung des Publikums mehr als ein halbes Jahrhundert erhalten hat.

Gregor Ball / Eberhard Spiess

Heinz Rühmann und seine Filme

Heinz Rühmann in *Fünf Millionen suchen einen Erben*

◀ Heinz Rühmann im Gespräch mit einem Tonmeister der Ufa

Das deutsche Mutterherz
1926

Regie Geza von Bolvary-Zahn. *Drehbuch* Margarete Maria Langen. *Kamera* Hans Otto Gottschalk. *Musik* Hans May. *Bauten* Otto Völkers, Peter Rochelsberg. *Darsteller* Margarete Kupfer (Witwe Erdmann), Ellen Kürti, Vera Veronina, Helene von Molvary, Jules Messaros (Julius), Carl Walther Mayer, Heinz Rühmann (Oskar), Léon Epp, M. Wedner. *Produktion* Emelka. *Uraufführung* 28. 7. 1926. Weitere Verleihtitel *Die für die Heimat bluten. Das Hohelied der Mutterliebe.*

Deutschland vor dem Ersten Weltkrieg. Die Witwe Erdmann hat fünf Söhne zu versorgen. Sie ist mit ihren Kindern zufrieden, bis auf Oskar, der seiner Firma Geld unterschlägt, das er mit einem Flittchen durchbringt. Der Betrug fliegt auf. Nach einer heftigen Auseinandersetzung mit der Mutter verschwindet Oskar spurlos. Der Erste Weltkrieg bricht aus. Die Söhne müssen zum Militär. Auch Oskar taucht wieder auf und die Mutter schließt ihn überglücklich in die Arme »Endlich kommst auch Du, um dem Vaterland zu dienen!« Oskar: »Ich stelle mich nicht! Es ist zu grauenhaft – ich will leben!« Die Mutter ist bitter enttäuscht und nach einem dramatischen Streit schleicht Oskar davon. Von einem Geheimagenten läßt er sich zur Sprengung eines Munitionslagers anwerben. Die Mutter kommt dahinter, will ihn an der Sprengung hindern, aber er schlägt mit einem Gummiknüppel brutal auf sie ein. Der Wachtposten eröffnet das Feuer und die Frau bricht tödlich getroffen zusammen. »Am Sterbelager der Witwe Erdmann knien die Kinder, die ihr noch verblieben sind. Darunter ziehen Feldgraue vorbei. Sie singen das Deutschlandlied ›Deutsche Frauen, deutsche Treue!‹ Die Sterbende hört es, sie öffnet die Augen und horcht. Ein müdes Lächeln gleitet über ihre Züge. Dann macht der Arzt ein Zeichen. Laut weinen die Kinder auf – ein deutsches Mutterherz hat aufgehört zu schlagen.« (*Original-Inhaltsangabe, Illustrierter Filmkurier,* 1926)

Ebenso pathetisch wie der Ausklang des Films wird er auch im Programmheft eingeleitet: »Was Millionen von Mutterherzen bebend miterlebt haben, ist hier zu einer gewaltigen Symphonie der Empfindungen gestaltet... vom lächelnden Idyll der Kindheitsjahre bis zur schlachtenlärmdurchdröhnten Eroica des söhnemordenden Krieges!« Es war das erste Mal, daß Heinz Rühmann vor der Filmkamera stand und das letzte Mal, daß er eine solch' unsympathische und verabscheuungswürdige Kreatur von Sohn spielte und dann auch noch einen Kriegsdienstverweigerer, der unbedingt leben will, aber seine eigene Mutter in den Tod treibt, wenn auch nur versehentlich. Das war zuviel, aber weniger dem allgemeinen Filmpublikum als Rühmanns Mutter, die weinend das Kino verlassen haben soll aus Kummer darüber, daß Sohn Heinz sich für fünfzig Mark am Tag für so etwas hergab. Nach zehn Jahren hatte Rühmann dieses erste üble Film-Erlebnis überwunden und drehte mit demselben Regisseur *Lumpacivagabundus.*

Ellen Kürti und Heinz Rühmann

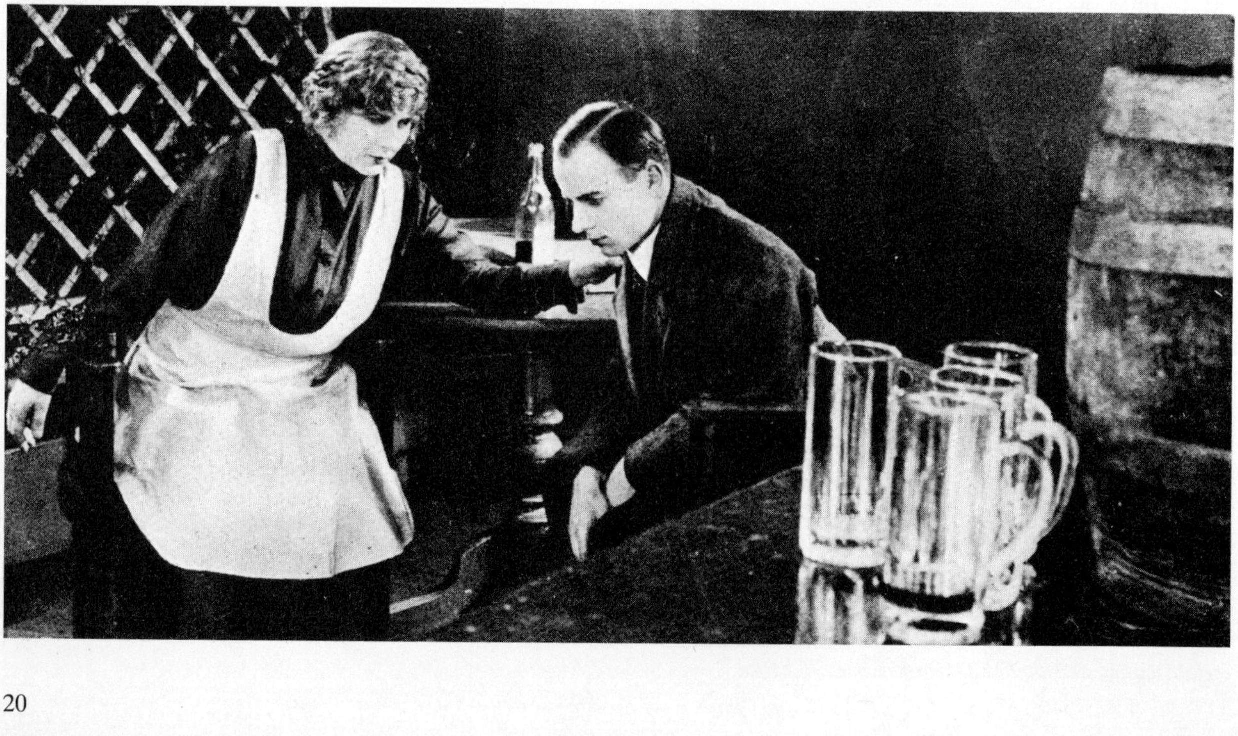

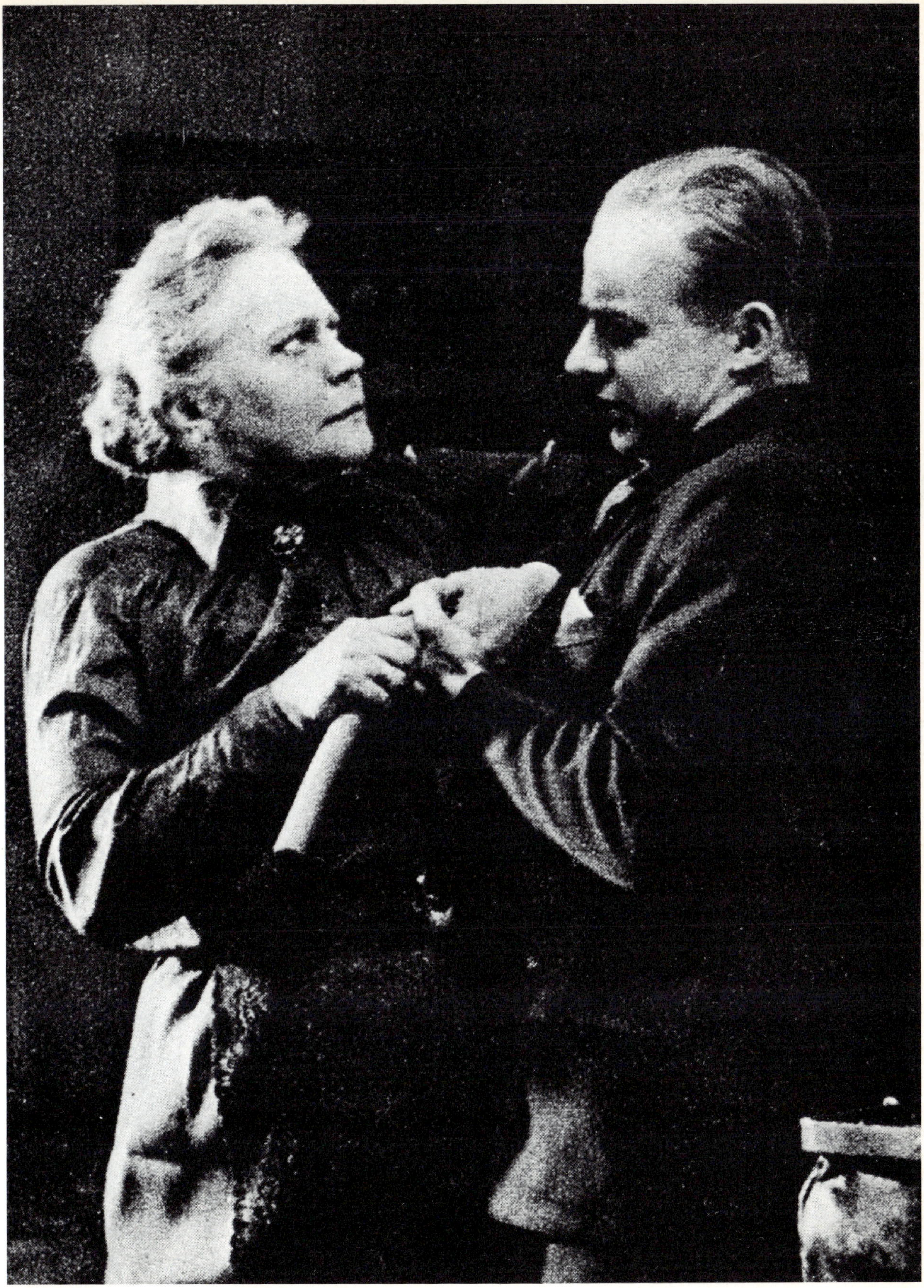
Margarete Kupfer und Heinz Rühmann

Das Mädchen mit den fünf Nullen
1927

Regie Kurt Bernhardt, *Buch* Béla Bálazs. *Kamera* Günther Krampf. *Bauten* Heinrich Richter. *Darsteller* Elza Temary, Marcell Salzer, Adele Sandrock, Elsa Wagner, Paul Bildt, Veit Harlan, Jack Trevor, Eberhardt Leithoff, Heinz Rühmann, Bruno Zierer, Viola Garden, Arthur Kraußneck. *Produktion* Rex (Lupu Pick). *Länge* 2660 Meter. *Uraufführung* 2. 12. 1927. Weitere Verleihtitel *Das große Los. Der Haupttreffer.*

Ein geschäftstüchtiger Losverkäufer prophezeit drei Männern und einem Mädchen, nachdem er einen Blick in die Sterne getan hat, daß ihr Leben sich verändern werde. Sie vierteln ein Los und gewinnen den Haupttreffer. Die Sterne lügen nicht: zwei der Gewinner fallen bösen Hochstaplern zum Opfer und ehe der dritte alles verjubeln kann, nimmt ihm das Mädchen das restliche Geld ab und legt es heimlich auf die hohe Kante. Als er vor dem Ruin steht, erscheint sie als rettender Engel, gesteht ihm ihre Liebe und überreicht ihm das gemeinsam Ersparte als eheliche Haushaltskasse. Er nimmt das Angebot an.

Einmal das große Los zu gewinnen, war schon immer der Wunschtraum von Millionen. Es scheint verwunderlich, daß der bedeutende ungarische Filmtheoretiker Béla Bálazs, Mitarbeiter von G. W. Pabst und Bert Brecht und zwischen 1926 und 1931 aktiv tätig in der Arbeiterkulturbewegung der KPD sich als Drehbuchautor solcher Trivial-Themen annahm; er erhielt damals vom Berliner Ufa-Filmkonzern große Aufträge, aber zu Bedingungen, die für einen kommunistischen Schriftsteller unannehmbar waren. Deshalb beteiligte sich Bálazs bei kleineren Filmfirmen und Produktionen, zum Beispiel mit Elisabeth Bergner und Lupu Pick. Außer dem bekannten Vortragskünstler Marcell Salzer, der mit *Das Mädchen mit den fünf Nullen* sein Filmdebut gab, werden weder Heinz Rühmann noch die berühmte Adele Sandrock und Elsa Wagner in Besprechungen erwähnt.

Werbeplakat

Die Drei von der Tankstelle
1930

Regie Wilhelm Thiele. *Buch* Franz Schulz, Paul Franck. *Kamera* Franz Planer. *Musik* Werner Richard Heymann. *Lieder* »Ein Freund, ein guter Freund«, »Lieber, guter Herr Gerichtsvollzieher«, »Hallo, du süße Frau!«, »Liebling, mein Herz läßt dich grüßen!« und »Erst kommt ein großes Fragezeichen« von Werner Richard Heymann (Musik) und Robert Gilbert (Text). *Tänze* Heinz Lingen. *Bauten* Otto Hunte. *Ton* Hermann Fritzsching. *Schnitt* Viktor Gertler. *Darsteller* Willy Fritsch (Willy), Oskar Karlweis (Kurt), Heinz Rühmann (Hans), Fritz Kampers (Konsul Coßmann), Lilian Harvey (Lilian Coßmann), Olga Tschechowa (Edith von Turoff), Kurt Gerron (Dr. Kalmus), Gertrud Wolle (Sekretärin), Felix Bressart (Gerichtsvollzieher), Gertrud Wolle (Sekretärin von Dr. Kalmus). Leo Monosson. Comedian Harmonists. Lewis Ruth-Band. *Produktion* Ufa (Erich Pommer). *Länge* 2728 Meter. *Uraufführung* 15. 9. 1930.

Die drei Freunde Willy, Kurt und Hans kehren von einer Reise zurück und müssen erfahren, daß ihr Geld weg, ihre Wohnung gepfändet und ihr Bankier pleite ist. Sie verkaufen ihr Auto und machen mit dem Erlös eine Tankstelle auf. Es wird in drei Schichten gearbeitet, das Unternehmen floriert. Die treueste Kundin ist die junge Lilian Coßmann mit ihrem Auto. Jeder der drei Tankwarte lernt sie für sich kennen, jeder macht sich Hoffnungen auf sie. Es ist aber von Anfang an klar, daß in Wirklichkeit nur Willy Chancen hat. Eifersucht führt zum Krach. Aber mit Hilfe ihres Vaters, Konsul Coßmann, und dessen schlauer Freundin Edith wird die glückliche geschäftliche und private Zukunft des Trios gesichert, wobei Willy natürlich am besten wegkommt.

Als der kleine, schmale Heinz Rühmann zum ersten Mal für *Die Drei von der Tankstelle* vor der Tonfilmkamera stand, war er vom Theater her schon recht bekannt. Max Reinhardt hatte ihn von den Münchner Kammerspielen nach Berlin geholt, und hier muß er dem allgewaltigen

Heinz Rühmann, Oskar Karlweis und Willy Fritsch

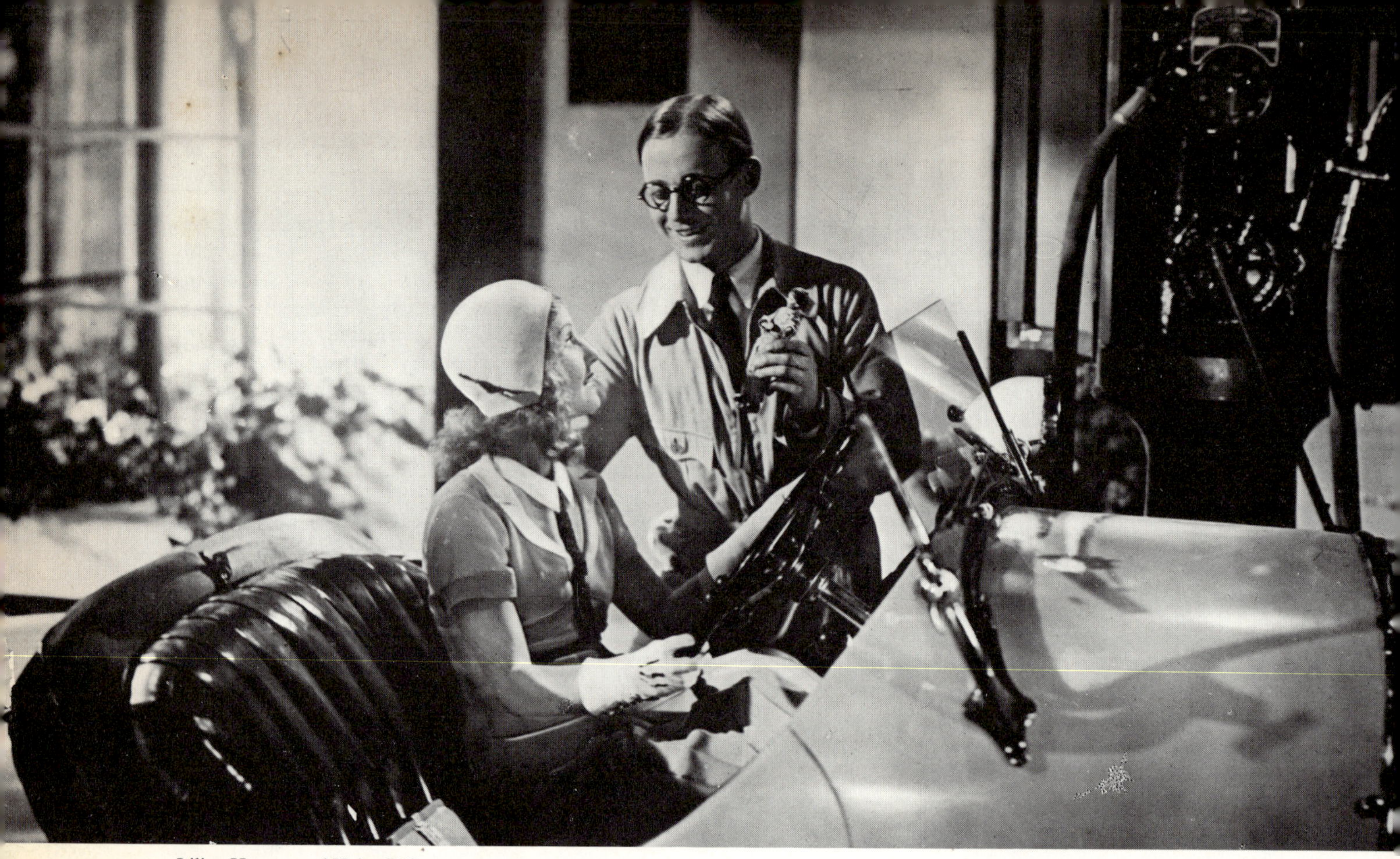

Lilian Harvey und Heinz Rühmann

Erich Pommer, Produktionschef der Universum-Film-Aktiengesellschaft – kurz Ufa genannt – aufgefallen sein. Eines schönen Tages sollte er zu Probeaufnahmen antreten, und eben dieser Tag stand unter keinem guten Stern. Er wußte, daß dies die Chance seines Lebens war, einmalig und unwiderbringlich, und er bemühte sich, sein Bestes zu geben. Aber er hatte sich in völliger Unkenntnis des Milieus verkalkuliert und die Probeaufnahmen waren schlicht katastrophal. Ein Traum schien ausgeträumt, doch da geschah, was in dieser Branche höchst selten vorkommt: Erich Pommer ließ nochmals Probeaufnahmen machen, und er skizzierte Rühmann die Handlung des Filmes. Diesmal war Rühmann gewitzter, spielte aus dem Stegreif vor und brachte seine alte Schwäche, einen Pauker zu imitieren, an. Er traf damit ins Schwarze, denn Pommer nickte befriedigt und meinte: »Lassen Sie uns einen Vertrag machen.« Bei der Frage nach der Gage kam von Rühmann knapp und klar die Forderung: »Siebentausend Mark, Herr Pommer!« Wie sich Heinz Rühmann später einmal erinnerte, »zog bei diesen Worten vor meinem geistigen Auge, mein größter Wunschtraum, ein kleines eigenes Flugzeug ganz steil in den Himmel.« Drei Monate lang stand Rühmann vor der Kamera. Der Film wurde in drei Versionen gedreht, außer der deutschen, wurde eine englische und eine französische Fassung hergestellt. Für Lilian Harvey waren *Die Drei von der Tankstelle* der Beginn ihrer großen Erfolge als »süßestes Mädel der Welt«. Sie sprach auch die beiden ausländischen Fassungen selbst. Willy Fritsch, Oskar Karlweis und Heinz Rühmann wurden jeweils durch ausländische Kollegen ersetzt. Zwar bereitete »die Tankstelle« anfangs einige Schwierigkeiten, wurde aber dann nicht zuletzt wegen der schmissigen Musik Werner Richard Heymanns, dem Liebespaar Fritsch-Harvey und den beiden anderen jungen Männern der Tankstelle, Karlweis und Rühmann, ein Erfolg. »Ein Freund, ein guter Freund« wurde ein Schlager ersten Ranges. Erstmals zeigte diese Tonfilmoperette nicht »vertonte Szenen« oder »inszenierte Melodien«, sondern hier war aus dem Geist der heiter unbeschwerten Musik ein neuer Darstellungsstil entwickelt worden. So kam es, daß der Gerichtsvollzieher im Tanzschritt die Villa pfändet, der Rechtsanwalt seine Post in Chansonform erledigt, die Möbel aus dem Fenster schweben und die Möbelpacker eine Art »Schwere-Jungen-Ballett« vorführen. Spiel, Dialog, Tanz und Musik gingen ineinander über. »Das bedeutete nichts anderes, als die Entdeckung einer neuen deutschen Filmgroteske und die Höherentwicklung des Stils, den Lubitsch in seiner *Bergkatze* schuf.« (Oskar Kalbus, *Vom Werden Deutscher Filmkunst,* 1935) Unzählige Male ist versucht worden, diesen Film, der den Höhepunkt im Bemühen um eine stileigene Tonfilmoperette darstellt, zu kopieren – zuletzt unter der künstlerischen Oberleitung von Willi Forst –, keiner hat diesen Höhepunkt jemals erreicht. Der Film wurde im In- und Ausland ein ganz großer Erfolg. In Deutschland wurde *Die Drei von der Tankstelle* zum geschäftlich erfolgreichsten Film der Saison 1930/31 und für Heinz Rühmann begann seine große Filmkarriere.

Einbrecher
1930

Regie Hanns Schwarz. *Regie-Assistent* Carl Winston. *Buch* Robert Liebmann, Louis Verneuil. *Kamera* Günther Rittau, Konstantin Tschet. *Bauten* Erich Kettelhut. *Musik* Friedrich Hollaender. *Lieder* »Wenn ich in der Arena von Granada«, »Laß mich einmal deine Carmen sein«, »Eine Liebelei so nebenbei«, »Kind, dein Mund ist Musik«, Friedrich Hollaender (Musik), Robert Liebmann/Friedrich Hollaender (Text). *Kostüme* Ladislaus Szettel. *Tänze* Heinz Lingen. *Ton* Fritz Thiery. *Darsteller* Lilian Harvey (Renée), Willy Fritsch (Durand), Ralph Arthur Roberts (Dumontier), Margarethe Koeppke (Mimi), Heinz Rühmann (Sérigny), Oskar Sima (Diener Amadé), Gertrud Wolle (Hortense), Kurt Gerron (1. Polizeikommissar), Paul Henckels (2. Polizeikommissar). *Produktion* Ufa. *Länge* 2810 Meter. *Uraufführung* 16. 12. 1930.

Die kapriziöse junge Ehefrau Renée ist mit ihrem etwas ältlichen Mann, dem Puppenfabrikanten Dumontier, ganz und gar nicht glücklich. Der junge, elegante Sérigny, der in der wenig überzeugenden Pose des Helden um sie wirbt, scheint bei ihr Chancen zu haben. Um endlich ans Ziel seiner Wünsche zu gelangen, hat er sich die Wohnung eines Freundes geborgt und als Liebesnest adaptiert. Als Renée endlich einmal seinem Drängen nachgibt und eine Einladung zum Tee annimmt, wird das Zusammensein abrupt von einem frechen, aber charmanten Einbrecher gestört. Wenige Tage später sieht sie diesen gutaussehenden Mann wieder, als er sich bei ihrem Mann als Puppengroßhändler Durand aus Amerika vorstellt. Heimlich verabredet sie sich mit ihm in der Loge eines schummrigen Nachtlokals. Der Ehemann entdeckt das Paar und droht, den »Einbrecher« zu erschießen, Renée wirft sich dazwischen. Dumontier erkennt, wie sehr seine Frau diesen »Einbrecher« liebt, gibt sie frei, und die beiden werden ein glückliches Paar.

Noch lief der Filmerfolg *Die Drei von der Tankstelle* in den Kinos, da war Heinz Rühmann schon wieder in einer Erich Pommer-Produktion der Ufa mit dem Paar Fritsch-Harvey zu sehen. Mittlerweile hatte die Ufa Rühmann einen Jahresvertrag gegeben und er bestellte sich daraufhin bei Klemm in Böblingen ein eigenes Flugzeug.

Lilian Harvey, Heinz Rühmann, Ralph Arthur Roberts und Gertrud Wolle

Der Mann, der seinen Mörder sucht
1931

Regie Robert Siodmak. *Regie-Assistenz* Carl Winston. *Buch* Ludwig Hirschfeld, Kurt Siodmak, Billie Wilder, nach dem Theaterstück von Ernst Neubach. *Kamera* Konstantin Tschet. *Musik* Friedrich Hollaender. *Musikalische Leitung* Franz Wachsmann. *Ton* Fritz Thiery. *Bauten* Robert Herlth, Walter Röhrig. *Schnitt* Victor Gertler. *Darsteller* Heinz Rühmann (Hans Herfort), Lien Deyers (Kitty), Raimund Janitschek (Otto Kuttlapp), Hans Leibelt (Adamowski), Hermann Speelmans (Jim), Friedrich Hollaender (Vorsitzender der »Weißen Weste«), Gerhard Bienert (Schupo), Fritz Fiedler, Eberhard Mack, Erik Schütz, Wolfgang von Waltershausen, Roland Varno, Hermann Blaß, Fritz Odemar. *Produktion* Ufa (Erich Pommer). *Länge* 2672 Meter. *Uraufführung* 5. 2. 1931. Alternativer Titel *Jim, der Mann mit der Narbe.*

Den jungen Hans Herfort plagen Schuldenlast und Weltschmerz. Die Pistole schon an der Schläfe, den Finger am Abzug, sieht er sich plötzlich in seiner Dachwohnung mit dem Einbrecher Otto Kuttlapp konfrontiert. In Kuttlapp findet er einen verständnisvollen Menschen, der auch unter den schweren Zeiten leidet. Viele seiner Kollegen sind »arbeitslos«. Herfort weiß, wie ihnen beiden geholfen werden kann. Lebendig ist er keinen Pfennig mehr wert, aber im Falle seines Todes zahlt die Versicherung eine stattliche Prämie. Er bietet Kuttlapp eine hohe Belohnung, wenn dieser die Aufgabe übernimmt, ihn zu erschießen. Die vertraglichen Bedingungen werden schriftlich in doppelter Ausführung fixiert. Der erste Exekutionsversuch mißlingt. Sie kommen überein, die Sache innerhalb der nächsten zwölf Stunden endgültig zu erledigen. In der Zeit zwischen Leben und Tod verliebt Herfort sich in die reizende blonde Kitty und sein Lebenswille erwacht. Kuttlapp soll den Vertrag wieder zurückgeben, aber der hat ihn schon an »Jim mit der Narbe«, den dreimal lebenslänglichen Raubmörder und Kollegen aus dem »Verein der Weißen Weste« verkauft. Vergeblich sucht Herfort nach seinem Mörder, provoziert seine Verhaftung und landet in einer Zelle, mit dem ahnungslosen Jim. Er zwingt Hans, mit ihm zu fliehen. Zwischen Maschinenpistole, Wurfmesser, Dolch und Handgranate und einer bei Herforts Hochzeit mit Kitty doch noch hochgehenden Bombe, klärt sich alles auf. Die Männer vom »Verein der Weißen Weste« verbinden das glückliche Paar symbolisch mit Handschellen zum Bund fürs Leben.

»Wir fanden es ungeheuer komisch und bogen uns beim Schreiben vor Lachen. Auch Erich Pommer gefiel es, nur dem Publikum nicht« (Robert Siodmak, *Zwischen Berlin und Hollywood*). Die frivole Art, mit der der Film die Probleme jener Zeit – die Arbeitslosigkeit, Selbstmorde

Heinz Rühmann und Raimund Janitschek

Lien Deyers, Heinz Rühmann und Gerhard Bienert

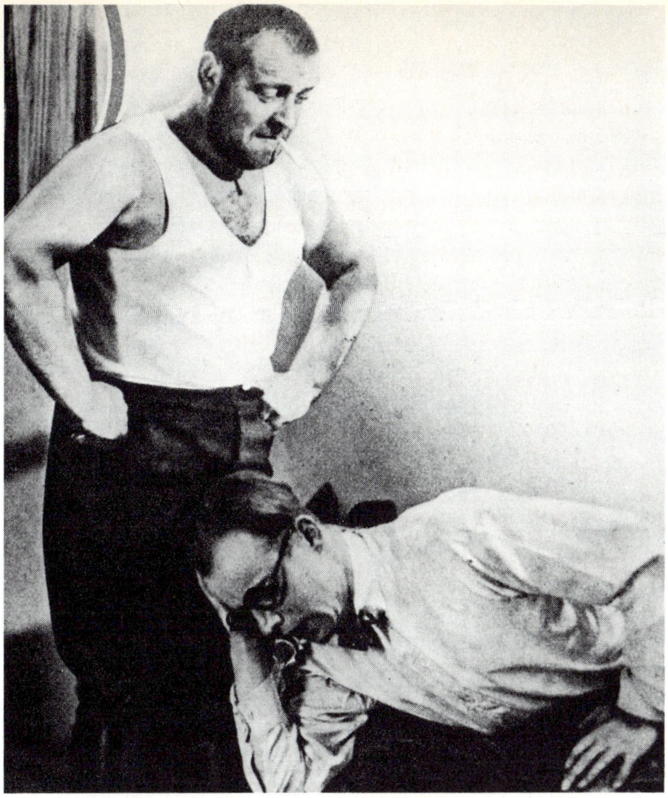

Hermann Speelmans und Heinz Rühmann

Heinz Rühmann und Hermann Speelmans

und täglich in Konkurs gehende Firmen – aufs Korn nahm und frechen Schabernack trieb, machte so manchen Zuschauer betroffen. Aber das war genau das, was Siodmak mit dem Film beabsichtigt hatte. Um seinen Galgenhumor unter die Leute zu bringen, verwendete er alle Stilelemente, die ihm zur Verfügung standen, von Buster Keaton bis Charlie Chaplin; er schreckte auch nicht vor der Klamotte zurück und ließ Friedrich Hollaender mit Dolch und Revolver die Gesangsübungen des Ringvereins »Weiße Weste« dirigieren, aus Spaß an Jux und Tollerei für diejenigen, die seinen Humor verstehen wollten. Für Heinz Rühmann war dieser Film ein voller Erfolg. Eingebettet im Ganovenmilieu spielte er das arme getretene Menschlein, mit dem der Zuschauer sich identifizieren konnte. »Die Darstellung des Mannes, der aus der Welt möchte, war ausgezeichnet. Heinz Rühmann, der im Tonfilm nahe daran war, sich an zappelige Operettennuancen zu verlieren, ist hier von einer reizenden Ruhe, von einem köstlichen Phlegma. Das ist seine Natur!« (Herbert Ihering, 1931). Als Komiker wurde er in die erste Reihe internationaler Größen katapultiert: »Heinz Rühmann, ein Schauspieler, über den noch lange nicht genug geschrieben ist, den man wirklich einen ›Typ‹ nennen könnte. Einen Typ, äußerlich so etwa wie Harald Lloyd. In der Art sich zu geben, eine feine Annäherung an Buster Keaton. Aber nicht etwa Parodie, keine Nachahmung, sondern etwas ganz Besonderes, eben Heinz Rühmann ...« (*Kinematograph* Berlin, 1931).

Lien Deyers und Heinz Rühmann

Bomben auf Monte Carlo
1931

Regie Hanns Schwarz. *Buch* Hans Müller, Franz Schulz, nach Motiven von Heltai und dem Roman von Reck-Malleszewen. *Kamera* Günther Rittau, Konstantin Irmen-Tschet. *Musik* Werner R. Heymann. *Lied* »Das ist die Liebe der Matrosen« von Werner R. Heymann (Musik) und Robert Gilbert (Text). *Bauten* Erich Kettelhut. *Ton* Hermann Fritzsching. *Darsteller* Hans Albers (Kapitän Craddock), Anna Sten (Yola, Königin von Pontenero), Heinz Rühmann (Peter Schmidt, Erster Offizier), Ida Wüst (Isabel), Karl Etlinger (Konsul), Rachel Devirys (Diane), Kurt Gerron (Kasino-Direktor), Peter Lorre (Pawlitschek), Otto Wallburg, Charles Kullmann, Bruno Ziener. *Produktion* Ufa (Erich Pommer). *Länge* 3023 Meter. *Uraufführung* 31. 8. 1931.

Der ausgefuchste Abenteurer Kapitän Craddock steuert das einzige Kriegsschiff der Königin von Pontenero, Yola, durch die Weltmeere, als ihn ihr Befehl erreicht, sie zwecks Vergnügungsreise an Bord zu nehmen. Das Ansinnen seinen Kreuzer »Persimon« zum Vergnügungsdampfer umzufunktionieren, läßt ihn den Befehl verweigern. Dem vernünftigen Rat seines Ersten Offiziers und Freund folgend, nimmt er direkten Kurs auf Monte Carlo. Auf dem Konsulat in Monte Carlo begegnen die beiden Seeleute der Königin Yola. Sie verliebt sich in Craddock und wahrt ihr Inkognito. Sie will ihn nicht als Königin, sondern mit den Waffen einer Frau an ihre Seite zwingen. Sie gibt ihm 100000 Franc für die Besatzung der »Persimon«, die schon lange keine Heuer mehr gesehen hat. Der Zauber der rollenden Kugel lockt Craddock ins Spielcasino, wo er fast immer gewinnt, bis Yola ihn überredet, alles Geld auf eine Zahl zu setzen. Schlagartig ist alles verloren, Craddock ist pleite. Aber so schnell gibt ein Kapitän von seinem Kaliber nicht auf. »Entweder die Hunderttausend sind morgen früh in meinen Händen, oder die ›Persimon‹ schießt Ihr Casino in Trümmer«, läßt er dem Casino-Direktor bestellen. Am nächsten Morgen sind die Kanonen des Kreuzers auf Monte Carlo gerichtet. Da erscheint Yola als majestätische Königin, läßt ihn verhaften und versucht, ihn zu Vernunft zu bringen. Aber er flieht, springt ins Meer, entert ein vorüberfahrendes Schiff und dampft neuen Abenteuern entgegen. Aber Yola wird er nicht entkommen, denn sie folgt dem geliebten Flüchtling mit ihrem Kreuzer.

Heinz Rühmanns erster Film mit Hans Albers. Für Rühmann muß es anfangs so ausgesehen haben, als würde die Arbeit bei *Bomben auf Monte Carlo* für ihn ein Ritt über den Bodensee werden. Das fing beim Manuskript an: Die Story war ziemlich blödsinnig und langweilig; ganz auf Albers abgestimmt, also Nebensache, wie so viele der Filmstorys, in denen er die Hauptrolle spielte. Hanns Schwarz war ein schwacher Regisseur, der die Schauspieler nicht führte, sondern sich führen ließ und gegen Albers konnte er sich überhaupt nicht durchsetzen. Um bei Rühmann keine Zweifel aufkommen zu lassen, wer am Ort die erste Geige spielte, soll Albers ihn gleich zu Beginn der Dreharbeiten großkotzig als den »Kollegen von der Sommerbühne« tituliert haben. Es war nicht nur Albers'

Hans Albers und Heinz Rühmann

Heinz Rühmann, Hans Albers und Partner

äußere Erscheinung, nicht nur seine Selbstgefälligkeit, die es Rühmann schwer machte, sich neben Albers zu behaupten, sondern daß Rühmann am Anfang seiner Karriere stand und seinen sechsten Film drehte, während Albers bei *Bomben auf Monte Carlo* bereits das 62. Mal vor der Kamera stand. Aber das hatte auch sein Gutes. Albers langjährige Erfahrung und sein Instinkt kamen Rühmann zu Hilfe, denn Albers hatte blitzschnell erkannt, »sie waren ein recht bemerkenswertes Paar«. Je mehr Albers aufdrehte, desto besser konnte Rühmann die ihm zugedachte Rolle des schüchternen, kleinen und gerne-groß-sein-wollenden Mannes spielen. Sie ergänzten sich und es war keineswegs falsche Bescheidenheit, wenn Rühmann sich mit dem schräg-nach-oben-Blick neben Albers heimlich reckte und streckte: das war Konzept. Das Lied »Das ist die Liebe der Matrosen«, wurde ein beliebter Schlager und *Bomben auf Monte Carlo* nach *Der Kongreß tanzt* zum größten Erfolg der Kinosaison 1931/1932. »Kaum ein Film der letzten Zeit ist mit solcher Spannung erwartet worden, wie dieser. Der Erfolg heißt Hans Albers, der wieder einen Kerl hinstellt – so prachtvoll gemixt aus Blut, Herz, Sex-Appeal, Muskeln und Kodderschnauze – daß man mit ihm mitgehen muß, ob man will oder nicht. Als Pendant zu ihm, glänzend gewählt: Heinz Rühmann, von beweglicher, schusseliger, treuherziger Komik, besser denn je.« (*Filmwoche,* 1931).

Meine Frau, die Hochstaplerin
1931

Regie Kurt Gerron. *Regie-Assistent* Erich Holder. *Buch* Ernst Wolff, Dr. Fritz Zeckendorf, Philipp Lothar Mayring. *Kamera* Eugen Schüfftan. Karl Puth. *Musik und Liedertexte* Willi Kollo. *Musikalische Leitung* Hans Schindler. *Bauten* Hans Sohnle, Otto Erdmann. *Ton* Walter Tjaden. *Schnitt* Konstantin Mick. *Darsteller* Heinz Rühmann (Peter Bergmann), Käthe von Nagy (Jutta), Fritz Grünbaum (Silbermann), Hermann Vallentin (Marty), Alfred Abel (Mr. Knast), Maly Delschaft (Ileana), Theo Lingen (Manager Ileanas), Hans Waßmann (Dr. Sommer), Fritz Alberti (Direktor der Landeskreditbank), Else Heims (Frau Klaffke), Edith Meinhart, Ernst Wurmser, Hubert von Meyerinck, Georg Schmieter, Walter Eckard, Julius Brandt, Georg Heinrich Schnell. *Produktion* Ufa (Bruno Duday). *Länge* 2481 Meter. *Uraufführung* 18.9.1931.

Heinz Rühmann und Käthe von Nagy

Die temperamentvolle, dunkeläugige Jutta hat den hoffnungsvollen jungen Bankbeamten Peter Bergmann geheiratet. Der schüchterne und nüchtern denkende Peter hat Sparen, immer nur Sparen im Sinn. Dennoch fehlt das Geld an allen Ecken und Enden. Weil Jutta erkannt hat »bis Peter einmal Prokurist ist, bin ich längst schon alt und grau«, beschließt sie, ihrem Mann mit weiblicher Raffinesse zu einem besseren Posten zu verhelfen. Sie stellt dem Würstchengroßhändler Marty ihren Peter als Direktor einer Bank vor. Die Marty-Würstchenwerke stecken gerade in einer Finanzmisere. So kommt das dem Fabrikanten sehr gelegen. Ehefrau Jutta sorgt für den entsprechenden Rahmen und mietet eine Suite im teuersten Hotel, um den Würstchenfabrikanten gebührend empfangen zu können. Zur Beschaffung des nötigen Kleingeldes werden Schmuck und andere Wertgegenstände im Pfandhaus versetzt. Spätestens jetzt wird dem ordentlichen Bankbeamten klar, daß seine Frau eine Hochstaplerin ist. Sie aber weiß sehr geschickt, neue Kontakte zu knüpfen und Bekanntschaften zu nützen. Durch die Vermittlung eines gewissen Herrn Silbermann, der alles weiß und viele kennt, sorgt ein Händler in Sachen »Mostrich en gros« für das Glück der Familie Bergmann. Der Bankbeamte Peter wird zwar von seiner Firma gefeuert, avanciert jedoch zum teilhabenden Direktor der Würstchenwerke. Frau Direktor Jutta kann mit dem Erfolg zufrieden sein.

Meine Frau die Hochstaplerin ist ein nettes, harmloses Lustspiel, das dem Publikum der frühen dreißiger Jahre herzhaftes Kichern und Gackern entlockte – weiter nichts. Die Darstellung Heinz Rühmanns fand, obwohl er an der Seite von Käthe von Nagy die Hauptrolle spielte, keine besondere Beachtung. Vielmehr lobte die Kritik die flotte Regie von Kurt Gerron »die, obwohl ambitionslos, geschmackvoll, kontinuierlich war und das ebenso gut ausgewählte wie passend verwendete Ensemble vor Übertreibungen bewahrte.« (*Paimann's Filmlisten,* 1931).
Allerdings »gab es gegen Ende einen Knacks, ein wenig Verwirrung, und man wußte nicht recht, wie man zum Ende kommen sollte. Folge: nervöses Überhasten, aber schließlich doch noch ein mutiger und geglückter Ausklang. Vor allem brachte dieser Abend die Tonfilmentdeckung Fritz Grünbaums, des glänzenden Komikers und ausgezeichneten Charakterspielers. Die entzückende Käthe von Nagy, gefiel wie der liebe Rühmann, und Alfred Abel, den wir öfter zu sehen wünschen, zeigte eine beachtliche Leistung.« (*Der Film,* 1931). »Die Leute lachten fast unaufhörlich und man begrüßte einen jener so seltenen deutschen Filmabende, an denen die Fettaugen des Witzes und der Komik nicht auf jener verteufelten faden Brühe der Albernheit schwimmen.« (*Berliner Tagblatt,* 1931).

Der brave Sünder
1931

Regie Fritz Kortner. *Buch* Alfred Polgar, Fritz Kortner. *Kamera* Günther Krampf. *Musik* Nikolaus Brodszky. *Musikalische Leitung* Artur Guttmann. *Bauten* Julius von Borsody. *Ton* Erich Lange. *Schnitt* G. Pollatschik. *Darsteller* Max Pallenberg (Leopold Pichler), Heinz Rühmann (Wittek), Dolly Haas (Hedwig, Pichlers Tochter), Josefina Dora (Ludmilla, Pichlers Frau), Fritz Grünbaum (Klapka), Peter Wolff (Karl, Pichlers Sohn), Julius Brandt (Geschäftsführer), Louis Ralph (Kommissar Krull), Ekkehard Arendt (Direktor Härtl), Rose Pointexter (Kiddy, die Negertänzerin). *Produktion* Allianz-Tonfilm Ges.m.b.H. *Länge* 2979 Meter. *Uraufführung* 22. 10. 1931.

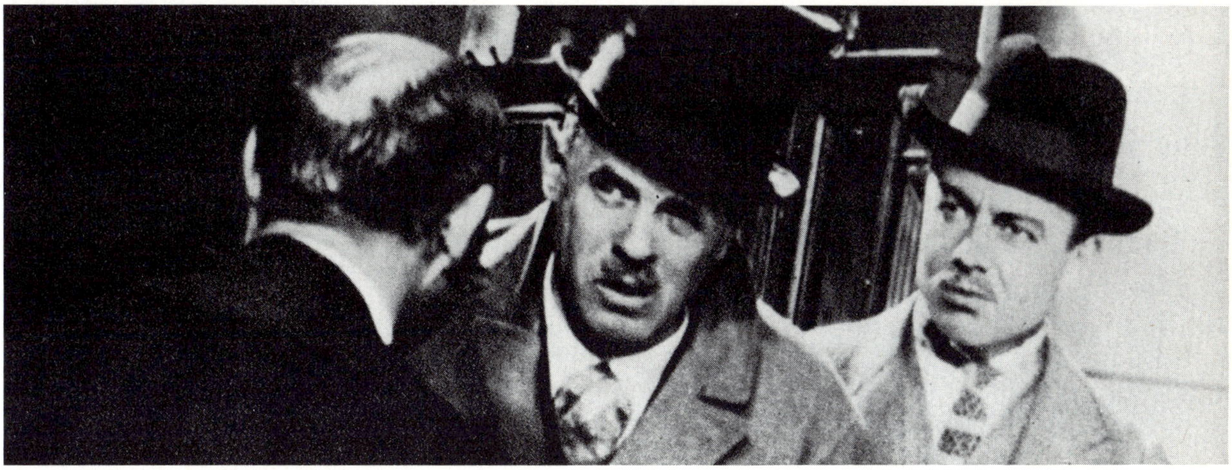

Max Pallenberg und Heinz Rühmann

Oberkassierer Leopold Pichler hat einen ausgesprochenen Pechtag. Schon am Morgen gibt es Ärger mit der Familie, dann kommt er zu spät ins Büro, was ihm in zwanzig Jahren noch nie widerfahren ist, und schließlich vermißt er auch noch sein Frühstücksbrot. Zu allem Überfluß muß er sich später noch sagen lassen, daß der Direktor Härtl sich abfällig über ihn geäußert hat, weil Pichler sich wiederum verspätet, als er mit seinem treuen Gehilfen Wittek Geld von der Bank abholt. So ist der Direktor verärgert ohne Geld nach Wien abgereist. Um ihm zu beweisen, daß man sich auf ihn verlassen könne, beschließt Pichler, zusammen mit Wittek nachzufahren und das gebündelte Bare abzuliefern, zumal er sowieso überall Verbrecher wittert. In seinem Wiener Hotel treffen sie ihren Chef nicht an; der Portier meint sie würden ihn in der »Engelbar« bestimmt treffen. Dort hält man Pichler und Wittek für Gäste des Direktors und tischt ihnen teuren Sekt auf. Sie erleben eine tolle Nacht und erwachen am nächsten Morgen im Schlafzimmer der Negertänzerin Kiddy. Es ist ein trauriges Erwachen, denn von dem anvertrauten Geld fehlt ein erklecklicher Batzen, und die Polizei steht auch schon vor der Tür. Anstatt aber verhaftet zu werden, landen sie in einem Spielclub. Dort setzt sich die Pechsträhne fort: zwar gewinnt Pichler, aber der Croupier ist mittlerweile mit allem Geld durchgebrannt. Sein Geld kommt auf einem Umweg doch beim Direktor an, nur ahnt der brave Oberkassierer davon nichts. Völlig verzweifelt trifft Pichler alle Vorbereitungen zum Selbstmord, doch Herr von Härtl sorgt auf seine Weise dafür, daß Leopold Pichler der Welt erhalten bleibt und im Kreise seiner Lieben Tochter Hedwig an den treuen Wittek verheiraten kann.

In vielfacher Hinsicht ist das einzige Filmdokument von Max Pallenbergs Darstellungskunst (er kam 1934 bei einem Flugzeugabsturz ums Leben), das auf der Komödie »Defraudanten« von Alfred Polgar, basiert, bemerkenswert. Das Drehbuch trug dazu bei, ebenso wie die Führung Kortners, der hier sein Filmregiedebut gab. Die Kritik behauptete, man habe vor lauter Einfällen kaum noch die Handlung erkennen können. Heinz Rühmann hatte es nicht leicht mit dem bekannten Komiker Pallenberg, denn die Rolle Rühmanns war lediglich die des treuen Dieners seines Herrn, der ihm gottergeben wie ein Hund folgte. Dennoch gelang es ihm »Kontrastwirkung zu schaffen, die bei aller Zurückhaltung deutlich die vielseitige Begabung und die schauspielerische Disziplin erkennen läßt. Er spielt eine Charge, macht aber daraus eine Leistung, die man genauso hoch einzuschätzen hat, wie die bravouröse Arbeit des Stars Pallenberg«. (*Kinematograph,* 1931) Weit mehr als diese Kritik, wie auch der Hinweis, daß *Der brave Sünder* zum besten gehört, was in deutschen Ateliers seit vielen Jahren geschaffen worden ist« (Rudolf Arnheim, *Die Weltbühne* 1931) interessierte Rühmann, was ihn schon während der Dreharbeiten abgelenkt hatte: Aus Böblingen brachte ihm die bekannte Fliegerin Elly Beinhorn persönlich die Erfüllung eines langgehegten Wunschtraumes, sein erstes eigenes Flugzeug.

Der Stolz der 3. Kompanie
1932

Regie Fred Sauer. *Regie-Assistent* H. Kurt, Dr. Barosin. *Buch* Friedrich Raff, nach einer Idee von Wilhelm Harstein. *Kamera* Friedel Behn-Grund. *Musik* Hans May. *Lieder* »Grade heut' hätt' ich Lust verliebt zu sein!«, »Himmeldonnerwetter«, Hans May (Musik), Dr. Johannes Brandt (Text). *Bauten* Robert Neppach, Erwin Scharff. *Tanzmeister* Franz Roth. *Kostüme* Dora Schmiedel. *Ton* Carlo Paganini. *Darsteller* Heinz Rühmann (Musketier Diestelbeck), Adolf Wohlbrück (Prinz Willibald), Eugen Burg (Minister von Schwarzenbecher), Ferdinand von Alten (Martini), Josef Peterhans (General), Walter Steinbeck (Major Schering), Viktor de Kowa (Leutnant Gernsbach), Fritz Kampers (Feldwebel Krause), Gerhard Bienert (Sergeant Schmidt), Rudolf Platte (Unteroffizier Knoll), Heinz Förster-Ludwig (Musketier Lange), Herbert Nußbaum (Musketier Baum), Paul Henckels (Weinbauer Diestelbeck), Arthur Mainzer (Hotelier), Trude Berliner (Vera), Ilse Korseck (Gertrud), Christl Mardayn (Emma Wakker). *Produktion* Deutsches Lichtspiel-Syndikat AG. *Länge* 2519 Meter. *Uraufführung* 4. 1. 1931.

Walter Steinbeck, Adolf Wohlbrück, Heinz Rühmann und Viktor de Kowa

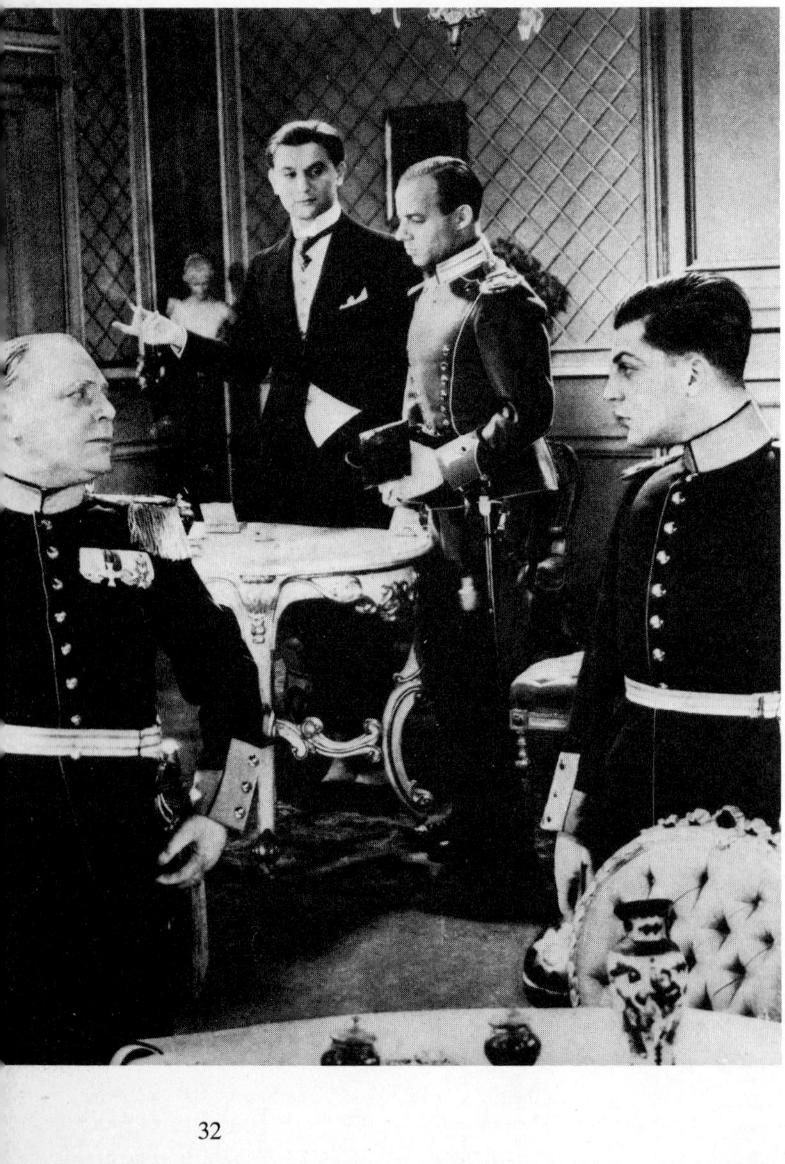

Musketier Gustav Diestelbeck wird von Feldwebel Krause, der nicht verknusen kann, daß der kleine Musketier ihn bei der appetitlichen Wirtstochter Emma Wacker auszustechen droht, immer schikaniert. Zum Zapfenstreich muß Gustav in die Kaserne, der triumphierende Spieß bleibt mit Emma im lauschigen Winkel zurück. Aus Wut und Eifersucht bläst er Alarm und wird gefaßt, als das Signal zum zweitenmal ertönt. Diesmal ist der Alarm echt und das Bataillon in Blitzesschnelle angetreten; Gustav bekommt nicht Arrest, sondern Sonderurlaub und wird Offiziersbursche bei Leutnant Gernsbach, wo er bald unentbehrlich wird. Als er zum Regimentsjubiläum den Vaterländischen Zweiakter »Thron und Altar« inszenieren soll, übernimmt er die Rolle eines Ulanenleutnants. Mit dem Erfolg, daß Prinz Willibald ihn für echt hält und mit einer diskreten, amourösen Mission beauftragt. Zum Entsetzen des Kommandeurs besteht der Prinz darauf, den vermeintlichen Leutnant als Ordonnanzoffizier zu behalten. In der Doppelrolle des Adjutanten und Schauspielers rettet Gustav Diestelbeck sowohl die Theateraufführung als auch den guten Ruf der Kompanie, sichert sich seine Emma und beendet die militärische Laufbahn.

In dem ebenso zweifelhaften wie zuschauerträchtigen Genre der Militärklamotte spielte Heinz Rühmann den Musketier Diestelbeck, der das ganze kaiserlich-preußische Militärreglement mit treuherzigem Gesicht unterwandert und untergräbt. Die Handlung ist keineswegs originell, keine Satire, sondern eine Klamotte. Doch trotz des mangelhaften Stoffes – oder gerade deshalb – wurde die Begabung Heinz Rühmanns deutlich. Es gelang ihm, die Figur des Rekruten mit subtiler Komik zu füllen, die der Kitt war für den schwachen Schwank, abgesehen von einigen lustigen szenischen Einfällen. Die Kritik kommentierte treffend: »Wenn der herrlich humorvolle Heinz Rühmann nicht wäre, der eine ins preußisch abgebogene Schweijk-Figur überaus menschlich darstellt, dieser etwas mädchenhafte Soldat, der bei jeder Gelegenheit ins Fettnäpfchen tritt, wäre dieser Film ganz unerfreulich. Es ist die bisher beste schauspielerische Leistung Rühmanns, dem in erster Linie der Schlußapplaus galt.« (1932). *Der Stolz der dritten Kompagnie,* der sicher kein Ruhmesblatt deutscher Filmgeschichte ist und von der Einfalt des Milieus schier erdrückt wird, wurde von den Wehrmachtserneuerern wegen »Zersetzung des Wehrgedankens« am 1. August 1935 verboten.

Heinz Rühmann und Adolf Wohlbrück

Man braucht kein Geld
1932

Regie Carl Boese. *Buch* Karl Noti, Hans Wilhelm. Nach dem Theaterstück von F. Altenkirch. *Kamera* Willy Goldberger. *Musik* Artur Guttmann. *Bauten* Julius von Borsody. *Ton* Erich Lange. *Schnitt* G. Pollatschik. *Darsteller* Heinz Rühmann (Schmidt), Hans Moser (Hoffmann, Onkel aus Amerika), Hans Junkermann (Brandt), Ida Wüst (Frau Brandt), Hedy Kiesler (Käthe), Kurt Gerron (Bankdirektor), Paul Henckels (Bürgermeister), Hans Herrmann-Schaufuß, Albert Florath, Hugo Fischer-Köppe, Ludwig Stössel, Siegfried Berisch, Wolfgang von Schwind, Heinrich Schrotz, Fritz Odemar, Karl Hannemann, Leopold von Ledebur, Gerhard Damann. *Produktion* Allianz Tonfilm Ges.m.b.H. *Länge* 2631 Meter. *Uraufführung* 5. 2. 1931. Weiterer Verleihtitel *Der Onkel aus Amerika.*

Heinz Rühmann und Hedy Kiesler alias Hedy Lamarr

Die Groditzkirchner Industriebank ist wegen ihres Vertrauens in die Ölbohrungen des angesehenen Kaufmannes Brandt pleite gegangen. Die einzige Hoffnung in diesem Debakel ist der gute Onkel, den die Familie Brandt in Amerika hat und der Millionär sein soll. Auf Drängen des Bankdirektors wird der einst ausgewanderte Thomas Hoffmann in die Kleinstadt eingeladen. Mit dem letzten Geld des Bankangestellten Schmidt wird ein feierlicher Empfang inszeniert. Schnell stellt sich heraus, daß der Onkel nichts außer einem Zehn-Dollar-Goldstück besitzt. Er hat nie behauptet, Millionär zu sein. Durch geschickte Winkelzüge des Angestellten Schmidt werden ihm von allen Seiten immer mehr Kredite aufgedrängt, die er in Groditzkirchen investiert. Die Stadt blüht auf. Als der vermeintliche Millionär Ehrenbürger werden soll, fliegt der ganze Schwindel auf. Er soll hinter Gitter. Bankmann Schmidt hält eine Rede und rettet damit die Situation. Er klärt die Leute darüber auf, daß man kein Geld brauche, daß es auch nicht darauf ankomme, ob der Mann aus Amerika Millionen besitzt oder nicht. Viel wichtiger sei es, daß das kleine Groditzkirchen nun eine moderne Stadt geworden ist und für Tausende Arbeitsplätze biete. So bleibt Hoffmann Millionär wider Willen, und Schmidt bekommt Käthe, die Tochter des Kaufmanns Brandt, die er schon lange heimlich verehrt.

In einer Zeit mit Millionen Arbeitsloser und täglich in Konkurs gehender Firmen wurde die volkswirtschaftliche Binsenweisheit »man braucht kein Geld« als Lustspielidee verfilmt. Der Mittelpunkt: ein gestrandeter armer Schlukker, von dem jeder glaubt, er hätte es in Amerika zu einem Millionenvermögen gebracht. Den Motor, der den ganzen Schwindel ausheckte, den Ölfelder-Napoleon spielte Heinz Rühmann ohne Schüchternheit, frech und siegessicher. Die Kritik zollte dem Film hohes Lob. »Es ist lange über einen deutschen Film nicht so gelacht worden, wie über diesen. Gierig wurde vom Publikum jeder Satz aufgenommen, verstanden, belacht, beklatscht, der auch nur in der losesten Beziehung zur Gegenwart stand, zu Bankenzusammenbrüchen und aufgetriebenen Transaktionen. Insofern, ist dieser bescheidene und keineswegs durchgestaltete Film mit einem Male bedeutungsvoll. Ein Ansatz zur Wahrheit. Ein Ansatz zum besseren Filmlustspiel. Ein Ansatz zur Filmsatire. Heinz Rühmann ist der Bankangestellte Schmidt, der alles fingert. Ebenso treuherzig wie frech, ebenso brav wie pfiffig, ebenso bieder wie gerissen. Köstlich.« (Herbert Ihering, 1932). Die Beliebtheit Rühmanns nahm durch diesen Film zu, während über Hans Moser, der zum erstenmal mit Rühmann spielte, treffend bemerkt wurde: »Erschütternd komisch, wie er stumm seinem letzten Goldstück nachtrauert. Wenn er spricht, ist er weniger verständlich.«

Kurt Gerron und Heinz Rühmann

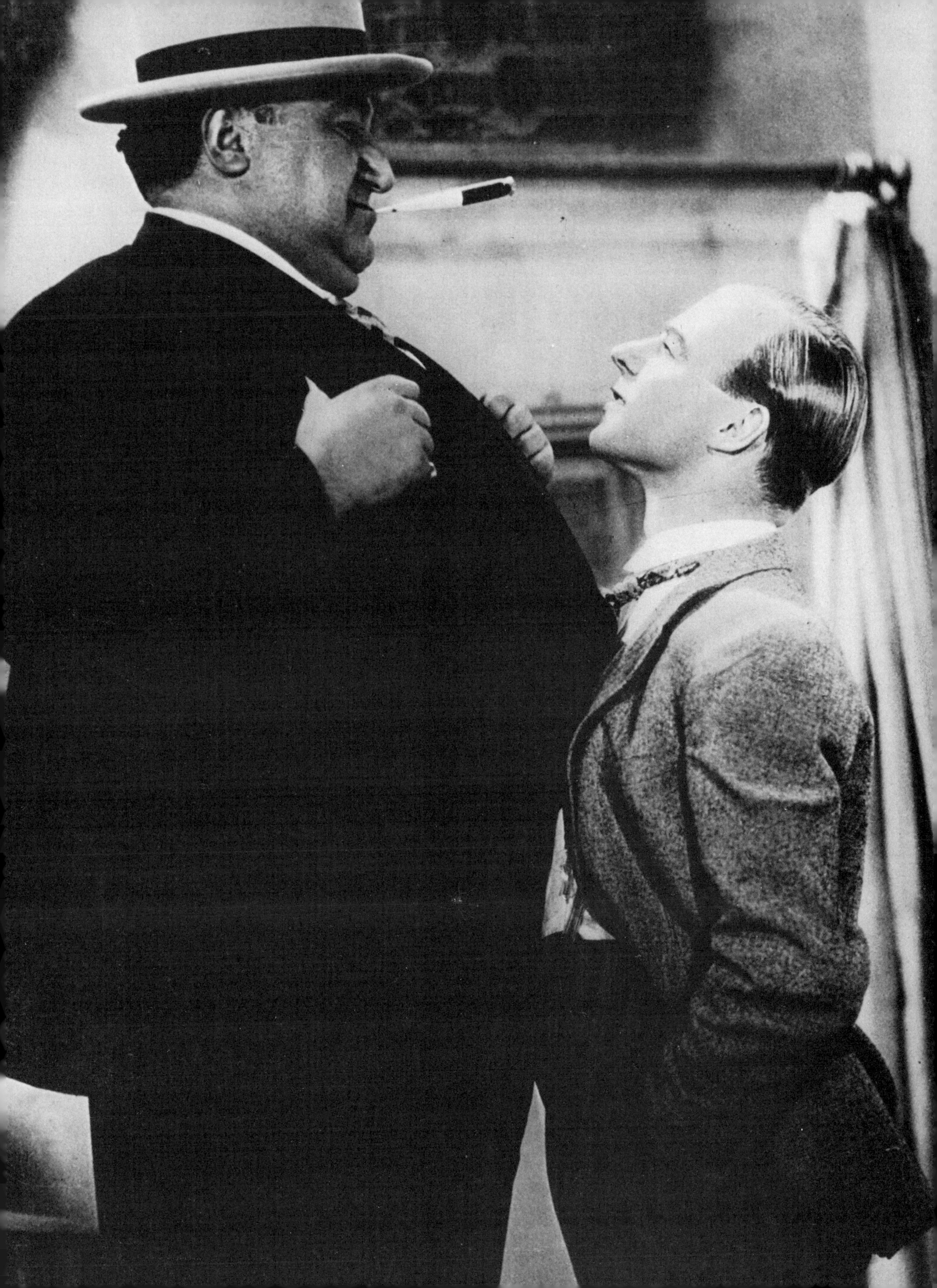

Es wird schon wieder besser
1932

Regie Kurt Gerron. *Regie-Assistenz* Erich Holder. *Buch* Philipp Lothar Mayring, Dr. Fritz Zeckendorf, nach einem Manuskript von Eugen Szatmary und Peter Hell. *Kamera* Fritz Arno Wagner, Robert Baberske. *Musik* Walter Jurmann, Bronislaw Kaper. *Lieder* »'S wird schon wieder besser«, »Wenn ein kleiner Zufall will«, Walter Jurmann, Bronislaw Kaper (Musik), Fritz Rotter (Text). *Kapelle* Barnabas von Geczy. *Bauten* Julius von Borsody. *Ton* Hermann Fritzsching. *Schnitt* Konstantin Mick. *Darsteller* Heinz Rühmann (Fred Holmer), Paul Otto (Geheimrat Ringler), Dolly Haas (Edith), Fritz Grünbaum (Justizrat Feldacker), Oskar Sima (Sanitätsrat Dr. Hartmann), Ernst Verebes (Willi Bertram), Jessie Vihrog (Johanna), Ferdinand von Alten, Gerhard Bienert, Hugo Flink, Viktor Franz, Günther Hadank, Paul Henckels, William Huch, Fritz Odemar, Werner Pledath, Gustav Püttjer, Oscar Sabo, Hans Waßmann, Paul Westermeier, Gertrud Wolle, Ernst Wurmser, Martha Ziegler, *Produktion* Ufa (Bruno Duday). *Länge* 1832 Meter. *Uraufführung* 6.2.1932.

Dolly Haas und Heinz Rühmann

Die beiden Freunde Willi Bertram und Diplomingenieur Fred Holmer sind arbeitslos, haben kein Geld, lassen sich aber ihr Dasein trotzdem nicht verdrießen. Als Fred wegen drückender Schuldenlast zum Offenbarungseid vor Gericht soll, wechseln sie ihre Pässe. Statt Fred kommt Willi hinter Gitter; Fred wird mit Willis Paß in der Tasche von einem Sportwagen angefahren, den Edith Ringler, die Tochter eines Automobilfabrikanten steuert, die gerade zuvor zu zwei Wochen Gefängnis auf Bewährung verurteilt worden war, weil sie jemand überfahren hatte. Während ihr Vater, mit dem Arzt und dem Rechtsanwalt, den Fall beratschlagt, wird der Verletzte im Hause Ringler von Edith fürsorglich gepflegt. Er beschließt, infolge des Nervenschocks seinen Namen besser zu vergessen. Das Unglück nimmt trotzdem seinen Lauf. Die Polizei hat die flüchtige Unfallfahrerin ausgeforscht. Sie muß vor Gericht mit einer hohen Strafe rechnen. Vor den Richtern fällt Edith im richtigen Moment in Ohnmacht, heiratet schnell ihren Fred, der als Ehemann nicht mehr auszusagen braucht und wird deshalb freigesprochen. Vater Ringler revanchiert sich für die Hilfsbereitschaft in Sachen Töchterlein und stellt Schwiegersohn Fred als Konstruktionsingenieur ein, auf daß das Paar glücklich werde.

Der Filmtitel ebenso wie der gleichnamige Schlager drückten aus, was Millionen Menschen in Deutschland damals hofften und wollten:

Pleite heißt das Wort, das heute jeder stöhnt
doch wir haben uns daran gewöhnt.
Nur ein bißchen Mut, dann wird alles gut,
irgendetwas muß auf dieser Welt gescheh'n!
Doch sind die Sorgen noch so groß, dann
denkt man sich: Na schön,
es wird schon wieder besser,
es wird schon wieder besser,
schließlich einmal muß es uns doch besser geh'n.

Regisseur Kurt Gerron machte in dem Film aus der allgemeinen Not somit eine Tugend und das Publikum nahm Heinz Rühmann die Darstellung des arbeitslosen, aber genialen Konstruktionsingenieurs dankbar ab, der mehr durch dummen Zufall als durch Pfiffigkeit zu einem Job kommt. Er rückte damit in der Beliebtheitsskala ein Stück weiter hinauf und rund um die Berliner Gedächtniskirche leuchtete jetzt allabendlich der Name: Heinz Rühmann. Die Presse lobte den Film als »ein neues, lustiges Spiel mit dem der junge, begabte, feinnervige Humorist Rühmann seine Publikumsbeliebtheit und seine Erfolge wieder verstärkt und vertieft.« (*Kinematograph,* 1932). »Hier, wo er nicht zu übertreiben braucht, wo er nicht von Klamauk und Widersinnigkeit umgeben ist, wo sich vielmehr die Situationen mit einer leisen und anmutigen Heiterkeit auseinander entwickeln, gibt er eine seiner bisher besten Leistungen. Kurt Gerron leitet mit Witz und Geschmack das Durcheinander der ausgezeichnet besetzten Nebenfiguren, von denen nur Rühmanns Partnerin, Dolly Haas, ihr Talent zur Groteske nicht voll entfalten kann.« (*Morgenpost,* 1932).

Strich durch die Rechnung
1932

Regie Alfred Zeisler. *Buch* Pilipp Lothar Mayring, Dr. Fritz Zeckendorf. Nach der Komödie von Fred A. Angermayer. *Kamera* Werner Brandes, Werner Bohne. *Musik* Hans-Otto Borgmann. *Lieder* »Immer so weiter«, »Meine ganze Liebe schenk' ich dir« Hans Otto Borgmann (Musik), Robert Gilbert (Text). *Bauten* Willi A. Herrmann, H. Lippschitz. *Ton* Max Kagelmann. *Schnitt* Ernst Schiff-Hajos. *Darsteller* Heinz Rühmann (Willy Streblow), Margarete Kupfer (seine Mutter), Hermann Speelmans (Erwin Banz), Jakob Tiedtke (der alte Spengler), Tony van Eyck (Hanni), Gustl Stark-Gstettenbaur (Gustl), Ludwig Stoessel (Kommerzienrat Stern), Flockina von Platen (Gina), Fritz Odemar (Lißmann), Harry Hardt (Manuel Rodriguez), Fritz Kampers (Franz Wagmüller), Otto Wallburg (Gottfried Paradies), Kurt Pulvermacher (der kleine Paradies), Hans Zesch-Ballot (Hans Donath), Carl Balhaus, Ernst Behmer, Adolf Fischer, Karl (Charlie) Kracker, Emilie Kurz, Vera Liessem, Ernst Morgan, Hans Herrmann Schaufuß, Werner Stock, Toni Tetzlaff, Trude Tandar, Liselotte Rosen, Rolf Wenkhaus. *Produktion und Verleih* UFA. *Länge* 2708 Meter. *Uraufführung* 25. 10. 1932.

Beim großen Sechs-Tage-Rennen will der junge Zeitungsausfahrer Willy Streblow starten, hat aber kein Geld für zwei dringend benötigte Reserveräder. Auch seine Braut Hanni, die ihm schon öfters aus der finanziellen Patsche geholfen hat, kann er nicht anpumpen, zumal ihr Vater, der alte Fahrradhändler, ohnedies gegen diese Verlobung ist. Als in der Werkstatt des alten Herrn kurz vor dem Rennen zwei Räder fehlen, wird Willy verdächtigt und auch seine Braut glaubt, daß er es war, der sich auf diese Weise Ersatzräder beschafft hat. Erzürnt über das Mißtrauen des Mädchens flirtet er mit Gina, der Tochter des Besitzers der Stern-Fahrradwerke, für die der amtierende Weltmeister Banz das Rennen fahren soll. Da der Champion gar nicht so sicher ist, gegen Willy das Rennen zu machen, bietet er diesem eine Stelle bei den Stern-Werken an, wenn er ihn gewinnen läßt. Willy Streblow ist damit einverstanden und hält sich im Rennen solange zurück, bis ein anderer Fahrer die Spitze hält und Weltmeister Banz selbst den jungen Willy vorschickt. Willy radelt wie ein Wilder drauflos, überholt das Feld, setzt sich an die Spitze und siegt. Am Siegerpodest empfängt ihn seine glückstrahlende Hanni, die mittlerweile erfahren hat, daß nicht er, sondern ihr Bruder Gustl die Räder des Vaters geklaut hat, um ihrem Willy zu helfen.

Die Darstellung des jungen, aufstrebenden Radrennfahrers der gegen Intrigen und Machenschaften ankämpft, bringt den dreißigjährigen Heinz Rühmann als Publikumsliebling weiter nach vorn. Er war »eine liebenswerte Mischung von Schüchternheit und Draufgängertum, von bewußter darstellerischer Sicherheit und dem unbewußten Charme eines Volksschauspielers. Er hat schon eine Gemeinde und hat sie nicht enttäuscht, sondern womöglich noch vergrößert. Hier ist, so scheint's ein neues Filmhelden-Ideal im Werden. Nach Willy Fritsch, dem guten,

Heinz Rühmann und Tony van Eyck

blonden, goldrichtigen, offenen Jungen, nach dem siegessicheren, selbstbewußt auf der Mächtigkeit seiner Muskulatur beruhenden, schnoddrig-draufgängerischen Hans Albers, kommt in *Strich durch die Rechnung,* hoch zu Rennrad, Heinz Rühmann angefahren. Seine wechselvollen Schicksale im Film führen ihn zum Sieg im Rennen auf der Leinwand, führen ihn zu einer ganz großen Popularität beim Publikum in Parkett und Rang. Rühmann ist auch ein ›Draufgänger‹, aber einer ganz eigenen Art. Ohne Hemmungen, wenn auch schüchtern, gänzlich unkompliziert, aber mit viel Mutterwitz, Glückspilz im Endergebnis, nachdem er durch allerlei Fährnisse bekümmert-unbekümmert durchgetapert ist, schnoddrig, aber mit viel innerer Sanftmut – der ganz unheldische, nette Held von morgen, der den im übrigen sehr amüsanten Film zum Siege führt.« (*Morgenpost,* 1932).

Ich und die Kaiserin
1933

Conrad Veidt und Heinz Rühmann

Regie Friedrich Hollaender. *Buch* Walter Reisch, Robert Liebmann. Nach einer Idee von Felix Salten. *Kamera* Friedel Behn-Grund. *Musik* Franz Wachsmann. Unter Verwendung von Melodien von Offenbach, Lecocq und Andran. *Lieder* »Das Lied« von Friedrich Hollaender. *Texte* Robert Gilbert. *Bauten* Robert Herlth, Walter Röhrig. *Ton* Dr. G. Goldbaum. *Kostüme* Robert Herlth. *Leitung* Fritz Wechsler. *Darsteller* Mady Christians (die Kaiserin), Conrad Veidt (der Marquis), Lilian Harvey (Juliette), Heinz Rühmann (Didier), Friedel Schuster (Arabella), Hubert von Meyerinck (der Flügeladjutant), Julius Falkenstein (Offenbach), Hans Herrmann-Schaufuß (der Regimentsarzt), Kate Kühl, Heinrich Gretler, Eugen Rex, Paul Morgan, Hans Deppe, Hans Nowack. *Produktion* Erich Pommer-Produktion der Ufa. *Länge* 2434 Meter. *Uraufführung* 22. 2. 1933. Weitere Verleihtitel *Das Strumpfband der Kaiserin. Der Handschuh der Kaiserin.*

Juliette, die Friseuse der schönen Kaiserin Algemi, hat von ihrer Herrin ein Strumpfband geliehen. Sie verliert es im Wald und versucht vergebens danach. Der Marquis de Pontignac findet es während einer Parforcejagd. Dabei scheut sein Pferd und wirft ihn ab. Schwer verletzt wird er in eine nahegelegene Kaserne gebracht. Der Stabsarzt glaubt, einen Sterbenden vor sich zu haben und fragt nach seinem letzten Wunsch. Pontignac möchte seine erste Liebe, Marianne von Montmartre, nochmals wiedersehen. Als die Friseuse Juliette auf der Suche nach dem kostbaren Strumpfband in die Kaserne kommt, wird sie für die Freundin des Marquis gehalten. Der Verwundete, dessen Augen verbunden sind, bittet »sing mir ein Lied«. Juliette singt ein Lied, das ihr Freund, der junge Kapellmeister Didier ihr gewidmet hat. Dieses Lied kann Pontignac nicht vergessen. Wieder gesund, erfährt er, daß Marianne gar nicht bei ihm war. Er sucht ganz Paris nach der Sängerin ab. Schließlich hört er das Lied wieder im Schloß, und sein Verdacht fällt auf die Kaiserin. Als aber die schöne Unbekannte endlich zum Rendezvous kommt, ist es nicht die Kaiserin, sondern Juliette. Während Didier am Dirigentenpult steht, sticht Juliette die Sängerin Arabella, im wahrsten Sinne des Wortes mit dem Degen aus. Als der Vorhang fällt, hat der Marquis die Richtige gefunden, da Juliette erkannt hat, daß ihrem Dirigenten Didier der Ruhm mehr bedeutet, als ihre Liebe.

Ufa-Produktionschef Erich Pommer holte sich für *Ich und die Kaiserin* einen der vielseitigsten Künstler, den es damals in Berlin gab: Friedrich Hollaender der zahllose Evergreens komponiert und geschrieben hatte, als Regisseur für die drei Versionen des Films. Es sollte sein erster und letzter Film in Deutschland werden. Aber dafür konnte Hollaender ebenso wenig, wie für die Tatsache, daß *Ich und die Kaiserin* kein Meisterwerk wurde. Dazu wurde zu sehr unter Zeitdruck gearbeitet. Der Druck der politischen Situation, die bald darauf Hollaender und Erich Pommer ins Ausland trieb, tat das übrige. »Operette, Parodie und Oper gehen hier durcheinander. Diese Unklarheit im Stil hat dem Film aus der Zeit des dritten Napoleon geschadet. Schließlich hielt man ihn für eine elegische, parodistische, kammerspielhafte Offenbachiade; das ist natürlich eine Vielseitigkeit, die alle höhnt, den Regisseur und den Filmbeschauer: Ein Stil-Babel.« (Oskar Kalbus, *Vom Werden deutscher Filmkunst,* 1935). Für die Nationalsozialisten war es ein »Machwerk an dem haufenweise Juden mitgewirkt hatten« und der Film blieb nicht lange in den Kinos. Ursprünglich war auch von den Drehbuchautoren ein anderer Schluß gedacht, als der, der dann gedreht wurde. »Das Drehbuch, das unsere gute Lilian nie bis zu Ende gelesen hatte, besiegelte gerade dort mit aller Entschiedenheit das – sozial gesehen – einzig richtige Happy-End: die kleine Friseuse kriegt den reizenden Rühmann, der selbst nur ein kleiner Kapellmeister ist. Dieser Schluß war richtig frisiert und gut dirigiert. Abblenden! – Denken Sie! Denn was tut meine Lilian, als wir eines Tages unvermeidlich zu der Schlußszene kommen? Sie traut ihren Ohren nicht, und als wir ihr das Drehbuch als Corpus delicti hinhalten, traut sie ihren Augen nicht. ›Was?? Ich krieg' den Rühmann? – Der ist ja noch ein ganz junger Schauspieler! Mit dem kann eine Harvey plänkeln, aber den heiratet sie doch nicht! Ich bin der Star – ich muß doch selbstverständlich den Star kriegen!‹«, schreibt Friedrich Hollaender in seinen Erinnerungen *Von Kopf bis Fuß.* Mit Vehemenz beharrte Lilian Harvey darauf, am Ende ihren Jugendschwarm, Conrad Veidt zu bekommen. Da die Harvey mit der ihr eigenen Starrköpfigkeit die Dreharbeiten abzubrechen drohte, mußten sich alle dem Dickschädel des blonden Mädels fügen. Die Kritik bescheinigte Rühmann, ». . . daß er in seinen Szenen die heitere Beschwingtheit seines jungen Gesichtes herausleuchten lassen kann. Das hinterhältige Drum und Dran einer Geschichte, das Veidt innerlich belastet und ihn zu einem so vollendeten Künstler macht, bekümmert Heinz Rühmann nicht; er sieht allein die heitere Situation und siegt damit.« (*Die Filmwoche,* 1933)

Lachende Erben
1933

Regie Max Ophüls. *Regie-Assistenz* Herbert Fredersdorf. *Buch* Trude Herka. *Kamera* Eduard Hoesch. *Musik* Clemens Schmalstich. *Musikalische Leitung* Hans-Otto Borgmann. *Texte* Fritz Rotter. *Bauten* Benno von Arent. *Ton* Walter Rühland. *Schnitt* Herbert Fredersdorf. *Darsteller* Heinz Rühmann (Peter Frank), Max Adalbert (Justus Bockelmann), Ida Wüst (Britta Bockelmann), Walter Janssen (Robert Stumm), Lien Deyers (Gina), Lizzi Waldmüller (Liane Heller), Julius Falkenstein (Notar Dr. Weinhöppel), Friedrich Ettel (Schlemmel, Kellermeister). *Produktion* Ufa (Bruno Duday). *Länge* 2082 Meter. *Uraufführung* 6.3.1933.

Zwei Sektfirmen am Rhein, Bockelmann und Stumm, leben in erbitterter Konkurrenz. Der alte Bockelmann ist gestorben und hat seinen Neffen Peter Frank zum Erben eingesetzt unter der Bedingung, daß Peter die Erbschaft erst antreten kann, wenn er vier Wochen ohne Alkohol durchhält. Peter widersteht allen Versuchungen, aber als man ihn mit Gina Stumm verkuppeln will, die er schon lange heimlich liebt, da trinkt er dann doch, weil sie nicht glauben soll, daß er sie aus Geschäftsinteresse heiraten will. Der Notar seines Onkels verkündet schließlich noch einen Zusatz zum Testament, und Peter bleibt auch als glücklicher Bräutigam der lachende Erbe.

In dem rheinischen Film von rheinischen Sekt war »die Hauptfigur Prinz Rühmann unerhört natürlich wie immer; der lachende Haupterbe, der Neffe, der wochenlang keinen Alkohol anrühren darf. Er spielt die Figur als einen gewinnenden Bruder Leichtfuß mit einer sprudelnden Suada und mit ungebrochenem Frohsinn.« (*Morgenpost,* 1933) Inszeniert hatte den Film Max Ophüls, der vom Theater kam und der gerne mit Akzenten jonglierte oder Sprachnuancen verflocht. »Heinz Rühmann als rheinischer Weinvertreter führt in *Lachende Erben* eine Sprache, die später in Peter Ustinov's Publicity Slogans für *Lola Montez* zur Perfektion gebracht wurde.« (Frieda Grafe, *Süddeutsche Zeitung.*). Die Kommentare zur Darstellung Rühmanns reichten von »mit Recht gefeiert ob seiner gemütlich frechen quietschvergnügten und wahrhaft süffigen Art« (*BZ am Mittag,* 1933) bis zu »Heinz Rühmann, ein trockener Saftkerl, der im Strome einer nicht umzuwerfenden Natürlichkeit treibt. Edle Marke aus dem Sektkeller deutschen Humors.« (*Filmkurier* 1933). Regisseur Max Ophüls, der im Februar 1933 Deutschland verließ und nach Frankreich emigrierte, schreibt in seinen Lebenserinnerungen *Spiel im Dasein* über *Lachende Erben,* dessen Arbeitstitel *Champagnerkrieg* lautete: »Es wimmelte von Stars. Ich hab ihn nie ganz bis zu Ende gesehen. Er hat viel Geld gebracht, aber ich als Besucher hätte wohl kaum ein Billett dafür ausgegeben. Ich machte ihn mit reiner Routine. ... Mit *Lachende Erben* saßen wir am Rhein, siebzig Leute in Assmannshausen in der ›Krone‹. Das Wetter wurde schlecht, und wir waren eingeregnet. Nach fünf Wochen hatte ich erst zehn Einstellungen gedreht. Es kriselte. ›Sie werden einen Nationalsozialisten als Architekten haben. Wir müssen jetzt auch solche Leute beschäftigen‹, sagte der Personalchef der UFA zu mir. ›Es stört Sie ja wohl nicht, nicht wahr?‹ Es störte mich nicht. ›Benno von Arent!‹ stellte sich tags darauf der Mann vor und schlug die Hacken zusammen. ›Von heute ab gibt es nur noch zwei Leute für mich – meinen Führer und meinen Regisseur!‹« *Lachende Erben* war zuerst gemäß Entscheidung der Filmprüfstelle Berlin vom 10. März 1933 für Jugendliche verboten, wurde aber zehn Tage später von der Film-Oberprüfstelle nach nochmaliger Vorführung unter Beisitz des Direktors Oskar Messter als jugendfrei zugelassen. Vier Jahre später verfügte der Reichsminister für Volksaufklärung und Propaganda, Joseph Goebbels, »daß die Filme *Lachende Erben, Ein Lied geht um die Welt, Jim, der Mann mit der Narbe, Der Kongress tanzt* und *Die Drei von der Tankstelle,* geeignet sind, die öffentliche Ordnung zu gefährden und das nationalsozialistische Empfinden zu verletzen« *(Originalprotokoll),* was am 1. Oktober 1937 ein endgültiges Aufführungsverbot zur Folge hatte.

Heimkehr ins Glück
1933

Regie Carl Boese. *Buch* Ludwig von Wohl, Graf d'Haussonville. *Kamera* Bruno Mondi. *Musik* Eduard Künnecke. *Texte* Richard Kessler. *Bauten* Franz Schroedter. *Schnitt* Putty Krafft. *Darsteller* Paul Hörbiger (Gruber), Erika Falgar (seine Frau Liane), Ludwig Stoessel (Pichler), Luise Ullrich (Liesl), Heinz Rühmann (Amadori), Harry Gondi (Schröder), Richard Klicks (der Lehrling), Paul Heidemann (der Verwalter), Hans Hemes (1. Jäger), Hans Albin (2. Jäger), Wolfgang Staudte (Grubers Sekretär), Lis de Boy (Lianes Freundin). *Produktion* A.B.C. Film GmbH. *Länge* 2345 Meter. *Uraufführung* 18. 8. 1933.

Direktor Gruber, Inhaber der Rapid-Schuhfabrik, ist völlig überarbeitet. Außerdem fällt ihm seine Frau auf die Nerven, die den ganzen Tag nichts anderes als Parties und Flirts im Kopf hat. Gruber läßt alles stehen und liegen und fährt in den Schwarzwald. Während der Fahrt gerät er durch einen merkwürdigen Zufall in den Besitz eines seltsamen Vehikels, während in seinem Achtzylinder der junge Artist Amadori durch die Gegend fährt, den man daraufhin in Grubers Jagdschloß für den Herrn Direktor hält. Unterdessen führt ihn der Zufall mit Liesl, der Tochter seines alten Lehrmeisters, des Schusters Pichler, zusammen. Er vergißt sein Jagdschloß und seine Sorgen. Plötzlich taucht seine Frau mit ihrem Liebhaber auf. Eine Intrige der beiden wird durch Amadori durchkreuzt. Der Scheidungsgrund ist gefunden. Einem Happy-End für Gruber und seine Liesl steht nichts mehr im Wege.

Mit Szenenapplaus goutierte das Publikum die Rolle Rühmanns in dem recht banalen und unwirklich anmutenden Lustspiel *Heimkehr ins Glück*. Die Situationen, in die Heinz Rühmann als vaszierender Künstler durch Verwechslung gerät, lösten immer wieder schallende Heiterkeit aus, so daß manche Szene im Gelächter unterging. »Ein reizender Film, der nach etwas ungeschicktem Anfang von Carl Boese auf muntere Fahrt gebracht wird. Aber der Hauptanteil des Erfolges gebührt dem Schauspieler-Quartett Hörbiger-Rühmann-Ullrich-Stoessel. Man denke sich einen anderen in der Rolle des Schuhkönigs Gruber als Hörbiger – es ist unvorstellbar. Wieder steht ein Mensch da, der alle Klippen der Rührseligkeit und des Kitsches im weitesten Bogen umgeht, der mit dem Herzen spielt und deshalb alle Herzen gewinnt. Und Rühmann: ebenso einzig in seiner Art und selten war er so lustig wie hier – nur ein Ton, eine Bewegung und das Publikum gerät aus dem Häuschen. Ein Äffchen und ein Terrier seien gleichfalls als vorzüglich genannt.« (*Filmwoche,* 1933)

Luise Ullrich, Paul Hörbiger, Heinz Rühmann und Partner

Drei blaue Jungs, ein blondes Mädel
1933

Regie Carl Boese. *Buch* Marie Luise Droop. *Kamera* Franz Koch. *Musik* Eduard Künneke. *Musikalische Leitung* Franz Marszalek. *Bauten* Carl Machus. *Ton* Bruno Suckau. *Schnitt* Putty Krafft. *Darsteller* Charlotte Ander (Ilse Schröder), Heinz Rühmann (Heini Jäger), Friedrich Benfer (Willy Thiem), Fritz Kampers (Hannes Butenschön), Hans Richter (Fritz), Sophie Pagay (Hannes' Mutter), Gerhard Dammann, Karl Hannemann, Hans Hemes, Karl Klöckner, Hans Albin, Adolf Fischer. *Produktion* Carl Boese-Film GmbH, *Länge* 2406 Meter. *Uraufführung* 2.10.1933.

Matrose Willy Thiem ist ein forscher Draufgänger, der seinem schüchternen Kameraden Heini Jäger immer wieder Unterricht erteilt, wie man Mädchen erobert. Als Willy bei einem Landurlaub bei dem blonden Mädchen Ilse nicht gut ankommt und ihm wenig später sein Freund Heini das von ihr gewidmete Foto zeigt, sind die beiden Freunde schnell verfeindet. Während eines Seemanövers bleibt Heini versehentlich auf dem Schiff, das beschossen werden soll, zurück. Matrose Willy entdeckt das Fehlen seines Exfreundes und rettet ihn spontan aus der gefährlichen Situation. Die beiden versöhnen sich. Ilse aber, deretwegen sie sich gestritten hatten, bekommt keiner von beiden. Sie wird ihnen vom Obermaat Hannes Butenschön weggeschnappt. Die von Hitler angestrebte Wiederherstellung des männlichen Idealbildes im deutschen Film wird in *Drei blaue Jungs, ein blondes Mädel* deutlich. »Das Wort ›Kamerad‹ hatte zu Beginn der dreißiger Jahre einen magischen Klang bekommen, es sollte das Verhältnis in der männerbündischen Gesellschaft, also in erster Linie im Militär, charakterisieren. Nicht das Mädchen, sondern die zerbrochene Freundschaft der beiden Männer, steht im Mittelpunkt. Das Mädchen nimmt zuletzt den Dritten, und die Freundschaft ist gerettet.« (Hans Scheugl, *Sexualität und Neurose im Film*). Mit Schlagworten wie »Schaffensfrohe Arbeit an Bord unserer Flotte, gesunde Lebensfreude bei Urlaub an Land, Manöverschießen mit dem Geisterschiff ›Zähringen‹, das in die Reihe der technischen Weltwunder eingefügt werden kann« jubelte die Reklame den ersten Tonfilm hoch, der auf Schiffen der Reichsmarine gedreht worden war. Er blieb trotzdem, was er war: ein trivialer Unterhaltungsfilm, dem auch die Werbetrommel in den Augen des Publikums zu keinem Format verhelfen konnte. Die Kritik schrieb lediglich kurz und bündig »Heinz Rühmann war von einer entzückenden Unbeschwertheit, die in der Rolle weniger vorgesehen war«. (*Die Filmwoche,* 1933).

Friedrich Benfer, Heinz Rühmann und Partner

Es gibt nur eine Liebe
1933

Regie Johannes Meyer. *Buch* Dr. Georg C. Klaren. *Kamera* Willy Winterstein. *Musik* Eduard Künneke, *Lieder* »Es gibt nur eine Liebe«, »Ich zog hinaus, weit übers Meer«, Eduard Künneke (Musik), Hans Martin Cremer (Text). *Bauten* Erich Czerwonski, Walter Rühland. *Schnitt* Else Baum. *Darsteller* Louis Graveur (Sir Henry Godwin), Heinz Rühmann (Eddy Blattner), Ralph Arthur Roberts (Julius Wellenreiter), Jenny Jugo (Dolores Müller), Eva Eras (Lilly Montero), Otto Stoeckel (Oberregisseur), Martha Ziegler (Lina), Bruno Ziener (Kapellmeister), Margot Köchlin (Sängerin in der Oper), Friedrich Ettel (Gefangenenwärter), Will Kaufmann (Manager), Ernst Rotmund (Schaffner), Fred Immler (Polizeikommissar). *Produktion* Dr. V. Badal-Filmproduktions G.m.b.H. *Länge* 2712 Meter. *Uraufführung* 16.11.1933 Stuttgart.

Stenotypistin Paula Müller ist romantisch veranlagt, nennt sich deshalb Dolores und geht mit einem merkwürdigen Chef auf eine merkwürdige Autoreise in eine wildromantische Gegend, in der es von Räubern wimmelt. Ein Bandit, der gar keiner ist, sondern der Kammersänger Sir Henry Godwin, singt sich so tief in Paula-Dolores' Herz, daß sie zum Entsetzen seines Freundes Eddy nicht wieder loszuwerden ist und auch in der Stadtwohnung des Sängers auftaucht. Sie wird beim Ballett untergebracht, obwohl ihre Ungeschicklichkeit haarsträubend ist. Durch ihre Impulsivität gefährdet sie Sir Henrys Premiere; da ist auch seine Geduld zu Ende. Er will sie rausschmeißen. Als er aber erfährt, daß man sie inzwischen in die Fürsorgeerziehung abgeholt hat, holt er sie wieder heraus, und die Hochzeitsreise geht zu dem Jagdhaus, wo sie den »Banditen« kennengelernt hat.

Das Tonfilm-Debüt des im Berlin der dreißiger Jahre sehr bekannten englischen Tenors Louis Graveure war mit der Operettenhandlung und dem netten Drumherum, trotz guter Dramaturgie etwas zu reich mit Arabesken verziert. Die Handlung, die um den strahlenden Tenor herum aufgebaut ist, überließ die schauspielerischen Aufgaben mehr Jenny Jugo und den anderen Darstellern. Heinz Rühmann wurde wegen seines Humors und der unauffälligen Komik von der Kritik als, »eine Vertretung des komischen Elements wie sie nicht besser gedacht werden kann«, (*Kinematograph,* 1933) gelobt.

Jenny Jugo, Heinz Rühmann und Partnerinnen

504
20th

Die Finanzen des Großherzogs
1934

Regie Gustaf Gründgens. *Regie-Assistenz* Wolfgang Loe-Bagier. *Buch* Hans Rameau. Nach dem Roman von Frank Heller. *Kamera* Ewald Daub. *Musik* Theo Mackeben. *Ton* Martin Müller, Hans Rütten. *Bauten* Franz Schroedter. *Schnitt* Carl Forcht. *Darsteller* Viktor de Kowa (Großherzog), Hilde Weißner (Diana), Paul Henckels (Paqueno), Heinz Rühmann (Pelotard), Maria Loja (Conchita), Hans Stiebner (Luis), Fritz Alberti (Großfürst Cyrill), Theo Lingen (Fürst Potemkin), Willi Schur (Kapitän Malossol), Wolfgang von Schwindt (Sergeant Quesada), Ernst Rotmund (Mircowich), Vilma Beckendorff (Zofe bei Diana), Friedrich Honna, Herbert Paulmüller, Kurt Höllger. *Produktion* Tofa Tonfilm Fabrikations Ges.m.b.H. *Länge* 2649 Meter. *Uraufführung* 10. 1. 1934.

Paul Henckels und Viktor de Kowa

Der hoffnungslos verschuldete Herrscher eines mediterranen Zwergstaates, Großherzog Ramon, lernt auf einer zu Sanierungszwecken unternommenen Parisreise Diana kennen, die Tochter des russischen Großfürsten Cyrill. Die beiden halten sich gegenseitig für Hochstapler, was ihrer Liebe aber keinen Abbruch tut. Beide geraten in Bedrängnis: Diana, weil der Großfürst sie mit einem ungeliebten Mann, dem Fürsten Potemkin verheiraten will; der Großherzog, weil seine Untertanen angesichts der zerrütteten Staatsfinanzen Aufstand und Revolution proben. Auf der Suche nach seiner Tochter beauftragt der russische Großfürst den jungen Detektiv Pelotard, der durch seine Ungeschicklichkeit den Herrscher des Zwergstaates in die Gewalt der Rebellen bringt. Von einigen freiwilligen und unfreiwilligen Helfern unterstützt, hilft Diana ihrem Ramon und Ramon ihr aus dem Schlamassel: der sanierte Staat bekommt mit den beiden ein strahlendes Herrscherpaar.

Die Finanzen des Großherzogs entstand nach dem Roman STORHERTINGENS FINANSER des schwedischen Schriftstellers Martin Gunnar Serner, den er 1914 unter dem Pseudonym Frank Heller veröffentlichte und der 1917 in deutscher Übersetzung erschien. Zehn Jahre vor Gustaf Gründgens hatte F. W. Murnau den Roman mit der göttlichen Snob-Allüre und dem brillanten Witz schon einmal verfilmt. Murnau war ebenso wie Gründgens ein großer Herr, ein großer Snob, ein großer Ästhet. Er nahm sich des Stoffes an, so daß die deutsche Filmgeschichte hier zwei Kinofassungen von zwei sehr gleichartigen und gleichwertigen Männern hat. Freilich ist es Gustaf Gründgens, der neben seiner Theaterarbeit in 25 Filmen spielte und weitere fünf Spielfilme inszenierte, in dieser, seiner zweiten Spielfilminszenierung dann tatsächlich gelungen, Murnau um einige Längen zu schlagen und das nicht nur, weil er einen tönenden Film machen konnte: »Hellers heitere Satire auf die Zustände in einem fiktiven Liliputstaat am Mittelmeer inspirierte Gründgens zu einem spöttischen Schwanengesang auf Hoch- und durch Dekadenz angekränkelten Herzens-Adel. Ein amüsantes Parlando schaumschlägerischer Konversationen und optischer Finessen, die an die Litographien Eugéne Reuniers erinnern, zeigen, daß er mit den Mitteln des Films rasch umzugehen gelernt hatte.« (Herbert Holba, *Gustaf Gründgens Filme*).
In *Die Finanzen des Großherzogs* neigt Rühmann in der Rolle des jungen Detektiv Pelotard zu Übertreibungen und zum Überspielen, wie er es schon oft in früheren Theateraufführungen gemacht hatte, um mit dem Publi-

kum zu schäkern. Deshalb wurde er in diesem Film auch zum einzigen Punkt, den die Kritik rügte, weil er so gar nicht in diesen Rahmen passen wollte. »In dieses vornehme Milieu platzt Heinz Rühmann als Detektiv, sehr lustig, zum Teil aber übertrieben – hier hätte der Regisseur mildern müssen.« (*Rheinisch-Westfälische Filmzeitung,* 1934). Den Zuschauern aber gefiel der kleine Detektiv mit seiner trottelig-tapsigen Art, dennoch. »Urkomisch wie immer Theo Lingen, diesmal kein Kammerdiener, sondern eine Hoheit – aber trotzdem reichlich vertrottelt. Und dann Heinz Rühmann – es ist fast ein Rätsel, wie seine Mitspieler bei den Aufnahmen ernst bleiben konnten. Das Publikum bog sich schon vor Lachen, wenn er nur seinen Schatten vorauswarf.« (*Morgenpost,* 1934).

Hilde Weissner und Heinz Rühmann

So ein Flegel
1934

Regie Robert A. Stemmle. *Regie-Assistenz* Reinhard Steinbicker. *Buch* Hans Reimann. Nach dem Roman DIE FEUERZANGENBOWLE von Heinrich Spoerl. *Kamera* Carl Drews. *Musik* Harald Böhmelt. *Bauten* Erich Czerwonski. *Ton* Hans Grimm. *Schnitt* Rudolf Schad. *Darsteller* Heinz Rühmann (Doppelrolle: Dr. Hans Pfeiffer, Schriftsteller und Erich Pfeiffer, Oberprimaner), Ellen Frank (Marion Eisenhut), Inge Konradi (Ilse Bundschuh), Maria Seidler (Ilses Mutter), Erwin van Roy (Bürglein), Walter Steinweg (Springer), Franz Klebusch (Brandl), Jakob Tiedtke (Rektor Knauer), Annemarie Sörensen (Eva Knauer), Else Bötticher (Frau Knauer), Erika Streithorst (Nora), Oscar Sima (Prof. Crey), Franz Weber (Bömmel), Karl Platen (Oertel, Pedell), Rudolf Platte (Rettich), Margarete Sachse (Frau Rettich), Gerhard Haselbach (Ackermann), Horst Beck (Luck), Eduard Bornträger (Hitz), Henriette Steinmann (Frau Windscheidt), Evelyn Roberti (Soubrette), Anita Mey (die Anbeterin), Rudolf Klicks (Portier). *Produktion* Cicero-Film Ges.m.b.H. *Länge* 85 Minuten. *Uraufführung* 13.2.1934.

Dr. Hans Pfeiffer, der von einem Privatlehrer erzogen wurde und deshalb die Schulzeit mit all ihren Streichen nur vom Hörensagen kennt, hat das Bühnenstück »Zwischen Sekunda und Prima« geschrieben. Bei den Proben muß er sich von den Darstellern sagen lassen, daß er absolut keine Ahnung vom Schulmilieu hat. Deshalbt tauscht er mit seinem jüngeren Bruder Erich, der ein rechter Flegel und mit 22 Jahren immer noch Oberprimaner ist, die Plätze. Erich übernimmt in der Großstadt am Theater und im Privatleben die Rolle von Hans, während Hans in der Kleinstadt zur Schule geht. Als Primaner entfaltet Pfeiffer beachtliche Phantasie bei ulkigem Kurzweil im grauen Schulalltag. Schnell wird er zum Idol seiner neuen Kameraden und zum Schrecken aller Lehrer. Seine Freundin aus der großen Welt, die Schauspielerin Marion Eisenhut reist ihm nach, um ihn nicht aus der Kontrolle zu verlieren. Pfeiffer aber hat sich bereits in die Schülerin Eva, die Tochter des Gymnasialdirektors Knauer verliebt. Damit wird er zum Rivalen des Professors Crey, der – obwohl nicht mehr ganz jung – unbedingt Eva heiraten möchte. Je mehr Crey die von ihm verehrte Eva umwirbt, desto mehr wird er Zielscheibe der schlimmsten Pennäler-Streiche Pfeiffers. Hans nimmt seine Eva mit in die Großstadt, wo sie gerade rechtzeitig zur Premiere von »Sekunda und Prima« kommen. Inzwischen hat Bruder Erich das Herz der Sekretärin Ilse Bundschuh erobert. Als am Schluß der

Heinz Rühmann und Jakob Tiedtke

Annemarie Sörensen und Heinz Rühmann

Vorstellung nach dem Autor gerufen wird, verbeugen sich beide Brüder an der Rampe.

Die Erstverfilmung von Heinrich Spoerl's Roman Die Feuerzangenbowle, den er Anfang der dreißiger Jahre schrieb und der mittlerweile mit einer Auflage von rund 1,5 Millionen Exemplaren so etwas wie ein deutsches Volksbuch wurde, hat noch am meisten von der ursprünglichen Feuerzangenbowle-Saga. Nicht nur, weil die Primaner-Erlebnisse Pfeiffers durch hinzuerfundene, in ihrer spezifischen Komik nur auf der Leinwand denkbare Episoden – wie Pfeiffer's Kinobesuch mit der angebeteten Eva und der Pennäler-Tanzunterricht bei Maitre Rudolf Platte – wirkungsvoll angereichert sind, sondern vor allem durch die originell angelegte und ausgeschmückte Parallel-Handlung des Pfeiffer Bruders, des echten Pennälers, der in der Großstadt versucht, den Platz seines Bruders auszufüllen. Diese Doppelrolle wurde für Heinz Rühmann ein ganz großer Erfolg. Immer wieder klatschte das Publikum spontan in vielen Szenen Applaus, obwohl er in dem von Regisseur Robert A. Stemmle exakt und ohne Übertreibung inszenierten Film durchaus nicht als Star wirkt. Auch die Kritik begeisterte sich an seiner Darstellung: »Heinz Rühmann spielt die beiden Brüder mit einer bezwingenden Zurückhaltung. Er stellt unter Beweis, daß er ein ganz großer Komiker ist, ein nobler Künstler, der jedweden Krampf vermeidet. Gibt es etwas Besseres zu sagen?« (*Morgenpost,* Berlin, 1934).

Ein Walzer für Dich
1934

Regie Georg Zoch. *Buch* Hans H. Zerlett, Georg Zoch. *Kamera* Willy Winterstein. *Musik* Will Meisel. *Lieder* »Ein Walzer für Dich!«, »Serenade«. *Kostüme* Heinz Schulze. *Ton* Walter Rühland. *Schnitt* Dr. Alwin Elling. *Bauten* Erich Czerwonski. *Darsteller* Louis Graveure (Antonio Torelli), Camilla Horn (Fürstin Stefanie), Heinz Rühmann (Benjamin Cortes), Maria Sazarina (Manja Tabanes), Adele Sandrock (Exfürstin Ludovica von Palamo), Theo Lingen (Flint), Fritz Odemar (Baron Tabanes), Wilhelm Bendow (Ponto), Max Ralf-Ostermann (Montes). *Produktion* Dr. V. Badal-Produktion. *Länge* 93 Minuten. *Uraufführung* 12. 8. 1934. Weitere Verleihtitel *Hilfe, ich bin Minister. Ich heiße Benjamin.*

Prinz Antonio, Thronfolger des kleinen Fürstentums Palamo ist spurlos verschwunden, bis Ministerpräsident Tabanes den Tip bekommt, der berühmte Kammersänger Antonio Torelli sei niemand anderer, als der bereits totgeglaubte Prinz. Das Kabinett des Hofes beschließt, aus dem Prinzen, der froh ist Sänger zu sein, wieder einen Fürsten zu machen und nach mehrmaliger diplomatischer Intervention läßt sich Torelli/Antonio überreden, in sein Land zurückzukehren. Sehr zum Kummer seiner Freunde, des Komponisten Benjamin Cortes und Manager Flint. Die junge Fürstin Stefanie, die widerrechtlich den Thron bestiegen hat, wird kurzerhand abgesetzt. Ihr Groll gegen Prinz Antonio legt sich erst, als sie erkennt, daß er mit diesen politischen Machenschaften nichts zu tun haben will. Auch Freund Benjamin wird zunehmend glücklicher, als die Tochter des Ministerpräsidenten ihm ihre Zuneigung schenkt. Da Impresario Flint mit einem Amerika-Vertrag für Torelli winkt und weder der noch seine Stefanie Lust zum Regieren haben, verlassen zwei glückliche Paare das Land, das unter der Obhut der alten Fürstin Ludovika zurückbleibt.

Regisseur und Drehbuch-Mitautor Georg Zoch inszenierte *Ein Walzer für Dich,* der als »Operette aus dem Reich der Fantasie« dem Publikum präsentiert wurde, zu ausgewalzt. Die Kritik ließ gelten: »Heinz Rühmann, wie immer ein Komiker von echtem Schrot und Korn. Sein urwüchsiges Temperament entfaltet sich hier frei. Eine ihm in der künstlerischen Gewandheit vollkommen ebenbürtige Partnerin findet er in Maria Sazarina, einem blutjungen, neunzehnjährigen Mädel, das vor kurzem bereits sein zehnjähriges Bühnenjubiläum als Tänzerin feierte.« (*Deutsche Zeitung,* 1934). Rühmann in der Rolle des Freundes und Vertrauten Benjamin erntete »unbegrenzten Applaus. In seiner Tanzszene im Weinkeller kommt seine Begabung als Groteskschauspieler wieder hervorragend zur Wirkung.« (*Kinematograph,* 1934).

Pipin, der Kurze
1934

Regie Carl Heinz Wolff. *Buch* Georg Zoch. *Kamera* Willi Hameister. *Musik* Franz Doelle. *Lieder* »Pipin, das macht dir keiner nach«, »Ach, wär' das schön, wenn du mich lieben könntest . . .«, Franz Doelle (Musik), Bruno Walz (Text). *Ton* Ernst Schütz. *Bauten* Gustav Knauer, Alexander Mügge. *Darsteller* Heinz Rühmann (Pipin), Charlotte Serda (Adele), Paul Heidemann (Naumann), Hans Junkermann (Generaldirektor Borchardt), Hilde Hildebrand (Rita), Walter von Lennep (Tenor), Günther Ballier (Timm), Ernst Behmer (Cornelius), Paul Ceblin (Theaterdirektor), Hansi Dege (Garderobiere), Hermann Picha (Garderobier), Arthur Reppert (Buchhalter bei Naumann), Edith Wolff (Laufmädchen), Ott Dietze (Kundin), Toni Bonsch (1. Verkäufer bei Naumann). *Produktion* Alpha-Film. *Länge* 2200 Meter. *Uraufführung* 31.3.1934. Weitere Verleihtitel *August Pipins seltsame Abenteuer. Der feige Held.*

Kassierer August Pipin im Kaufhaus Naumann vermißt in seiner Kasse einen größeren Betrag. Ratlos, verzweifelt und mit Selbstmordgedanken irrt er herum, wird von der Polizei aufgegriffen und auf die Wache gebracht. Die ehrgeizigen Bemühungen der jungen Tänzerin Rita, durch Schlagzeilen endlich bekannt zu werden, machen Pipin in der Tagespresse zum »Selbstmörder aus Liebeskummer« und damit zum berühmten Mann. Auch seiner Frau Adele kommen die Zeitungsberichte über Pipin und die Tänzerin vor Augen. Da sie die Wahrheit nicht kennt und glaubt, was sie liest, zieht sie kurzerhand aus. Pipin wird entlassen. Rita verhilft die rührende Pipin-Story zu einer Hauptrolle. Pipin wird zur Premiere eingeladen. Er hofft, auch seine Frau im Theater zu finden und gerät auf der Suche nach ihr irrtümlich auf die offene Bühne. Mit seinem unfreiwilligen Auftritt trägt er zum großen Publikumserfolg bei. Nach turbulenten Zwischenfällen sinken sich Adele und August Pipin selig in die Arme. Als ein Bote den verlorengeglaubten Geldbetrag aus Pipins Kasse wiederbringt, ist die Welt der Pipins wieder in Ordnung.

Heinz Rühmann selbst hat einmal in schöner Offenheit bekannt: »Ich war oft unkritisch in der Wahl der Stoffe. Diese Unbedenklichkeit führte auch – bei allem Verständnis, das Maria (seine erste Frau Maria Bernheim, A. d. A.) mir und meiner Arbeit entgegenbrachte – zu ernsten Konflikten in unserer Ehe. Sie meinte, nicht zu Unrecht, ich sei ein Opfer meiner Eitelkeit geworden.« (*Welt am Sonntag*, 1969). Was wohl stimmte. Denn mit *Pipin, der Kurze* hatte niemand seine Freude. Das Berliner *12-Uhr-Blatt* warf Rühmann hemmungslose Kritiklosigkeit vor: »Lag es am Manuskript? Bestimmt. Aber man kann einem Schauspieler wie Heinz Rühmann nicht glauben, daß er selbst so gar keine Urteilsfähigkeit besitzen sollte und nicht vor oder wenigstens während der Aufnahmen gemerkt haben mußte, was da von ihm und den anderen gespielt wird. Nämlich gar nichts. Rühmann hätte dann, wenn er gesagt hätte, ›ich mach das nicht mit‹ zwar seine Gage nicht bekommen, aber es scheint sehr fraglich, was mehr wert gewesen wäre: Die vorübergehende Einbuße einer runden Summe – sehr wahrscheinlich hätte er sie mit einem anderen Film genauso verdient – oder ein ganz gehöriger Verlust an Vertrauen in seine Kunst, der nicht von heute auf morgen aufgeholt sein wird.«

Heinz Rühmann und Charlotte Serda

Heinz im Mond
1934

Regie Robert A. Stemmle. *Regie-Assistenz* Reinhart Steinbiker. Georg Hurdalek. *Buch* Robert A. Stemmle. Nach dem Roman Ein Herz und zwei Strohmatten von Marcel Arnac. *Kamera* Carl Drews. *Musik* Franz Grothe. *Ton* Carl Becker-Reinhardt. *Bauten* Franz Schroedter. *Darsteller* Heinz Rühmann (Aristides Nessel), Rudolf Platte (Arthur Kosemund), Annemarie Sörensen (Anna Busch), Oskar Sima (Martin Fasan), Erika Gläsner (Helene), Ellen Frank (Siddie), Anita Mey (Diana), Hans Leibelt (Professor Ass), Susi Lanner (Cleo), Inge Konradi (Corinna Linck), Alexa von Porembsky (Emma), Julia Serda (Frau Bach), Fita Benkhoff (Madame Pythia), José Lepanto (der Mann, der die Venus sehen läßt), Arthur Reinhardt (junger Mann mit Erlösernaturell). *Produktion* Cicero. *Länge* 2306 Meter. *Uraufführung* 5. 9. 1934.

Rudolf Platte und Heinz Rühmann

Heinz Rühmann, Oskar Sima, Erika Glässner und Ellen Frank

Aristides Nessel, Besitzer eines gutgehenden Porzellanwerke, ist sozusagen nicht von dieser Welt. Verträumt und Okkultischem zugeneigt, wartet er auf die Frau seines Lebens, die ihm einer Prophezeiung zufolge, bei einem Zusammenstoß begegnen wird. In seiner Versponnenheit entgeht ihm, daß ein solcher Zusammenprall bereits mit seiner tüchtigen, praktisch veranlagten Sekretärin, Anna Busch, erfolgt ist. Hingegen faßt er eine Auto-Karambolage mit dem Börsenmakler Fasan und dessen Tochter Siddi als Wink des Schicksals auf. Seine Werbung ist hochwillkommen, wenn auch keineswegs uneigennützig, da der Makler die erfreulichen Aktienkurse der Nesselwerke kennt. Der Verlobungstermin wird umgehend festgesetzt, doch bei seinem Antrittsbesuch gerät Aristides in die falsche Etage, zu Professor Ass, und auch hier wartet man auf einen Schwiegersohn, denn die Tochter Cleo droht schon etwas schrullig zu werden. Im Nu ist er mit ihr verlobt, und noch ehe er sich mit dieser Tatsache abfinden kann, entdeckt ihn Siddie, führt ihn zu ihren Eltern und eine zweite Verlobung beschließt den ereignisreichen Abend. Eine Zeitlang windet er sich durch die verzwickte Situation, aber die beiden Familien im dritten und vierten Stock beginnen einander zu belauern. Verdächtigungen und Beschimpfungen bringen die Beteiligten vor Gericht und Aristides wird als Ent- und Belastungszeuge geladen. Er aber hat bereits genug von seinen beiden Verlobten, deren Beweggründe ihm nun doch zu egoistisch sind. Er sieht klar, daß Anna Busch für ihn bestimmt ist, die in dem ganzen heillosen Durcheinander um ihre Entlassung gebeten hat. Aristides klärt alles auf und die Nesselwerke bekommen eine fachkundige Chefin.

In dem von Robert A. Stemmle inszenierten und nach dem Roman Ein Herz und zwei Strohmatten von Marcel Arnac geschriebenen Drehbuch war vieles viel zu weit hergeholt, in die Länge gezogen und eigentlich auch sonst nichts Überragendes, was der Erwähnung wert wäre. Nachdem die Presse Rühmann mehrfach vorgeworfen hatte, er spiele alles, wenn nur die Kasse stimme, fand sie nun, er wäre bei diesem Film der einzige Lichtblick. »Man lacht über Heinz Rühmann, der seine Rolle mit jener schläfrigen Wurstigkeit spielt, die man an ihm kennt.« (*Deutsche Zeitung*, 1934). Der *Kinematograph* dagegen verglich ihn sogar mit einem wirklich großen Komikerkollegen: »Heinz Rühmanns Komik ist die des schüchternen Bonvivants; er ist ein Harold Lloyd ohne die Exzentrik des Amerikaners, auch ohne dessen bezwingendes Tempo, wofür Rühmann aber eine gewisse Dosis Gemüt einsetzt. Als *Heinz im Mond* ist er wieder der weltfremde, schüchterne junge Mann, den wir schon öfter gesehen haben, der uns aber immer wieder interessiert.«

Frasquita
1934

Regie Carl Lamac. *Regie-Assistenz* Ludwig Ptak. *Buch* Dr. Georg C. Klaren. Nach der Operette von Franz Lehar (Libretto Arthur Maria Willner, Heinz Reichert). *Kamera* Eduard Hoesch. *Musik* Franz Lehar. *Musikalische Gesamtleitung* Willy Schmidt-Gentner. *Ton* Alfred Norkus. *Bauten* Julius von Borsody. *Darsteller* Jarmila Novotna (Frasquita), Hans Heinz Bollmann (Harald), Heinz Rühmann (Hippolyt), Max Gülstorff (Graf Elemer), Charlott Daudert (Dolly), Hans Moser (Jaromir), Rudolf Carl (Karl), Franz Schafheitlin (Juan), Gretl Wawra, Robert Valberg, Otto Schmöle, Franz Lehar. *Produktion* Atlantis-Film GmbH, Wien. *Länge* 2318 Meter. *Uraufführung* 18. 9. 1934.

Architekt Harald soll Komtesse Dolly heiraten. Gemeinsam mit Freund Hippolyt fährt er zum Landsitz seines zukünftigen Schwiegervaters, um die Braut kennenzulernen. Eine Autopanne unterbricht die Fahrt und während sie sich bemühen, den Schaden zu beheben, ertönt der Gesang einer Frauenstimme. Die Sängerin ist die bildhübsche Zigeunerin Frasquita, und Harald ist augenblicklich von ihr fasziniert. Er bittet Hippolyt, zum Schloß allein weiterzureisen. Hippolyt wird Opfer einer Verwechslung. Da Dolly ihm ausnehmend gut gefällt, klärt er Sie über ihren Irrtum nicht auf und hofft, daß Harald und Frasquita einander finden mögen. Es glückt ihm, Frasquita zur Karriere an einer großen Revuebühne zu verhelfen. Nach mancherlei Verwirrungen sind Harald und die Sängerin vereint, und Graf Elemer gibt der Verbindung seiner Tochter mit Hippolyt den Segen.

Zum zweiten Mal nach *Man braucht kein Geld* war Hans Moser in der Verfilmung dieser Franz-Lehàr-Operette Partner von Heinz Rühmann. »Hauptdarstellerin und strahlender Mittelpunkt ist die bezaubernde Sopranistin Jarmila Novotna, die schon vor diesem Filmdebüt an den größten europäischen Bühnen gesungen hatte. Heinz Rühmann stellt sich in alter, bewährter köstlicher Schmunzelkomik vor und bekommt nebenher eine Partnerin. Neben Rühmann hat Hans Moser die Hauptkomikerpartie: einen verschlafenen, köstlichen Hausdiener, der außer seiner sprichwörtlichen Selbstbequemlichkeit den ›Nuschel‹-Tick hat. Mit Moser als weiterer komischer Typ erscheint Rudolf Carl, der sich sichtlich allmählich zum Erfolg durchspielt.« (*Rheinisch-Westfälische Filmzeitung*, 1934).

Rudolf Carl, Heinz Rühmann und Charlott Daudert

Der Himmel auf Erden
1935

Regie E. W. Emo. *Buch* Georg Zoch. Nach dem Bühnenstück von Julius Horst. *Kamera* Bruno Timm. *Musik* Robert Stolz. *Lieder* »Waren Sie schon mal in Lindenau?«, »So verliebt ist man auf der Welt nur einmal«, »Mein Himmel auf Erden bist Du«. Robert Stolz (Musik), Rudolf Bertram (Text). *Bauten* Julius von Borsody. *Darsteller* Hermann Thimig (Paul Heller), Lizzi Holzschuh (Hansi), Hans Moser (Adlgasser), Heinz Rühmann (Peter Hilpert), Adele Sandrock (seine Tante), Ilona von Hajmassy (die Sängerin Floretti), Theo Lingen (der Theaterdirektor), Rudolf Carl (der Diener Otto), Julia Janssen (Erny Wippritz), Alfred Neugebauer (ihr Vater), Johannes Roth. *Produktion* Projectograph-Film, Wien. *Länge* 2482 Meter. *Uraufführung* 21. 3. 1935.

Der Salzburger Gastwird Adlgasser bekommt die Waren für seine Spezialität »Lindauerplatte« vom Gut seines Schwiegersohnes Paul Heller – das glaubt er zumindest. Aber Paul hat nicht, wie versprochen, vom Geld seines Schwiegervaters das Gut Lindenau gekauft, sondern beschäftigt sich nach wie vor mit der brotlosen Kunst des Komponierens. Das Gut gehört seinem Freund Peter Hilpert, der gelegentlich auch Eier und Schinken vom Wiener Großmarkt kauft, so daß eines Tages den Gästen die Spezialplatte nicht mehr recht schmeckt. Nun will Adlgasser persönlich nach dem Rechten sehen. Schwiegersohn Paul und seine Frau Hansi spielen dem Vater eine Komödie vor, bei der Peter die Rolle des Lagerverwalters übernimmt. Gleichzeitig trifft auch Peters gestrenge Erbtante ein, um endlich die Frau ihres Lieblingsneffen kennenzulernen, die es allerdings noch nicht gibt, obwohl der junge Mann von der Tante schon einen Zuschuß fürs Familienglück kassiert hat. Unterstützt von Diener Otto versuchen die drei Schwindler der Tante und dem Schwiegervater vorzugaukeln, was nicht ist, bis ein Theaterdirektor erscheint, um den dringlich benötigten Walzer »Der Himmel auf Erden« zu monieren. Der Wiener Walzer, den Paul für diese Operette gerade komponiert, ist gelungen. Der Theaterdirektor ist begeistert. Die Uraufführung ist erfolgreich und zwischen Peter und Julia kommt es zum glücklichen Happy-End.

In dem Lustspiel *Der Himmel auf Erden* ist unter der Regie von E. W. Emo die Garde der damals beliebtesten Filmkomiker vereint: Heinz Rühmann als schüchterner junger Gutsherr, Hans Moser als griesgrämiger Schwiegervater mit goldenem Herzen, Theo Lingen als exzentrischer Theaterdirektor, Adele Sandrock als von allen gefürchtete Tante und Rudolf Carl als tolpatschiger pfiffiger Diener Otto. Die Musik zu dem Film, bei dem am Ende ein Wiener Walzer Sieger über eine Kalte Platte bleibt und alle Beteiligten wieder versöhnt sind, schrieb der Meister der Operette Robert Stolz. »In dieser Besetzung ist bereits der Ausgang des Films garantiert: wo es keine Fehlbesetzung gibt, muß jede Verwechslung durchschlagen. Theo Lingen als Theaterdirektor und Heinz Rühmann als Gutsbesitzer und Neffe – das sind nur noch Zugaben. Der stürmische Beifall nach der Uraufführung sprach dafür, daß der Filmscherz dem Publikum aus der Seele geschrieben ist.« (*Filmwoche,* 1935).

Heinz Rühmann, Lizzi Holzschuh und Hermann Thimig

Lizzi Holzschuh, Hermann Thimig und Heinz Rühmann

Wer wagt — gewinnt!
1935

Regie Walter Janssen. *Regie-Assistenz* Günther Rennert. *Buch* Ralph Benatzky nach seinem Bühnenstück »Bezauberndes Fräulein«. *Kamera* Emil Schünemann. *Musik* Ralph Benatzky, Siegfried Schulz. *Ton* Carl Becker-Reinhardt. *Schnitt* Dr. Alwin Elling. *Bauten* Hans Sohnle, Otto Erdmann. *Darsteller* Heinz Rühmann (Paul Neumann), Lizzi Holzschuh (Anette), Carl Günther (Felix), Annemarie Sörensen (Rosette), Walter Steinbeck (Kommerzienrat), Oscar Sabo (Chef), Ursula Herking (Luise), Wilhelm Bendow (der Agent), Carsta Löck (das Mädchen vom Land), Kurt Vespermann (der Chauffeur), Franz Weber (der Ver- und Entlobte des bezaubernden Fräuleins). *Produktion* Riton-Film GmbH. *Länge* 2410 Meter. *Uraufführung* 9. 7. 1935. Weiterer Verleihtitel *Bezauberndes Fräulein.*

In einem Preisausschreiben um den besten Werbeslogan für eine neuerrichtete Wohnsiedlung, gewinnt der Angestellte Paul Neumann ein Wochenendhaus. Damit erringt er auch das Wohlwollen seines Chefs, der ihn gemeinsam mit seiner Tochter Luise besuchen will. Paul ist überglücklich, denn Luise ist seine heimliche Liebe. Doch bevor der ersehnte Besuch eintrifft, kommen die Freunde Felix und Rosette und schließlich die Tochter des reichen Schokoladefabrikanten Loretti, Anette. Darüber ist Paul nicht gerade entzückt. Er befürchtet, seine angebetete Luise und ihr Vater könnten die Anwesenheit der beiden jungen Damen mißverstehen. Und tatsächlich: der Chef ist empört und verläßt samt Tochter ungnädig die gastliche Stätte. Pauls ganzer Zorn richtet sich gegen Anette. Er beschuldigt sie, seine künftige Ehe zerstört zu haben. Als die bezaubernde Anette wieder verschwindet ist er heilfroh. Sie aber hat sich in Paul verliebt und kommt ihm immer wieder in die Quere bei seinen Versuchen, Luise für sich zu gewinnen. Paul sieht das Glück seines Lebens zerstört, er will ins Wasser gehen. Anette sieht das, springt mit einem Aufschrei hinterher und kämpft mit den Wellen. Da vergißt Paul sein eigenes Weh und eilt ihr zu Hilfe. In ihrer Erregung gibt sie ihm eine schallende Ohrfeige; in diesem Augenblick erkennen die jungen Leute, daß sie einander lieben.

Schon bei der Premiere im Berliner Titania-Palast war die, von Ralph Benatzky adaptierte Filmfassung, der von ihm geschriebenen Operette *Bezauberndes Fräulein* alles andere als ein Erfolg. Daran änderte auch die Regie von Walter Janssen, dem Helden aus *Zwei Herzen im Dreivierteltakt* nichts. Der Film blieb trotz redlicher Bemühungen aller was er war – ein von Handlung und Gestaltung her unüberblickbares Tohuwabohu um eine läppische, seichte Geschichte. Das einzige, was erwähnenswert schien, war diesmal Rühmann. »Zum Schluß – nach mancherlei lächerlichem Wirrwarr kommt doch noch ein gutes Ende zustande. Rühmann, als der junge Angestellte ist am besten geraten. Die anderen Rollen aber sind durchweg allzu stark karikiert.« (*Filmwoche,* 1935).

Lizzi Holzschuh und Heinz Rühmann

Heinz Rühmann, Lizzi Holzschuh, Walter Steinbeck, Annemarie Sörensen und Carl Günther

Eva
1935

Regie Johannes Riemann. *Buch* Ernst Marischka. Nach der Operette »Eva, das Fabrikmädchen« von Franz Léhar. *Kamera* Eduard Hoesch. *Musikalische Oberleitung* W. Schmidt-Gentner. *Ton* Alfred Norkus. *Schnitt* Dr. Alwin Elling. *Bauten* Julius von Borsody. *Darsteller* Adele Sandrock (Malvine von Hochheim), Hans Söhnker (Georg), Heinz Rühmann (Willibald Riegele), Magda Schneider (Eva), Ferdinand Maierhofer (Mathies Holzer), Hans Moser (Vinzenz Wimmer), Mimi Shorp (Olly Lenoir), Franz Schafheitlin (Stephan Lang), Viktor Stiasny (Edgar), Paul von Hernried (Fritz), Fritz Puchstein (Jonny), Camilla Gerzhofer, Marianne Lex, Mizzi Griebe, Karl Forst, Karl Kneidinger, Leo Resnicek, Hans Waschatko. *Produktion* Atlantis-Film GmbH, Wien. *Länge* 2622 Meter. *Uraufführung* 25. 7. 1935.

Georg soll die Porzellanfabrik seiner Großmutter übernehmen. Schweren Herzens gibt er sein eigentliches Interesse, den Auto-Rennsport, auf, und läßt sich inkognito, an Stelle eines arbeitslosen Friseurs, als Fabrikarbeiter in den eigenen Betrieb aufnehmen. Er will seine Firma von Grund auf kennenlernen. Georg's Lehrmeisterin ist Eva, das »Mädchen für alles« und trotz ihrer zwanzig Jahre schon am längsten dabei. Eva wird von mehr als einem Mann umschwärmt, sie aber verliebt sich in Georg. Willibald Riegele, ihr glühendster Verehrer, gerät in den Verdacht, den »verschwundenen« Georg ermordet zu haben. Währenddessen wundert sich Georgs frühere Freundin Olly, daß er ihre letzte Premiere versäumt hat, sucht ihn in der Fabrik auf und platzt mitten in Evas Geburtstagsfeier. Die Begegnung zwingt Georg sein Inkognito zu lüften. Er gibt sich als Chef zu erkennen und zieht mit seinen alten Freunden und mit Eva in seine Villa. Sein Auftauchen gibt dem unter Mordverdacht gestandenen Riegele die Freiheit wieder. Als Wiedergutmachung wird er zu dem Fest in Georgs Villa geladen, wo er die Sängerin Olly kennenlernt und sich in sie verliebt. Ein weiterer Verehrer Evas taucht auf und will Rechte geltend machen. Um die Situation zu bereinigen, erklärt Georg, Eva sei seine Braut, nimmt das aber später wieder zurück. Eva verläßt gekränkt das Haus. Erst jetzt erkennt Georg, wie sehr er an dem Mädchen hängt und kann Eva erfolgreich von seiner Liebe zu ihr überzeugen.

So recht hat Drehbuchautor Ernst Marischka das alte Thema vom armen Fabrikmädchen und dem reichen Fabrikherrn, aus Franz Léhars Operette, nicht in den Griff bekommen. »Der Aufbereitung zum Filmlustspiel fielen einige Elemente zum Opfer. Die Handlung ist schlichter geworden und entspricht unserer Zeit. Der einstige Pariser Elegant und Bonvivant Octave Flaubert ist heute ein tollkühner Rennfahrer.« *(Presse- und Propagandaheft der Verleihfirma.)* Offensichtlich scheiterte auch Regisseur Johannes Riemann bei »dem Film aus dem Leben und Lieben der Werktätigen« *(Propagandaslogan)* an jenen Stellen, an denen Ernsthaftigkeit und Logik gezeigt werden sollte. »So passen auch diejenigen Teile des Films, denen man verstimmend bewußt eine volksgemeinschaftliche Note geben wollte in den humorvollen Rahmen, denn das eine steht fest: den Erfolg des Filmes tragen lediglich die beiden Komiker Heinz Rühmann und Hans Moser, denen man zur Unterstützung noch Adele Sandrock beigegeben hatte.« (*Rheinisch-Westfälische Filmzeitung,* 1935).

Heinz Rühmann und Magda Schneider

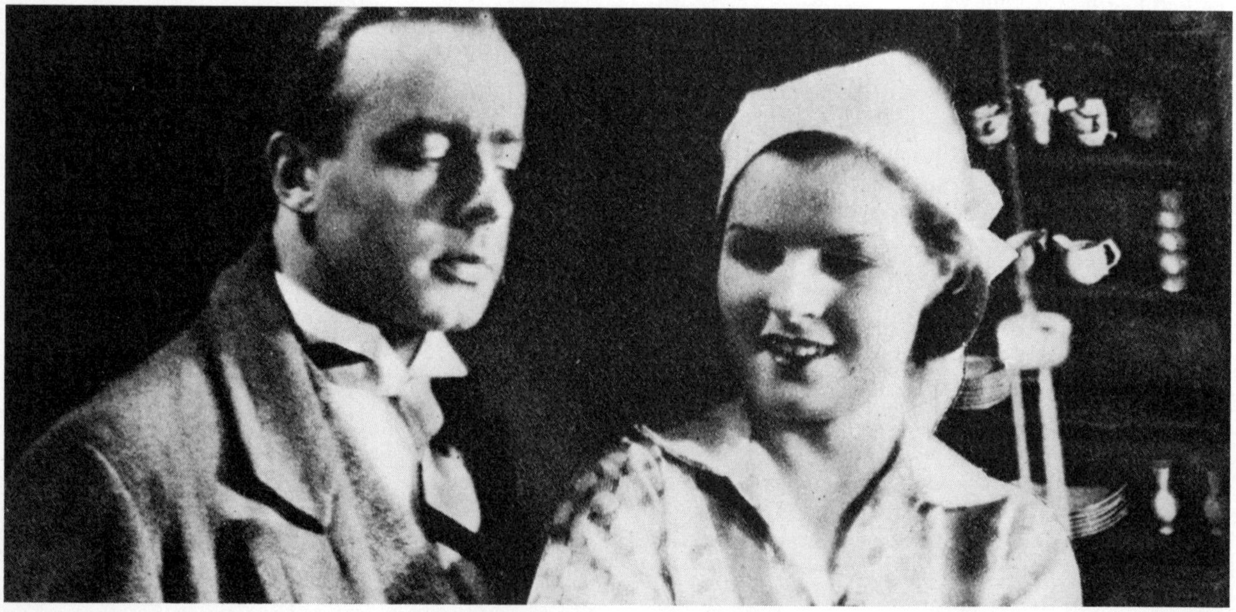

Der Außenseiter
1935

Regie Hans Deppe. *Buch* Josef Stolzing-Czerny. *Kamera* Ewald Daub, Karl Hasselmann. *Musik* Hans Carste. *Ton* Karl Albert Keller. *Schnitt* Max Michael. *Bauten* Erich Zander, Wilhelm Depenau. *Darsteller* Heinz Rühmann (Peter Bang), Ernst Dumcke (Torsten), Gina Falkenberg (Lilo), Karl Stepanek (Otto Burian), Friedrich Benfer (Hans Rückert), Gustav Waldau (Maltmann), Ellen Frank (Elli), Willi Schur (Kulike), Hans Junkermann (Zirkusdirektor), Else Reval (Esmeralda), Alexa von Porembsky (Amanda), Gerhard Dammann (ein Rennbahnbesucher), Julius Riedmüller (ein Gendarm). *Produktion* Bavaria-Film-GmbH. *Länge* 2117 Meter. *Uraufführung* 14. 11. 1935.

Unter den Pferden des Stalls Torsten ist die Stute Toni plötzlich widerspenstig und wirft, weil sie von ihrem Jokkey Fred falsch behandelt wird, diesen beim Start zu einem Rennen in hohem Bogen ab. Dann galoppiert sie davon. Der fröhlich im Sonnenschein dahinwandernde Handwerksbursche Peter Bang entdeckt die ausgerückte Toni in einem Wald und zieht dem Pferd einen Nagel aus dem Huf. Von nun an hängt das Pferd sehr an Peter und folgt ihm auf Schritt und Tritt. Es führt den arbeitslosen Schreinergesellen, der sich eher vor Pferden fürchtet, als daß er mit ihnen etwas anzufangen weiß, zu dem Gestüt Torsten, wo er das Pferd abgibt. Doch die Stute büchst aus und Wanderbursche Peter geht mit ihr auf die Walz. Er landet bei einem Wanderzirkus, gibt sich als Kunstreiter aus, bemalt Toni mit weißen Flecken und blamiert sich fürchterlich. Das Pferd wird verkauft und sowohl Toni, als auch Peter, der alles andere als ein stolzer Reitersmann ist, stehen schlechte Zeiten durch. Zuletzt aber startet er doch noch als Jockey auf seiner Toni in einem Rennen und die beiden gewinnen gegen den alten Feind Fred, der Toni immer falsch behandelt hat. Mehr tot als lebendig klettert Peter vom Pferd, umarmt es noch einmal, schnürt seinen Ranzen und wandert hinaus in die Welt, in der er sich als Außenseiter zuhause fühlt.

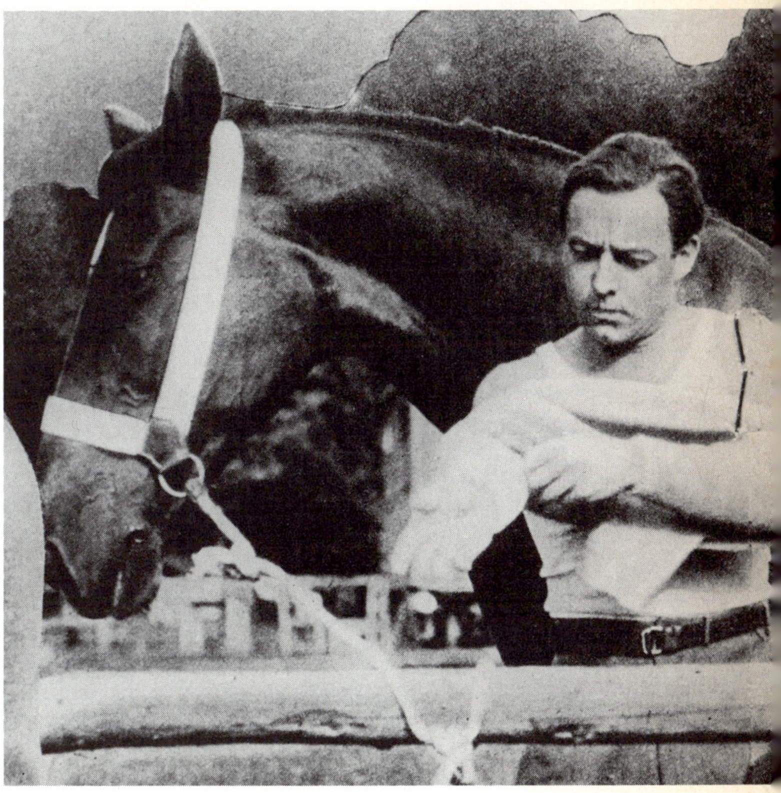

Heinz Rühmann, Ellen Frank und Gustav Waldau

Der Außenseiter ist ein Film mit schwacher Handlung, ein rührseliges Volksstück, in dem Heinz Rühmann als wandernder Handwerksbursche Tierliebe demonstrieren kann. Wochenlang hatte Regisseur Hans Deppe in den Studios von Geiselgasteig gedreht. »Dieser sanfte Dummkopf, den hier Heinz Rühmann spielt, gewinnt durch seine Tierliebe ebenso die Herzen, wie Ellen Frank die Trainerstochter, indem sie voll blindem Eifer an das goldene Gemüt des dummen Peter Bang glaubt. Wir wollen uns nicht mit großartiger Geste Geschichten erzählen lassen, wenn wir im Kino sitzen, wir wollen vielmehr daß wir an einer kitzeligen Stelle der Seele gepackt werden. Dann sehen wir der Glaubwürdigkeit gerne durch die Finger – bis zu einem gewissen Grade wenigstens.« (*Die Filmwoche,* 1935).

Ungeküßt soll man nicht schlafen geh'n

1936

Regie E. W. Emo. *Buch* Fritz Koselka, Rudolf Bertram. *Kamera* Harry Stradling. *Musik* Robert Stolz. *Lieder* »Ungeküßt sollst du nicht schlafen geh'n«, »Ich hätt' so gerne an dich geglaubt«, Robert Stolz (Musik), Rudolf Bertram (Text). *Ton* Herbert Janetzka. *Schnitt* Lisbeth (Elisabeth) Neumann. *Bauten* Julius von Borsody. *Darsteller* Liane Haid (Edda Vivian), Theo Lingen (Toni Miller), Hans Moser (Wiesinger), Annie Rosar (seine Gattin), Susi Lanner (deren Tochter), Ivan Petrovich (Prinz Carlo Alba), Heinz Rühmann (Franz Angerer), Karl Hellmer (Ferdinand Unterleitner, Diener bei Wiesinger). *Produktion* Projectograph-Film, Wien. *Länge* 2461 Meter. *Uraufführung* 27.2.1936. Weitere Verleihtitel *Wer zuletzt küßt... Liebe, Küsse, Hindernisse.*

Auf einem Wohltätigkeitsball in Wien wird der Kuß des vielumschwärmten Filmstars Edda Vivian meistbietend versteigert, was bei Schallplattenfabrikant Wiesinger erhöhte Aktivität auslöst. Er will den Star exklusiv für seine Firma haben. In der Versteigerung erhält er beinahe den Zuschlag, als seine Frau Lydia erscheint. Schnell drückt er seinem Nachbarn einen größeren Betrag in die Hand, damit dieser weitersteigere. Dieser Nachbar, der Student Franz Angerer, ist der Neffe seines Dieners, der den jungen Mann ohne Wissen Wiesingers bei sich wohnen läßt. Ehe er sich versieht, ist der teure Kuß ihm zugeschlagen. Darauf pfeift der aber, weil er ein Auge auf Wiesingers Tochter geworfen hat. Durch Verwechslung wird er zunächst für einen verkappten Prinzen und den heimlichen Liebhaber der Filmdiva gehalten, die ohnedies schon seit Wochen verheiratet ist, was aus Publicity-Gründen geheimgehalten wurde. Franz bekommt die Tochter des Schallplattenfabrikanten.

In dem Filmlustspiel *Ungeküßt soll man nicht schlafen geh'n* arbeitete Heinz Rühmann zum dritten Mal unter der bewährten Regie von E. W. Emo. Die Musik von Robert Stolz mit dem Schlager gleichen Titels, der ein Evergreen wurde, trug ebenfalls zu einem Erfolg bei, dem der Zahn der Zeit nichts anhaben konnte. Die Kritik war begeistert von der amüsanten Verulkung des Filmbetriebes und bescheinigte, »nett erdacht und von Emo flott inszeniert. Allerdings konnte sich der Regisseur auf seine Darsteller verlassen. Gleich drei Kanonen eröffnen das Feuer des Witzes: Moser, Rühmann und Lingen – da bleibt kein Auge trocken, jeder ist in seiner Art herrlich.« (*Die Filmwoche,* 1936). Die angesehene *Neue Züricher Zeitung* lobte anläßlich einer Wiederaufführung zwanzig Jahre später: »Wenn Wienerfilme den Charme ihres Humors so wenig elegant vortragen wie dieser, bereiten sie uns Vergnügen. Ein wahrer Spitzentanz amüsantester Bild- und Redesequenzen wirbelt da an uns vorüber, alle bis an den Rand gefüllt mit lebensvoller Verwechslungskomik, die weich und geschmeidig von einer lustigen Situation in die andere hinübergleitet wie ein Strauß-Walzer von einer Melodie zur anderen. Ohne das elegant-preziöse Ulkgetändel Theo Lingens, und die spaßige Biederkomik Hans Mosers, zu welcher Heinz Rühmann einen studentischen Einfaltspinsel erheiterndster Art beisteuert, würde natürlich das tolle Verwechslungsspiel um eine populäre Sängerin (Liane Haid) um seine beste Wirkung betrogen. Wie üblich in solchen Filmen, dreht sich die von Schlagern durchwürzte Handlung um das ewige Weh und Ach der Liebe, aber wenn es in Wort und Bild so spaßig liebenswürdig, unsentimental und witzsprühend geschieht wie hier, lassen wir uns die wieder aufgewärmte Filmspeise aus Wien gerne schmecken.«

Liane Haid, Hans Moser,
Heinz Rühmann und Theo Lingen

Allotria
1936

Regie Willi Forst. *Buch* Jochen Huth, Willi Forst. *Kamera* Ted Pahle, Werner Bohne. *Musik* Peter Kreuder. *Lieder* »Blindekuh«, Peter Kreuder (Musik), Fritz Beckmann (Text). *Ton* Carl Becker-Reinhard. *Schnitt* Hans Wolff. *Bauten* Werner Schlichting. *Darsteller* Renate Müller (Viola), Jenny Jugo (Gaby), Adolf Wohlbrück (Philipp), Heinz Rühmann (David), Hilde Hildebrand (Aimée), Will Dohm (Theodor), Heinz Salfner, Julia Serda, Franz W. Schröder-Schrom, Toni Tetzlaff, Erich Dunskus, Dr. Paul Laven. *Produktion* Cine-Allianz-Tonfilmproduktions Ges.m.b.H. *Länge* 2785 Meter. *Uraufführung* 12.6.1936.

Die beiden Junggesellen, der Plantagenbesitzer Philipp und der Rennfahrer David haben einander einmal versprochen, sich niemals in ein und dieselbe Frau zu verlieben, was aber nun passiert ist. Denn während Philipps Abwesenheit hat David sehr enge Beziehungen mit dessen Freundin Aimée gepflegt. Jetzt aber ist er auch schon drauf und dran, eine andere, die hübsche Gaby zu heiraten. Als Philipp von einer Reise zurückkehrt, hat auch er kein rechtes Interesse an Aimée mehr. Denn unterwegs hat er zum erstenmal richtig Feuer gefangen, aber vergessen, seiner großen Liebe Viola zur rechten Zeit die richtigen Worte zu sagen. So trennen sich ihre Wege in kühler, zurückhaltender Höflichkeit. Jetzt sucht er überall vergeblich nach seiner Angebeteten. David heiratet in der Zwischenzeit seine neue Flamme Gaby. Während der Hochzeitsreise hütet die beste Freundin der beiden das Haus; das aber ist die von Philipp lang gesuchte Viola. Als er das jungverheiratete Paar besucht und Viola ihm die Haustür öffnet, hält er sie irrtümlich für Davids Frau. Ein verwirrendes Verwechslungsspiel beginnt, bei dem sich Aimée an den beiden treulosen Männern rächt, Davids Rennwagen Goliath eine wichtige Rolle spielt und zwei Verlobungen sowie ein wiederversöhntes Paar das Endergebnis sind.

Schon im Vorspann von *Allotria* weist der Vermerk »über Ort und Zeit konnten sich Autor und Regisseur bis zum

Heinz Rühmann, Adolf Wohlbrück, Renate Müller und Jenny Jugo

Heinz Rühmann, Renate Müller und Jenny Jugo

heutigen Tag nicht einig werden«, den Zuschauer darauf hin, daß der Film eigentlich nur Allotria treiben möchte. Zusammen mit Jochen Huth schrieb der Wiener Regisseur Willi Forst ein Drehbuch voller geistsprühender Witze, gescheiter Bonmots und komischer Situationen, in dem jede Pointe saß und alle damaligen technischen Möglichkeiten des Films verwertet wurden. *Allotria* ist auch ein Beispiel für den unpolitischen Unterhaltungsfilm der Nazi-Zeit, der nach den Worten Goebbels der Nation »in einem noch nicht gekannten Ausmaße gepflegte Unterhaltung und seelische Erbauung« zu vermitteln hatte. Tatsächlich versetzte der spritzige Humor die Kinowelt in Erstaunen, und schnell galt Willi Forst bei der Kritik als René Clair des deutschen Films, womit er zur Gütemarke für beschwingte, stilvolle Unterhaltung wurde. Die Musik übernahm in den Forst-Filmen eine wichtige Rolle. Auch in *Allotria* trugen Peter Kreuders Melodien maßgeblich zu Tempo und Rhythmus bei. Als der Film in Berlin mit großem Erfolg in den Kinos lief, war »janz Berlin 'ne Wolke«. Bars, Kabaretts und Lokale wurden in Allotria umbenannt und Jenny und Jugo mit Heinz Rühmann als Stars stürmisch gefeiert. Die Kritik nannte den Film »eine der graziösesten Lustspielmischungen, die in einer Filmehe zu erstellen ist und durch die sich der Stil des Filmes fast von selbst bestätigte. Da vereinigte sich Heinz Rühmann bezaubernde drollig-aufgeweckte, köstlich sinnierende Eigenbrötlerkomik mit Jenny Jugos reizendem, duftigen Charme einer halb mädchenhaft-backfischigen, halb prätentiösen jugendlichen Ehefrau«. (*Rheinisch-Westfälische Filmzeitung,* 1936).

Jenny Jugo und Heinz Rühmann

Wenn wir alle Engel wären
1936

Regie Carl Froelich. *Regie-Assistenz* Rolf Hansen. *Buch* Heinrich Spoerl, nach seinem gleichnamigen Roman. *Kamera* Reimar Kuntze. *Musik* Hansom Milde-Meißner. *Ton* Hans Grimm. *Schnitt* Gustav Lohse. *Bauten* Franz Schroedter. *Darsteller* Heinz Rühmann (Christian Kempenich), Leni Marenbach (seine Frau Hedwig), Lotte Rausch (Marie), Elsa Dalands (Tante Selma), Harald Paulsen (Falotti), Hans Herten (Bürgermeister), Will Dohm (Polizeikommissar), Paul Mederow (Amtsrichter), Ernst Waldow (Amtsanwalt), Hugo Froelich (Justizrat Genius), Carl de Vogt (Portier vom Hotel »Waldfrieden«), Charlotte Krause-Walter. *Produktion* Carl Froelich-Tonfilm Produktions-GmbH. *Länge* 2816 Meter. *Uraufführung* 9. 10. 1936.

Leni Marenbach und Heinz Rühmann

Auf der Reise nach Köln gerät der in einem kleinen Moselstädtchen beheimatete, jungverheiratete Kanzleivorsteher Christian Kempenich in weinseliger Stimmung in den Wirbel großstädtischen Nachtlebens. Mit dem Ergebnis, daß er am folgenden Morgen mit einer unbekannten Schönen in einem fremden Hotelzimmer aufwacht. Entsetzt entflieht er dem Schauplatz seiner vermeintlichen Sünden, nicht dagegen den Folgen, da die Kleine sich schadlos zu halten versucht, indem sie die Bettwäsche des Hotels mitgehen läßt. Den der Tat verdächtigten Kempenich verfolgt daraufhin beharrlich ein bösartiges Aktenstück und bedroht ihn als Bürger, Beamten und Ehrenmann. In seiner Bedrängnis wendet er sich an Maestro Falotti, den Gesangslehrer seiner Frau, der ihm auch nicht helfen kann, weil er selbst kein reines Gewissen hat. Der temperamentvolle Italiener hat nämlich die Abwesenheit des Ehemannes zu einer kleinen Moselfahrt mit Frau Kempenich genutzt, was ihr anfangs Spaß machte, aber später, als der Gesangslehrer mit ihr in einem Zweibettzimmer nächtigen wollte, reumütig die Nacht allein im Wartesaal eines Bahnhofes verbringen ließ. Diese Situation macht den beiden Ehegatten zu schaffen, weil sie von den verzweifelten Bemühungen sich nicht voreinander und vor allem nicht vor der Öffentlichkeit in falschen Verdacht zu bringen, zermürbt werden. Schließlich gerät das arg zerstrittene Ehepaar in die Zahnräder der Justiz, die diesen Vorfall untersucht, bis ein gütiger Amtsrichter die Fäden dieses heillosen Durcheinanders unter erheiternden Begleitumständen geschickt entwirrt.

Harald Paulsen und Heinz Rühmann

Der Autor Heinrich Spoerl, war ein erklärter, aufrichtiger und überzeugter Gegner des Nationalsozialismus, der es verstanden hatte, ich eine kleine, abgesonderte Welt zu

Leni Marenbach und Heinz Rühmann

schaffen, in der er Bücher wie *Der Gasmann* und *Die Feuerzangenbowle* schrieb, die dann unter der Regie Carl Froelichs zu den besten Rühmann-Filmen jener Zeit wurden. In diesem Lustspiel spielte Rühmann nicht nur Rühmann. Es sind aber immer nur Situationen, in die Rühmann einmal geraten könnte und in denen er sich so verhält, wie Rühmann sich verhielte, wenn er in sie geraten würde. »Schon wenn Heinz Rühmann auftritt, jeder Zoll ein Spießer, so setzt das Lachen ein. Es ist bezaubernd wie dieser Schauspieler den drolligen kleinen Bürohengst in allen Gangarten der Subalternität vorführt. Rührend wirkt die trottelige Neugier des Männleins, die so rasch im Strudel der Großstadt in Hilfslosigkeit umschlägt. Rühmanns Gesicht ist ein komisch-empfindlicher Gradmesser für alle Stufen des Suffs.« (*Deutsche Allgemeine Zeitung*, 1936). »Das unverzichtbare Happy-End macht klar, daß man Ausländern (die ebenso wie die Figur des Italieners Falotti ›ohnedies alles Falotten‹ sind) mißtrauen muß, auch wenn es sich um Angehörige der Achsenmächte handelt.« (Courtade/Cadars, *Geschichte des Films im Dritten Reich*). Zur Frage der Zielsetzung der damaligen Zeit, in der auf Anweisung Goebbels auch bald jegliche Kunstkritik untersagt wurde, wußte die *Licht-Bild-Bühne* vom 19. Oktober 1936 eine Antwort: »Wo gibt es in der ganzen Welt noch eine Regierung, die den belohnt, der das Lachen lehrt und das Schmunzeln schenkt? Damals, vor drei Jahren, dachten viele in Deutschland, ›daß es nun mit dem Lachen vorbei sei‹. Ja, mit diesem Lachen war es auch vorbei! Mit dem schmierigen und widerlichen Gegrinse, das aus Nacktrevuen geiferte, das aus den Zoten sprang, die man in Buntbühnen hören konnte. Der Witz jener Tage war gekrampft, der Humor war glitschig, die lustige Laune war Zweideutigkeit. Im neuen Deutschland kann man wieder lachen!«

Lumpacivagabundus
1936

Regie Geza von Bolvary. *Regie-Assistenz* Karl von Barany. *Buch* Dr. Max Wallner. Nach Motiven der Posse von Johann Nestroy. *Kamera* Werner Brandes. *Kamera-Assistenz* Karl Drömmer. *Lieder* »Von Li-li-li-li-li-Liebe«, »Liebes Fräulein Pepi«, »Wozu ist die Straße da«, »Ja, ja, der Leichtsinn«, »I halt a Red'«, »Die Welt steht auf kan Fall mehr lang«, »I riech an Wein«, Hans Lang (Musik), Josef Petrak (Text). *Kostüme* Alfred Kunz. *Ton* Ing. Herbert Janeczka. *Schnitt* Hermann Haller. *Bauten* Emil Hasler, Artur Schwarz. *Darsteller* Paul Hörbiger (Lumpacivagabundus und Knieriem), Heinz Rühmann (Zwirn), Hans Holt (Leim), Hilde Krahl (Pepi), Alice Brandt (Palpiti), Fritz Imhoff (Strudl), Ferdinand Maierhofer (Hoblmann), Anton Pointner (Graf von Monte Christo), Edith Wolff (Paula), Maria Holst (Amorosa), Lotte Koch (Fortuna), Gretl Wagner (Büglerin), Hannss Obonya (Piccolo), Eduard Loibner (Herbergswirt), Traudl Link (Kellnerin), Karl Skraup (Hausierer), Liselotte Nekut (Traudl), Eugen Günther (Vagabund), Richard Eybner (Baptiste). *Produktion* Styria-Film GmbH und Hade-Film GmbH, Wien. *Länge* 94 Minuten. *Uraufführung* 23. 12. 1936, Wien.

Drei Wanderburschen gewinnen das Große Los, teilen den Gewinn untereinander und machen sich auf, ihr Glück zu finden. Zwirn, der Schneider, reist nach Paris, wo ihm

Heinz Rühmann, Paul Hörbiger, Hans Holt und Partner

eine Lebedame tätig hilft, schnell sein ganzes Geld loszuwerden. Leim, der Tischler, kehrt nach Wien zurück und bewahrt sein geliebtes Mädchen Pepi vor der Zwangsheirat. Schuster Knieriem, der Liederlichste der Drei, mietet eine stillgelegte Mühle, macht daraus eine Herberge für sauflustige Wanderburschen, schaut in die Sterne, ob der Komet kommt und setzt seinen ganzen Gewinn in Alkohol um. Vereinbarungsgemäß treffen sich die drei ein Jahr später an der gleichen Stelle, wo ihnen seinerzeit das Glück lachte, das sie einer Wette der Fee Fortuna und Amorosa, der Beschützerin der wahren Liebe, mit dem »Menschenverführer« Lumpacivagabundus verdanken, der nur dann auf Erden weiterwirken darf, wenn es ihm gelingt, einen der drei Wanderburschen auf die schiefe Bahn zu bringen. Leim hat inzwischen Pepi geheiratet und ist bereit, nachdem er die mißliche Situation seiner beiden Freunde durchschaut, ihnen eine neue Existenz aufzubauen. Zwirn entsagt seinem liederlichen Lebenswandel und will mit der Zofe Paula ein anständiges Leben beginnen. Doch Knieriem, der Schuster, zieht es vor, mit seinem Freund Lumpacivagabundus weiterzuwandern – und der böse Geist ist glücklich darüber, sein Gastspiel auf Erden auch weiterhin fortsetzen zu können.

Mehr als hundert Jahre, nachdem der Wiener Humorist Johann Nepomuk Nestroy seine bekannteste Zauberposse »Der böse Geist Lumpacivagabundus« oder »Das Liederliche Kleeblatt« schrieb, nahm sich Regisseur Geza von Bolvary, bei dem Rühmann schon in *Das deutsche Mutterherz* gespielt hatte, der filmischen Umsetzung des Theaterstückes an. Gewiß ist Nestroys Posse ein Paradestück für drei Paraderollen, aber die Hersteller des Films, die vom deutschen Markt abhängig waren, mußten sich mit dem Problem herumschlagen, ob die Sprache des Dichters auch ins Hochdeutsche übertragen werden könne. Einerseits sollte gegen den witzigen Geist und die damit unverwechselbare Atmosphäre nicht verstoßen werden, andererseits sollte die Reichsmark rollen. Paul Hörbiger nahm es auf sich mitzuhelfen, das Theaterstück für den Film zu adaptieren. An diese Mühe erinnerte er sich einmal: »Als ob Nestroy die Verfilmung seiner unsterblichen Posse vorausgeahnt hätte, hinterließ er uns von Lumpacivagabundus so viele gänzlich voneinander abweichende Fassungen, daß es sich wirklich lohnte, sie einzeln durchzuarbeiten. Bei Durchsicht älterer Bühnenfassungen entdeckte ich Szenen, bei denen ich mich fragte, wie es möglich gewesen war, an diesen ungehobenen Schätzen bisher vorbeizugehen. Ich spürte Redewendungen und Aussprüche auf, die seinerzeit von der Zensur verboten waren, aber nun jede Bedenklichkeit verloren hatten. So kommen Aphorismen echt Nestroyscher Prägung in diesem Film vor, der eigentlich eine Zusammenfassung sämtlicher von Nestroy geschriebener Versionen darstellt.« Wie die späteren Verfilmungen bewiesen, hat sich Paul Hörbigers Fleißaufgabe, die jedem Nestroyforscher Ehre gemacht hätte, gelohnt. Denn dieser *Lumpacivagabundus* ist immer noch Modell und Beispiel für den gelungenen Versuch, Nestroyschen Witz in Filmbilder umzusetzen.

Das Liederliche Kleeblatt Paul Hörbiger, Heinz Rühmann und Hans Holt wurde von der Kritik gelobt: »Im schönsten und lustigsten Sinne lebendig, wird die Leinwand immer dann, wenn Rühmann und Hörbiger erscheinen und alle funkelnden Lichter ihres Humors spielen lassen. Hans Holt ist der sympathische Dritte. Es gab viel Gelächter und fröhlichen Beifall.« (*Die Filmwoche,* 1937).

Heinz Rühmann, Anton Pointner und Partnerin

Heinz Rühmann, Hans Holt und Paul Hörbiger

Der Mann, von dem man spricht
1937

Regie E. W. Emo. *Regie-Assistenz* Oskar Marion. *Buch* Hanns Saßmann. *Kamera* Eduard Hoesch. *Musik* Heinz Sandauer. *Lieder* »So ein Regenwurm hat's gut«. Heinz Sandauer (Musik), Erich Meder (Text). *Ton* Herbert Janetzka. *Schnitt* Else Baum. *Bauten* Julius von Borsody. *Darsteller* Heinz Rühmann (Toni Mathis), Theo Lingen (Haßler), Hans Moser (Toni's Onkel), Gusti Huber (Bianca), Heinz Salfner (Zaratti), Gerhard Bienert (Carasso), Reinhold Haeussermann (Clown), Helene Lauterböck, Ferdinand Maierhofer, Mizzi Zwerenz, Richard Tomaselli. *Produktion* Projectograph-Film, Oskar Glück, Wien. *Länge* 2491 Meter. *Uraufführung* 5. 2. 1937.

Hans Moser und Heinz Rühmann

Auf Wunsch seines Onkels, doch mit nur mäßigem Erfolg, studiert Toni Mathis schon jahrelang Zoologie. Den unwiderruflich letzten Examenstermin verbummelt er. Der eigens zur Gratulation angereiste Onkel erfährt, daß Toni relegiert worden ist. Er will nun, daß Toni heiratet. Die drei jungen Mädchen, die er seinem Neffen zu Wahl stellt, gefallen ihm zwar alle nicht, aber er wagt nicht zu widersprechen. Im Park veranstaltet er mit den Fotos der drei eine Art Scheibenschießen: diejenige, die er trifft, wird er heiraten. Statt eines der Bilder trifft Toni die Handtasche einer jungen Dame, die zufällig vorbeikommt. Von ihr ist er sofort dermaßen entzückt, daß er ihr einen Heiratsantrag macht. Sie bestellt ihn in den Zirkus und entpuppt sich hier als Bianca Zaratti, die »Königin der Luft«. Zirkusdirektor Zaratti ist über die Heiratsabsichten seiner Tochter empört; nur ein Artist kommt als Schwiegersohn in Frage, vorzugsweise der Dompteur Carasso. Von der Liebe beflügelt, durchläuft Toni in einer bitteren Lehrzeit sämtliche Sparten des Artistenberufs, doch alles mißlingt. Einen letzten Versuch riskiert er noch als Löwenbändiger, um so mehr als ein Kollege ihm sagt, es müsse sich nicht um wirkliche Löwen, sondern um Clowns im Löwenfell handeln. Frohgemut tritt Toni in die Manege, nicht ahnend, daß Nebenbuhler Carasso die Clowns eingesperrt hat. Alles geht gut, bis er entdeckt, daß er sich inmitten echter Berberlöwen befindet. Sein panisches Entsetzen und die verzweifelten Fluchtversuche werden für eine großartige Schlußpointe des Programms gehalten und reißen das Publikum zu wahren Beifallsstürmen hin. Und er schafft es, daß auch die letzte renitente Bestie in den Käfig

Theo Lingen und Heinz Rühmann

zurückkehrt. Jubelumtost, wenn auch ziemlich bleich, hält er erfolgreich um Bianca's Hand an.

Nach dem Erfolg von *Ungeküßt soll man nicht schlafen geh'n* kam gleich danach *Der Mann, von dem man spricht* wieder mit der Erfolgsbesetzung Heinz Rühmann/Theo Lingen/Hans Moser in die Kinos. Die Handlung, ebenfalls ohne Sinn und mit einer Menge Unsinn, ebenfalls von E. W. Emo inszeniert, ließ sich auf ein paar Kalauer-Reime wie »Um einer Frau zu imponieren, will Rühmann

Gusti Huber und Heinz Rühmann

Heinz Rühmann und Partner

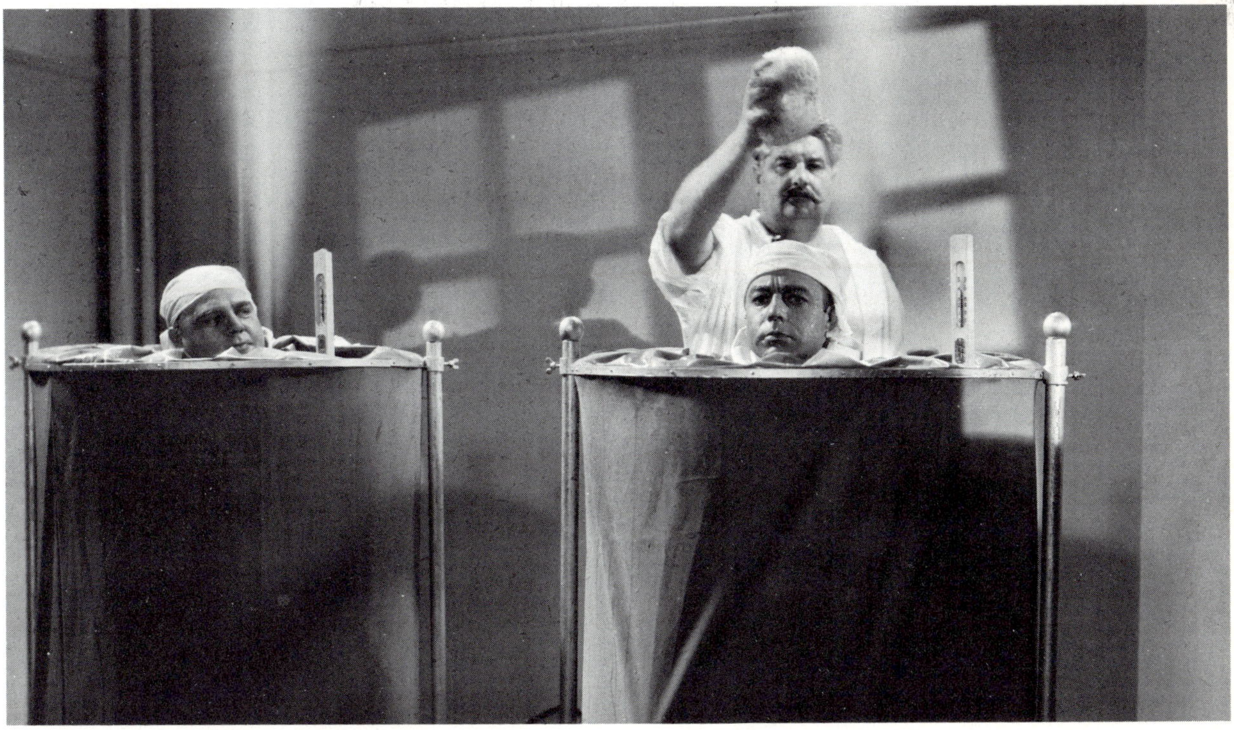

Heinz Rühmann und Partner ▶

721

DIREKTION

Heinz Rühmann und Theo Lingen

einen Mops dressieren« und »Für seine hübsche blonde Kleine tanzt Heinz auf einer Leine« oder »Damit er nicht die Braut verliere, zähmt Rühmann diese Wüstentiere« reduzieren. Die Skala der Publikumsreaktionen reichte von stiller Heiterkeit bis zu tosendem Beifall und nicht endenwollenden Lachsalven. Die Kritik lobte alles und alle und mancher Film-Kritiker »kicherte sich Stunden später in Rückerinnerung an einige besondere Leckerbissen der Groteske und des Humors vergnügt in den Schlaf hinein«. (*Licht-Bild-Bühne,* 1937). »Hier ist ein Lustspiel gelungen, dessen Komik überwältigend ist, eine Posse, die sich bis ins Groteske steigert und vom ersten bis zum letzten Meter als schönste Beifallsmusik das Gelächter hat. Heinz Rühmann ist der Mann, der weiß, was er will. So kauft er sich ein Buch ›Wie werde ich Artist‹ und studiert im Hotelzimmer seine ›Nummer‹ ein. Theo Lingen ist der Diener und Kompagnon. Sie machen die tollsten Sachen: sie zerschmeißen beim Jonglieren ganze Tellerberge, sie fliegen beim Balancieren aus dem Hotelfenster, sie klatschen beim Seiltanzen auf die Nase – Max und Moritz hätten bei ihnen noch etwas dazulernen können –, so frech, so lustig, so witzig sind ihre Artistenstreiche. Zum Schluß aber erscheint Rühmann als Löwenbändiger in der Manege – da sieht das Parkett aus wie ein sturmbewegter See, so lachen die Leute. Das Buch schrieb Hans Sassmann – es ist aus einem Guß. Es funkelt vor Übermut, und es wirkt, als wäre es in einer wundervollen Schwipsstimmung geschrieben. Rühmann und Lingen, Herr und Diener sind ein Paar, für das man sich ein Dauerzwerchfell nach Maß machen lassen sollte. Hans Moser nuschelt dieses Mal so, daß er und wir außer Nuscheln nichts verstehen, was auch nicht nötig ist, da sein zerknautschtes Gesicht sprechender ist, als alle Nuschelworte. E. W. Emo hat die Posse inszeniert: er legt ein Tempo vor, daß man nicht zum Nachdenken kommt.« (*Berliner Lokal-Anzeiger,* 1937). ». . . Erzählen kann man das nicht, was sich hier um den Unglücksraben Rühmann tut, um den mißratenen Neffen, der sein Examen im wahrsten Wortsinn verschwitzt – jedes Wort, jedes Adjektiv wäre zu schwach, reichte nicht aus, wäre nicht zutreffend. Der Zoologe Rühmann setzt sich mit der Familie und mit seinem Schicksal auf eine Art und Weise auseinander, die unnachahmlich ist. Die amerikanische, ehemals so belachte Buster-Keaton-Groteske ist aus dem Feld geschlagen und feiert mit Rühmann eine erfrischende Auferstehung, übertrifft sogar den großen Groteskfilm-Bruder jenseits des großen Teiches, schlägt ihn mit vielen Längen.« (*Der Film,* 1937).

Der Mann, der Sherlock Holmes war
1937

Regie Karl Hartl. *Regie-Assistenz* Eduard von Borsody. *Buch* Robert A. Stemmle, Karl Hartl. *Kamera* Fritz Arno Wagner. *Musik* Hans Sommer. *Lied* »Jawohl meine Herrn«, Hans Sommer (Musik), Richard Busch (Text). *Ton* Hermann Fritzsching. *Schnitt* Gertrud Hinz. *Bauten* Otto Hunte, Willy Schiller. *Produktionsleitung* Alfred Greven. *Aufnahmeleitung* Hans Tost. *Darsteller* Hans Albers (Sherlock Holmes), Heinz Rühmann (Dr. Watson), Marieluise Claudius (Mary Berry), Hansi Knoteck (Jane Berry), Hilde Weissner (Madame Ganymare), Siegfried Schürenberg (Monsieur Lapin), Paul Bildt (der Mann der lacht), Franz W. Schröder-Schrom (Polizeidirektor), Hans Junkermann (Exzellenz Vangon), Eduard von Winterstein (Vorsitzender des Gerichts), Edwin Jürgensen (Staatsanwalt), Ernst Legal (Dieter Jean), Günther Ballier, Ernst Behmer, Horst Birr, Gerhard Dammann, Clemens Hasse, Ernst Dunskus, Angelo Ferrari, Lothar Geist, Aribert Grimmer, Harry Hardt, Paul Schwed, Willi Schur, Theo Thony, Ernst Waldow, Ericht Walter, Heinz Wemper, Walter Werner. *Produktion* Ufa (Alfred Greven). *Länge* 112 Minuten. *Uraufführung* 15.7.1937. Weiterer Verleihtitel *Sherlock Holmes.*

Mitten in der Nacht wird der Nordexpreß auf offener Strecke von zwei Männern angehalten, die zusteigen und sich als der berühmte Detektiv Sherlock Holmes und sein Freund Doktor Watson ausgeben. Auf der Weiterreise verhören sie zwei junge Damen, die Nichten Jane und Mary des kürzlich verstorbenen Professors Berry. In Paris findet gerade die Weltausstellung statt. Holmes und Watson steigen im Palace-Hotel ab, wo schnell allgemeines Rätselraten um ihre Absichten beginnt. Dann kommt das Gerücht auf, die berühmten Mauritius-Marken, die kostbarsten Stücke der Ausstellung seien Fälschungen und Holmes sei mit der Aufklärung des Falles betraut. Bald verlassen Holmes und Watson die Stadt und statten dem Schloß des verstorbenen Professors Berry einen Besuch ab. In seinem Laboratorium finden sie deutliche Hinweise, daß Berry einer der gerissensten und geschicktesten Fälscher des Jahrhunderts war. Diese Eröffnung trifft die als Universalerben eingesetzten Nichten Jane und Mary besonders. Noch ehe die Polizei auf dem Schloß eintrifft, verschwinden Holmes und Watson wieder. Im Leihhaus »Lombard«, das sich als Hauptquartier von Geldfälschern entpuppt, können sie dann nicht nur die echten Mauritius-

Hans Albers, Heinz Rühmann, Hansi Knoteck und Marieluise Claudius

Heinz Rühmann, Hans Albers und Partnerinnen ▶

Hilde Weissner, Heinz Rühmann, Hans Albers und Siegfried Schürenberg

Heinz Rühmann und Hans Albers

Marken sicherstellen, sondern auch erhebliche Mengen von Blüten, die sie samt der Fälscherbande der Polizei übergeben. Weil ihre Identität als Watson und Holmes äußerst zweifelhaft ist, werden sie bald darauf festgenommen. Den Mann freilich, der die Abenteuer der beiden lachend verfolgt hat und der sich als Sir Arthur Conan Doyle erweist – jener Mann, der Holmes und Watson als Romanfiguren erfunden hat –, stört das nicht im geringsten. Die Gerichtsverhandlung wird für sie zum Triumph. Auf die stolzen Sieger warten zwei liebende Schwestern und eine Menge Aufträge.

Für die Tatsache, daß es ohne gutes Drehbuch keinen guten Film geben kann, ist *Der Mann, der Sherlock Holmes war,* der beste Beweis. Autor Robert A. Stemmle schrieb diesen herrlichen Reißer, der in vielfacher Hinsicht anders ist als die anderen Albers-Reißer, die sich selbst ernst nehmen wollten. Denn in dieser besten Parodie auf Kriminalfilme, die je im deutschen Film gelang, liegen Spannung und Selbstironie immer ganz nahe beieinander, die Persiflage ist logisch, spannend und dazu amüsant aufgebaut. Durch die witzigen Dialoge und die temporeiche Regie wurde der Film ein großartiger Erfolg. Albers, der schon Mitte vierzig war, konnte immer noch so eine Art Lausbub spielen und das Publikum nahm es ihm dankbar ab. Selbst in den Szenen, in denen er gegen eine ganze Bande von Verbrechern kämpft, die Hackepeter aus ihm machen wollen, laviert er sich geschickt, mit einem Augenzwinkern ins Publikum, durch. Heinz Rühmann, der den Assistenten Dr. Watson spielte mit trockener Heiterkeit als liebenswürdiger, treuherziger Schüchterling, der rasch die Flinte ins Korn wirft und ebenso schnell, wenn ein Schlag geglückt ist, angibt und furchtlos tut, trug wesentlich zu dem Bombenerfolg bei. Die beiden waren ein herrlich gelungenes Paar und Heinz Rühmann als unbeholfener Junge, der im Gegensatz zu seinem Meister immer erst an den Erfolg glaubt, wenn er wirklich da ist, strich förmlich heraus, was das Publikum von Hans Albers sehen wollte: unbekümmertes Draufgängertum nach dem Otto-Otto-Motto »Wat kost' denn die Welt!«, die er in diesem Film köstlich persiflierte. Rühmann und Albers hatten sich bereits in *Bomben auf Monte Carlo* als sehr originelles Gespann erwiesen. Mit *Der Mann, der Sherlock Holmes war* übertrafen sie ihren ersten Erfolg haushoch und der Film gilt als »der künstlerisch vollendetste, witzigste und erfolgreichste von allen Karl-Hartl-Filmen« *(Focus on film)*. Wie sehr Rühmann schon damals in der Publikumsgunst ganz oben stand, vermerkte die Kritik unter anderem mit den Worten »eine Freude, das bedeppte Gesicht Heinz Rühmanns immer wieder in den kritischen Situationen verlegen und doch gläubig zum Meister aufblicken zu sehen« (*Der Führer,* 1937). Auch der Schlager »Jawohl, meine Herrn, so haben wir es gern«, den Rühmann und Albers in dem Film gemeinsam singen, wurde ungeheuer populär.

Hans Albers, Heinz Rühmann und Partner

Hans Albers, Heinz Rühmann und Partner

Der Mustergatte
1937

Regie Wolfgang Liebeneiner. *Regie Assistenz* Hans Albin. *Buch* Jacob Geis, Hans Albin, Heinz Rühmann. Nach dem Bühnenstück von Avery Hopwood. *Kamera* Werner Bohne. *Musik* Hans Sommer. *Lied* »Liebes kleines Mädchen, wenn Du wüßtest...« Hans Sommer (Musik), Erwin Lehnow (Text). *Ton* Alfred Norkus. *Schnitt* Gustav Lohse. *Bauten* Otto Gülstorff, Hans Minzloff. *Darsteller* Heinz Rühmann (William Bartlett), Leny Marenbach (Margret Barlett), Hans Söhnker (Jack Wheeler), Heli Finkenzeller (Doddy Wheeler), Werner Fuetterer (Evans), Jola Jobst (Miss Wilson), Leopold von Ledebur (Sparkins), Josi Holsten (Exotin), Alexa von Porembsky (Zofe), Rudolf Essek (Klubdirektor), Georg Heinrich Schnell (Bennet), Hans Stiebner (Peeperkorn), André Saint-Germain (Bernhard), Dr. Max Holzboer (Trainer), Antonie Jaeckel (Engländerin), Richard Ullrich (Georg), Liska Bonney (eine alte Engländerin), Angelo Ferrari (Schiedsrichter), Werner Pledath (Bumburry), Otto Matthies (Gordon), Armin Schweizer (Fuessli). *Produktion* Imagoton-Film GmbH, Berlin. *Länge* 2752 Meter. *Uraufführung* 13.10. 1937.

Der schüchterne Bankier William Bartlett führt nicht nur seine Bank nach peinlich genauen Prinzipien, auch sein Privatleben teilt er exakt nach der Uhr ein. Bei einer Geschäftsreise in Venedig lernt Billy, wie ihn seine Freunde nennen, die hübsche Margret kennen. Schon nach wenigen Stunden des Zusammenseins macht er ihr einen Heiratsantrag. Margret nimmt an, weil sie die ständigen Flirts ihres Verlobten, des Tennis-Champions Evans satt hat. Nach zweijähriger Ehe aber, zweifelt Margret erheblich an ihrem Glück. Billy scheint zwar ein idealer Ehemann zu sein, trinkt nur Milch, geht gegen neun ins Bett, ist aber sonst stinklangweilig. Als einziges Hobby hat er Kreuzworträtsel, sonst kann ihn nichts aus der Ruhe bringen. Als der verflossene Verlobte Evans bei den Bartletts wieder auftaucht, erklärt Margret ihrem Mann, daß sie sich scheiden lassen wird. Darüber ist Billy aber nun doch bestürzt und fragt seinen Freund und Nachbarn Jack um Rat. Der empfiehlt, die Kreuzworträtsel bleiben zu lassen und lieber seiner Frau Rätsel aufzugeben. Er selbst zum Beispiel verbringe einige Abende prinzipiell nicht zu Hause, worüber er seine Frau gerne im Ungewissen lasse, so etwas sei gut für die Ehe. Freund Jack erzählt die Scheidungsabsichten brühwarm seiner Frau Doddy, die gleich zu Billy eilt, um die Ehe der Freunde zu retten. Nichtsahnend erzählt ihr dieser welche Ansichten ihr Mann Jack über den Zusammenhalt der Ehe hat. Nun

Heinz Rühmann und Leni Marenbach

Heinz Rühmann und Heli Finkenzeller

sinnt Doddy auf Rache. Sie schlägt vor, sich jeweils von ihren Ehehälften in flagranti ertappen zu lassen – natürlich nur zum Schein. Weil aber der schüchterne Billy nicht so recht weiß, wie er sich dabei anstellen soll, beginnen die beiden zu trinken, werden immer lustiger, bis sie schließlich müde und erschöpft einschlafen. Margret und Jack, die sich unterwegs zufällig in einer Bar getroffen haben, kommen spät abends nach Hause. Was sie sehen, treibt beider Eifersucht auf die Palme und gipfelt in einem wilden Durcheinander mit Tränen, Verzweiflung, Erklärungen, Szenen und Verfolgungsjagden. Aus diesem Wirrwarr finden die beiden Ehepaare erst am nächsten Morgen wieder glücklich zueinander. Jack gelobt seiner Doddy zuliebe, den Club nach Hause zu verlegen und Margret wird wieder froh mit ihrem Billy, nachdem sie eingesehen hat, daß auch er die Ruhe verlieren und außer sich geraten kann.

Schon 1927 hatte Heinz Rühmann in den Münchner Kammerspielen die Titelrolle in dem Boulevard-Schwank »Der Mustergatte« des Engländers Avery Hopwood gespielt. Mit der Gestaltung dieser Rolle machte er sich damals schon in Theaterkreisen einen Namen, der über die Grenzen der weiß-blauen Bayernmetropole hinausreichte, und er wurde unter anderem damit als Komiker anerkannt. Als er später noch mehrfach mit dem Stück auch in Berlin auf der Bühne stand, schrieb 1932 der Kritiker Herbert Ihering: »Heinz Rühmann gibt den sanften, blöden Mustergatten, der, nach altem Thema, schließlich so tut, als ob er aufsässig würde, mit allen Nuancen der Trottelkomik. Aber diese abgenutzten, durch Schauspielergenerationen geschleiften Nuancen des Blödelns und der Verlegenheit sind bei Rühmann wieder persönlich geworden. Rühmanns blonde Sanftmut wirkt immer wie eine stille Polemik gegen die strahlenden Film-Liebhaber, wie ein immerwährender Zweikampf mit dem jeweiligen Willi Fritsch, und sein Witz besteht nebenbei darin, daß er gleichzeitig der Nutznießer dieses Typus ist. Albers mit umgekehrtem Vorzeichen. So ist der vortreffliche Schauspieler Heinz Rühmann, der schon bei seinem ersten Bühnenauftreten in Berlin Erfolg hatte, ein Star erst auf dem Umweg über den Film geworden. Es gibt zwei Prügelknaben auf der deutschen Bühne: Felix Bressart und Heinz Rühmann. Der erste ist die Umkehrung des Typs Ernst Deutsch. Der zweite die Umkehrung des Typs Harry Liedtke. Heinz Rühmann: noch der Schlemihl profitiert vom Aussehen des Siegers, noch der Pechvogel hat etwas vom Hans-Dampf in allen Gassen«. Nun spielt er die gleiche Rolle in der Verfilmung des recht platten Stückes unter der Regie von Wolfgang Liebeneiner, dem Heinz Rühmann bereits in den Münchner Kammerspielen als Falckenbergs Regie-Assistenten begegnet war. Liebeneiner hatte mit *Versprich mir nichts* im gleichen Jahr seine erfolgreiche Laufbahn als Filmregisseur begonnen und war auch nach Berlin, in die gleiche Salzbrunner Straße, in der Rühmann wohnte, gezogen, wo er die schräg gegenüberliegende Wohnung der Rühmann-Schwester Ilse, die ein sehr herzliches Verhältnis, zum Schwager ihres Bruders, dem Herrn Bernheim gehabt haben soll, übernommen hatte. Rühmann schrieb auf Grund seiner Bühnener-

Leni Marenbach, Heli Finkenzeller, Heinz Rühmann und Hans Söhnker

fahrung auch am Drehbuch mit und legte Wert auf eine ebenbürtige erstklassige Besetzung. Auch die vielgespielte englische Komödie adäquat ins Deutsche zu übertragen gelang, nach Sprachregelung der braunen Machthaber wurden jedoch in den Stabsangaben des Films nur die Drehbuchautoren genannt, der Name des Engländers Hopwood unterschlagen. Sowohl für den Regisseur als auch für Rühmann war *Der Mustergatte* ein ganz großer persönlicher Erfolg. Bei der internationalen Filmkunstausstellung 1938, der Biennale in Venedig, erhielt der Film mit dem Prädikat ›künstlerisch wertvoll‹ eine Medaille für die beste schauspielerische Leistung, womit *Der Mustergatte* für Heinz Rühmann ein Gütezeichen allererster Ordnung und eine seiner populärsten Filmrollen, wurde. Zum besseren Verständnis für den überwältigenden Erfolg, darf auch der »Zeitgeist«, der damals herrschte, nicht vergessen werden, denn das Publikum war »so dankbar, einmal lachen zu dürfen, einmal nicht von Hitler angeschrien zu werden, nicht marschieren und ›Heil!‹ schreien zu müssen.« (Curt Riess, *Das gab's nur einmal.*) *Der Mustergatte* wurde noch einmal, 1956 unter der Regie Erik Ode mit Harald Juhnke, Inge Egger und Theo Lingen verfilmt.

Heinz Rühmann und Partner ▶

Die Umwege des schönen Karl
1938

Regie Carl Froelich. *Regie-Assistenz* Harald Braun, Rolf Hansen. *Buch* Philipp Lothar Mayring, Jacob Geis, Harald Braun. Nach einem Roman von Paul Enderling. *Kamera* Reimar Kuntze. *Musik* Hansom Milde-Meißner. *Lied* »Das ganze Leben ist nur ein Glücksspiel«, Hansom Milde-Meißner (Musik) E. S. Richter (Text). *Kostümberatung* Ilse Fehling. *Ton* Hans Rütten. *Schnitt* Gustav Lohse. *Bauten* Franz Schroedter. *Darsteller* Heinz Rühmann (Karl Kramer), Paul Westermeier (Otto Hübner), Ernst Legal (der alte Albert), Leo Peukert (Heinz Balzer), Hugo Froelich (Herr Neddebom), Margarete Kupfer (Tante Knifke), Albert Florath (Vater Wernicke), Claire Reigbert (Mutter Wernicke), Karin Hardt (Grete), Paul Bildt (Geheimrat Donon), Sybille Schmitz (Lu), Hansi Arnstaedt (die Baronin), Carlheinz Carell (Justizrat Siebenhütter), Leopold von Ledebur (der Major), Friedrich Honna (der Bäckermeister), Werner Finck (der Herr von der Presse), Carl Günther (Herr Hoinken), Kurt Seifert (der Pferde-Wenzel), Gea Eschenbach (die Sängerin), Elisabeth Eygk, Willy Krause (das Pärchen), Egon Brosig (der Untersuchungsrichter), Ewald Wenck (der Kriminalkommissar), Bruno Fritz (der Mann mit dem Jägerhut), Grete Wiedecke (die möblierte Wirtin), Flora Berthold, Käte Jöken-König, Ursula Krieg, Minuschka Kuch, Gertrud Wolle, Hans Albin, Robert Aßmann, Wilhelm Bendow, Eduard Bornträger, Leo Delsan, Charles Willy Kaiser, Karl (Charly) Kracker, Paul W. Krüger, Walter Ladengast, Fritz Lafontaine, Walter Lieck, Manfred Meurer, Klaus Pohl, Heinz Schwamborn, Willi Schur, Ernst Stimmel. *Produktion* Tonfilmstudio Carl Froelich & Co. *Länge* 2778 Meter. *Uraufführung* 31. 1. 1938.

Das sagenumwobene Leben im Berlin der zwanziger Jahre zieht den Oberkellner Karl Kramer magisch an. Er arbeitet zur Zeit im Grandhotel eines Ostseebades. Er kann sich nicht entschließen seine langjährige Verlobte Grete, Tochter des Inhabers einer Familienpension, zu heiraten. Er nimmt stattdessen ein Engagement nach Berlin an, wodurch er sich nun am Ziel seiner Wünsche glaubt. Schon bald macht er auf abenteuerliche Weise die Bekanntschaft

Heinz Rühmann und Karin Hardt

Sybille Schmitz und Heinz Rühmann ▶

Heinz Rühmann und Partner

Heinz Rühmann und Ernst Legal

Heinz Rühmann und Partner

der mondänen und etwas dekadenten Lu, der Tochter des Reichstagsabgeordneten Donon. Er wird in ihrem Hause für einen Mann der besten Gesellschaft gehalten und verkehrt von nun an im Kreise eleganter und interessanter Menschen. Seine Geldmittel reichen für diesen Lebensstil natürlich nicht aus, aber Gewinne bei Pferde-Wetten halten eine Zeitlang den Anschein aufrecht, daß er dazugehört. Doch immer schneller dreht sich das Teufelskarussel zwischen Gewinn und enormen Verlusten; eines Tags hat er alles, auch seine Stellung, verloren und landet im Gefängnis. Lu Donon zeigt ihm die kalte Schulter. Von Grete, die ihn vom Gefängnis abholt, will er in seiner Verblendung nichts wissen. Ein letztes Gespräch mit Lu, die ihn brüsk abwehrt, öffnet ihm endlich die Augen. Reumütig kehrt er ein Vierteljahr später zu den alten Freunden und Kollegen an der Ostsee zurück, als schmächtiger, heruntergekommener Stellungssuchender, der wieder ganz von vorne anfangen muß – auch bei seiner Grete.

Nur ein einziges Mal hat Heinz Rühmann, der als Sohn eines Gastwirtes und Hoteliers in Essen zur Welt kam, im Film einen Kellner gespielt. Einmal darauf angesprochen, meinte er mit fast rührend-naiven Erstaunen: »Das scheint tatsächlich zu stimmen – vermutlich nichts als ein Zufall.« Die Figur des Oberkellner Karls sollte aber im Film viel mehr sein, als nur irgendeine Kellner-Rolle. »Es war nämlich einmal eine Zeit, die wir heute schon fast vergessen haben und die dieser Film in unser Bewußtsein zurückführen will, damit wir den Wandel des deutschen Lebens, den wir in den letzten Jahren erlebt haben, in seiner ganzen Größe und Bedeutung ermessen können. Entscheidend für den dramaturgischen Wert des Films ist die konsequente Ausnützung des Hauptmotivs, in dem einem persönlichen, privaten Schicksal die falsche Maskerade Stück für Stück vom Leibe gerissen wird und während sich der Frack des Gents und Poseurs in einen ehrlichen Kellnerfrack verwandelt, fällt auch der trügerische Schein von der ganzen wurmstichigen Gesellschaft. Und sie enthüllt sich als das, was sie ist: »als eine Versammlung von Lumpen und großspurigen Schwätzern« (Originaltext, *Tobis Pressedienst,* 1938). »Erstaunlicherweise erlebte man eine große Überraschung. Nicht etwa, daß *Der Mustergatte* überboten worden ist – nein, ein neuer, ein anderer Rühmann trat vor uns, halb tragisch, halb urkomisch, jedenfalls nicht selten durchtränkt mit dem Anspruch ernster seelischer Verwicklungen und an einigen Stellen durchaus Mitleid herausfordernd! Rühmann zeigt sich in diesem Film einmal von einer Seite, die man an ihm nicht oft gewohnt ist, und man muß sich erst damit abfinden, daß dies derselbe Rühmann ist, der im *Mustergatten* ein wahres Feuerwerk von Witz und Komik und drolliger Überkorrektheit aus dem unerschöpflichen Born seines großen Humoristentums abfeuerte. Aber ehrlicherweise muß man gestehen, daß die ›neue‹ Rühmann-Linie in dem von Carl Froelich flott inszenierten Film nicht bis in die letzten Konsequenz durchgeführt ist.« (*Steglitzer Anzeiger,* 1938).

Fünf Millionen suchen einen Erben
1938

Regie Carl Boese. *Regie-Assistenz* Hans Albin. *Buch* Georg Hurdalek, Jacob Geis. Nach dem Roman von Harald Baumgarten. *Kamera* Ewald Daub. *Musik* Lothar Brühne *Lieder* »Ich brech' die Herzen der stolzesten Frau'n« und »Ich tanz mit Fräulein Dolly Swing« Lothar Brühne (Musik), Bruno Balz (Text) *Ton* Alfred Norkus. *Schnitt* Gottlieb Madl. *Bauten* Willi A. Herrmann, Alfred Bütow. *Tänze* Ernst H. Droeste. *Darsteller* Heinz Rühmann (Peter Pitt und sein Vetter Patrick Pitt), Leny Marenbach (Mabel), Vera von Langen (Peters Frau Hix), Oskar Sima (Blubberboom), Heinz Salfner (Notar Gould), Claire Reigberg (Miss Hopkins), Albert Florath (Millionär Mr. Bucklespring), Valy Arnheim (Millionär Mr. Harris), William Huch (Millionär Mr. Kirkwood), Anton Pointner, Otto Stoeckel, Hermann Pfeiffer, Gerhard Dammann, Ernst Rotmund, Olga Limburg Hans Hemes, Valeska Stock, Käte Jöken-König, Grete Wiedecke, Hansjacob Gröblinghoff, Aribert Grimmer. *Produktion* Majestic Film der Terra Filmkunst (Hans Tost). *Länge* 2409 Meter. *Uraufführung* 1.4. 1938.

Während Peter Pitt am Tage als Staubsaugervertreter und abends als Alleinunterhalter in einem schmuddeligen Nachtlokal mehr schlecht als recht nach dreijähriger glücklicher Ehe mit Hix seinen Lebensunterhalt verdient, schickt der Testamentsvollstrecker seines verstorbenen amerikanischen Onkels einen gewissen Blubberboom von New York nach Europa, der herausfinden soll ob Peter glücklich verheiratet ist. Der Millionär hat in seinem Testament verfügt, daß sein Neffe Peter nur unter dieser Bedingung die hinterlassenen fünf Millionen Dollar erben soll. Hapert es hingegen mit dem ehelichen Glück, dann fallen die Millionen an Peters schottischen Vetter Patrick. Blubberboom ist kein ehrenwerter Mann. Er will Peter ohne seine Frau nach New York bringen und die schöne

Heinz Rühmann und Partner

Heinz Rühmann, Oskar Sima und Leni Marenbach ▶

Oskar Sima, Heinz Rühmann und Heinz Salfner

Leni Marenbach, Oskar Sima und Heinz Rühmann

Mabel mit gefälschtem Paß die Rolle der Ehefrau spielen lassen, um so in den Besitz der Millionen zu kommen. Vetter Patrick aus Schottland, der ebenfalls Jagd auf die Millionen macht, kommt dem Gaunerpärchen in die Quere. Nachdem er bei Ehefrau Hix auftauchte und erfuhr, daß ihr Mann einfach ohne sie Hals über Kopf nach New York aufgebrochen war, reist er mit Hix hinterher. In New York wohnen die beiden Paare im selben Hotel, und da Peter seinem Vetter Patrick aufs Haar gleicht, jagt eine Verwechslung die andere, bis Blubberboom entlarvt und die Erbschaft gerettet ist.

Mal naiv, mal energiegeladen – so demonstriert Heinz Rühmann in diesem Schwank mit der Darstellung einer unersprießlichen, singenden und stepptanzenden Klinkenputzer-Existenz ein drollig-naives Bürschchen mit Kindergemüt und als sein eigener Doppelgänger, Wandlungsfähigkeit, Obgleich zwei Ufa-Profis die Romanvorlage von Harald Baumgarten zum Drehbuch umschrieben, blieb dem Publikum von dem Film weniger die Handlung, als die Musik in Erinnerung. Mit nölignäselnder Stimme singt Rühmann den von Lothar Brühne komponierten Schlager »Ich brech' die Herzen der stolzesten Frau'n, weil ich so stürmisch und so leidenschaftlich bin«, der ein Evergreen, und heute noch Heinz Rühmanns bekanntester Schlager wurde. *»Fünf Millionen suchen einen Erben«* brachte ihm nicht nur eine Doppelrolle, in der ihn Regisseur Carl Boese ungeniert den Fassadenkletter-Komiker Harold Lloyd kopieren ließ, sondern privat auch einen Abschied von Leny Marenbach. Eingeweihte sprachen damals von einer ganz großen Romanze zwischen den beiden, die gemeinsam in den Kassenfüllern *Wenn wir alle Engel wären* und *Der Mustergatte* gespielt hatten.

13 Stühle
1938

Regie E. W. Emo. *Buch* Per Schwenzen, E. W. Emo. *Kamera* Eduard Hoesch. *Musik* Nico Dostal. *Ton* Ing. Kemetter. *Schnitt* Munni Obal. *Bauten* Julius von Borsody. *Darsteller* Heinz Rühmann (Friseur Felix Rabe), Hans Moser (Trödler Alois Hofbauer), Annie Rosar (Karoline), Inge List (Lilly Walter), Hedwig Bleibtreu (Oberschwester im Weisenhaus), Menta Egies (Freundin), Karl Skraup (Möbelladenbesitzer), Richard Eybner (Oskar), Alfred Neugebauer (Eberhardt), Maria Waldner (seine Frau), Rudolf Carl (Portier von der Lerchengasse), Walter Huber (alter Mann), Pepi Kramer-Glöckner (alte Frau), Wilhelm Taucher (deren Sohn Fritz), Hans Unterkircher (Zauberer), Carl Günther (Chefarzt), Kurt Reding (Assistenzarzt), Fedinand Maierhofer (Mann mit dem Handwagen), Mihail Xantho (Rechtsanwalt Pfannkuch), Ernst Reitter (Antiquitätensammler), Emmy Flemmich (seine Frau), Wilhelm Schich (Auktionator), Louise Karousch (Verkäuferin im Modesalon), Julius Karsten (Inhaber des Friseursalons), Josef Stiegler (Amtsgerichtsrat), Karl Ehmann (Vollstreckungsbeamter), die Wiener Sängerknaben. *Produktion* Emo-Film GmbH. Wien. *Länge* 2516 Meter. *Uraufführung* 19. 9. 1938.

Heinz Rühmann und Hans Moser

Friseur Felix Rabe, der mehr Schulden als Kunden hat, erbt von seiner Tante Anna kein größeres Vermögen, sondern lediglich dreizehn Biedermeierstühle und ein Ölgemälde der Verstorbenen. Rabe versucht die Stühle dem Trödler Alois Hofbauer zu verkaufen, der aber ist von diesen Objekten so wenig überzeugt, daß er sie nur für einen Vorschuß in Kommission nimmt. Wunderbarerweise gehen die Stühle an verschiedene Käufer weg wie warme Semmeln. Als alle verkauft sind, findet Rabe hinter Tante Annas Ölgemälde einen Brief mit dem Hinweis, daß in einem der Stühle 100000 Mark eingenäht sind. Rabe und Hofbauer jagen den Stühlen hinterher. Der letzte der Stühle, der mit dem Geld, landet in einem Waisenhaus, von dem Rabe das Wertobjekt nicht zurückfordern will. Trotzdem werden er und Trödler Hofbauer dank eines Haarwuchsmittels, an dem Rabe immer schon herumexperimentiert hat, wohlhabende Männer.

Die literarische Vorlage war – in diesen Tagen nicht unwitzig! – die sowjetische Satire auf die Bourgeoisie »12 Stühle« von Ilja Ilf und Eugen Petrow. Wien war für so manche Bewohner zu einer, alles eher denn gemütlichen Stadt geworden. Auch Hans Moser fühlte sich – in Sorge wegen seiner jüdischen Frau Blanca – nicht recht wohl in seiner Haut. Während der Dreharbeiten im Wachsfigurenkabinett erschien einmal der Wiener Gauleiter Bürkel – wegen seines übergroßen Durstes auch »Bierleiter Gaukel« genannt – und Moser verschwand wie ein geölter Blitz durch die Hintertür. Rühmann, der um die Sorgen seines Kollegen wußte, setzte sich beim Gauleiter gerne für ihn ein. Der Parteigewaltige war gnädig gestimmt und sagte, geradezu feierlich: »Unser Führer mag den Moser. Sagen Sie ihm, er und seine Frau stehen unter meinem persönlichen Schutz. Ihnen wird nichts passieren. Er kann mich tagsüber jederzeit anrufen.« Genau dies teilte Heinz Rühmann seinem Kollegen mit. Moser schoß einen seiner mißtrauischen Blicke in die Runde und nuschelte aufgeregt in sich hinein: »Tagsüber, tagsüber! Und was, bitte, mach' ich nachts?!«. »Man muß sehend und lachend erleben, welch einen hahnebüchenen und eulenspiegelhaften Unfug die Zwei treiben, wie sie unerschöpflich an köstlichen und verrückten Einfällen sind, wie einer den anderen hetzt, sodaß sie kurz vor dem überraschenden und glücklichen Ende mit vollem Recht in einer Irrenanstalt landen.

Hans Moser und Heinz Rühmann ▶

Hans Moser, Heinz Rühmann und Partner

Hans Moser und Heinz Rühmann

Heinz Rühmann ist ein Schauspieler, der mehr will und kann als lediglich komische Knalleffekte. Er gibt seinen Figuren immer eine tüchtige Portion Verschmitztheit, Pfiffigkeit, Mutterwitz und Herzensgüte. Das gleiche gilt für Hans Moser, hinter dessen Giftpilz-Panzer und unwirschem Genuschel sich ein liebevolles Herz verbirgt«. *(Filmwelt,* 1938) Auch der Regie des wohl besten Rühmann-Moser-Films zollte die Kritik Lob: »Ihr gelang es, durch unzählige Einfälle, in die sich im wesentlichen gleichenden Vorfälle bis zum René Clair'schen Schluß stets Abwechslung zu bringen. Zwei Komikerkanonen wie Rühmann und Moser konnten daran nicht unbeteiligt sein. Die übrigen sind kaum mehr denn Stichwortbringer.« *(Paimanns Filmlisten,* 1938) Zu einem seltenen Kuriosum kam es, als *13 Stühle* in den Wiener Rosenhügel-Ateliers gedreht wurde. Frühmorgens saß Moser mit Frau Blanca beim Frühstück, als ihm der Bissen im Hals steckenblieb. Auf der Titelseite der Morgenzeitung las er: »Hans Moser ist tot! Gestern abend, ganz plötzlich ...« Eine Stunde später wurde der beliebte Komiker im Atelier als »lebender Leichnam« bei einigen Gläsern Heurigen gefeiert.

Nanu, Sie kennen Korff noch nicht?
1938

Regie Fritz Holl. *Regie-Assistenz* Kurt Hoffmann. *Buch* Jacob Geis, Peter Francke. Nach dem Roman NANU, SIE KENNEN HOLM NOCH NICHT? von Albrecht Georg von Ihering. *Kamera* Georg Bruckbauer. *Musik* Michael Jary. *Kostüme* Ilse Naumann. *Schnitt* Gottlieb Madl. *Bauten* Willi A. Herrmann, Alfred Bütow. *Tänze* Scala-Balett unter Leitung von Anthony Z. Nellé. *Darsteller* Heinz Rühmann (Niels Korff), Viktor Janson (Dufour), Franz Schafheitlin (Morton), Fritz Rasp (Kelly), Karl Meixner (Timor), Agnes Straub (Philippine Schimmelpenninck), Willi Dohm (van Gaalen), Jakob Tiedtke (Vermeylen), Senta Foltin (Dortje), Rudolf Platte, Günther Lüders, Oskar Höcker, Josefine Dora, Hubert von Meyerinck, Hermann Pfeiffer, Viktor Bell. *Produktion* Terra-Filmkunst GmbH. *Länge* 2619 Meter. *Uraufführung* 21. 12. 1938.

Ohne es zu wissen ist der Flötist Niels Korff als Verfasser nervenaufpeitschender Kriminalromane weltberühmt geworden. In Wirklichkeit werden diese Romane von Philippine Schimmelpenninck geschrieben, die ihre Kenntnisse von einem Privatdetektiv hat, der hinter zwei amerikanischen Gangstern her ist. Korff aber wird von denselben zwei Gangstern verfolgt, deren Verbrechen in »seinen« Büchern haarklein beschrieben werden, was die Gangster ziemlich stört. Außerdem ist Korff bei einem Gemäldediebstahl im Weg. Er soll umgelegt werden. Unversehrt entgeht er einem Mordanschlag nach dem anderen und wird in seiner Ahnungslosigkeit in einen Wirbel von rätselhaften Ereignissen verwickelt. Er gerät in mannigfaltige, bedrohliche Situationen, aber das Glück bleibt ihm treu, und zu guter Letzt erfährt er auch, wie er in den Ruf eines Superkriminalisten geraten ist.

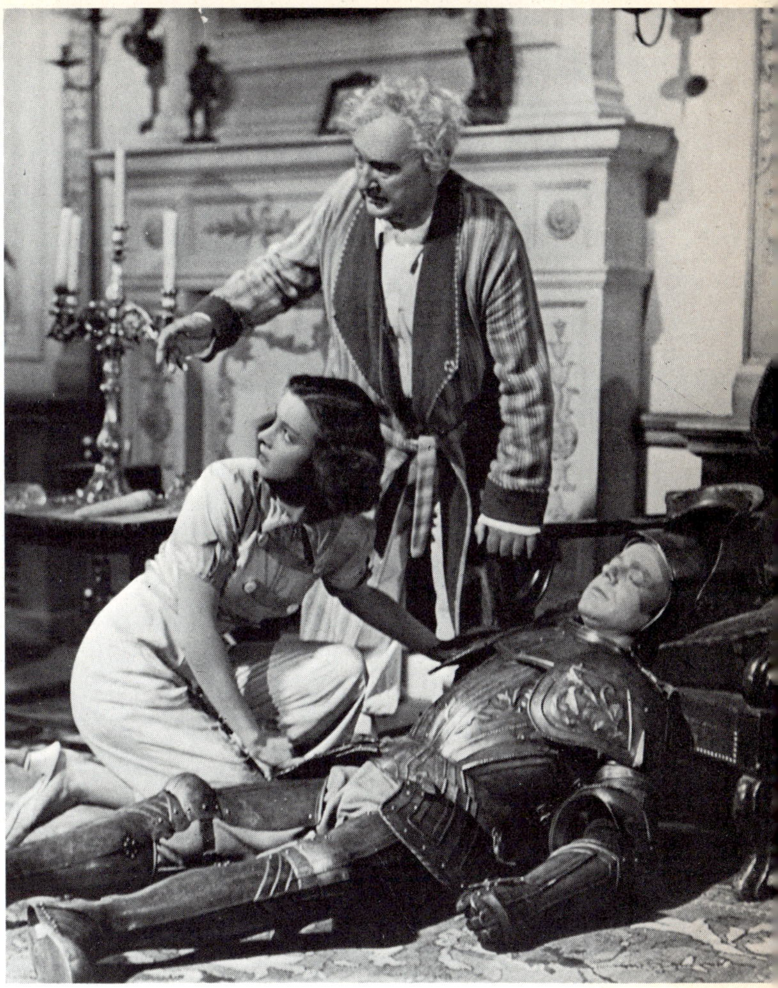

Senta Folin, Heinz Rühmann und Partner

Aus dem Roman von Albrecht Georg von Ihering machte Regisseur Fritz Holl ein Mittelding zwischen Lustspiel und Kriminalparodie. »Niels Korff ist an allem unschuldig und jeder Unschuldige hat einen Schutzengel, wie die Legende wahrhaben will. Rühmann überzeugt die, die ihm zuschauen. Er kann nichts für den Roman, der die Schurkenschliche einer Verbrecherbande aufdeckt – und er kann auch für alle Folgen nichts. Denn ob man ihn nun in einem wilden Messerwurfakt meucheln will, ob eine Riesenschlange ihn verspeisen soll –, gleichviel, Rühmann bleibt unversehrt; er wird sogar zum Detektiv wider Willen.« *(Die Filmwoche,* 1939).

Paradies der Junggesellen

1939

Regie Kurt Hoffmann. *Regie-Assistenz* Kurt Skalden. *Buch* Karl Peter Gillmann, Günther Neumann. Nach dem Roman von Johannes Boldt. *Kamera* Carl Drews. *Kamera-Assistenz* Ulrich Heiligenstedt. *Musik* Michael Jary. *Lied* »Das kann doch einen Seemann nicht erschüttern!« Michael Jary (Musik), Bruno Balz (Text). *Ton* Erich Schmidt. *Schnitt* Arnfried Heyne. *Bauten* Willi A. Herrmann. *Darsteller* Heinz Rühmann (Hugo Bartels), Josef Sieber (Apotheker Spreckelsen), Hans Brausewetter (Studienrat Hannemann), Gerda Maria Terno (Eva), Hilde Schneider (Hermine), Trude Marlen (Hausbesitzerin Platen), Lotte Rausch (Frau Wagenlenker), Maly Delschaft (Frau Bernau), Armin Schweizer (Herr Bernau), Albert Florath (Landesgerichtsdirektor), Paul Bildt (Stadtrat Krüger), Werner Schott (Kapitän), Albert Venohr (Portier), Aribert Grimmer (Möbelpacker August), Otto Braml (Möbelpacker Wilhelm), Rudolf Schündler (Rechtsanwalt), Eduard Wenck (Auktionator), Clemens Hasse (Matrose), Lucie Lumera (Frau Liesegang), Gerhard Dammann (Wirt). *Produktion* Heinz Rühmann Produktion der Terra-Filmkunst GmbH. *Länge* 84 Minuten. *Uraufführung* 1.8.1939.

Mit der zweiten Scheidung ist das Ansehen des Berliner Standesbeamten Hugo Bartels in Verruf geraten. Um ihn vor einer weiteren Heirat respektive dritten Scheidung zu bewahren, nehmen sich seine zwei Freunde Apotheker Spreckelsen und Studienrat Hannemann seiner an und ziehen zu dritt in eine Wohnung. Der Widerstand gegen die Weiblichkeit im Junggesellenparadies hält nicht lange an. Als erstes wird Hugo bei der hübschen Hauseigentümerin schwach, dann zeigen die beiden geschiedenen Frauen Hugos dem Apotheker und dem Studienrat wieviel angenehmer das Leben zu zweit ist. Keiner will seine Schwäche zunächst eingestehen, bis eines Tages alle Drei bekennen, ohne Liebe und Frauen nicht auskommen zu können, und schließlich im Hafen der Ehe landen.

Für Regisseur Kurt Hoffmann war *Paradies der Junggesellen* die erste eigenständige Regiearbeit, nachdem er unter

Josef Sieber, Heinz Rühmann und Hans Brausewetter

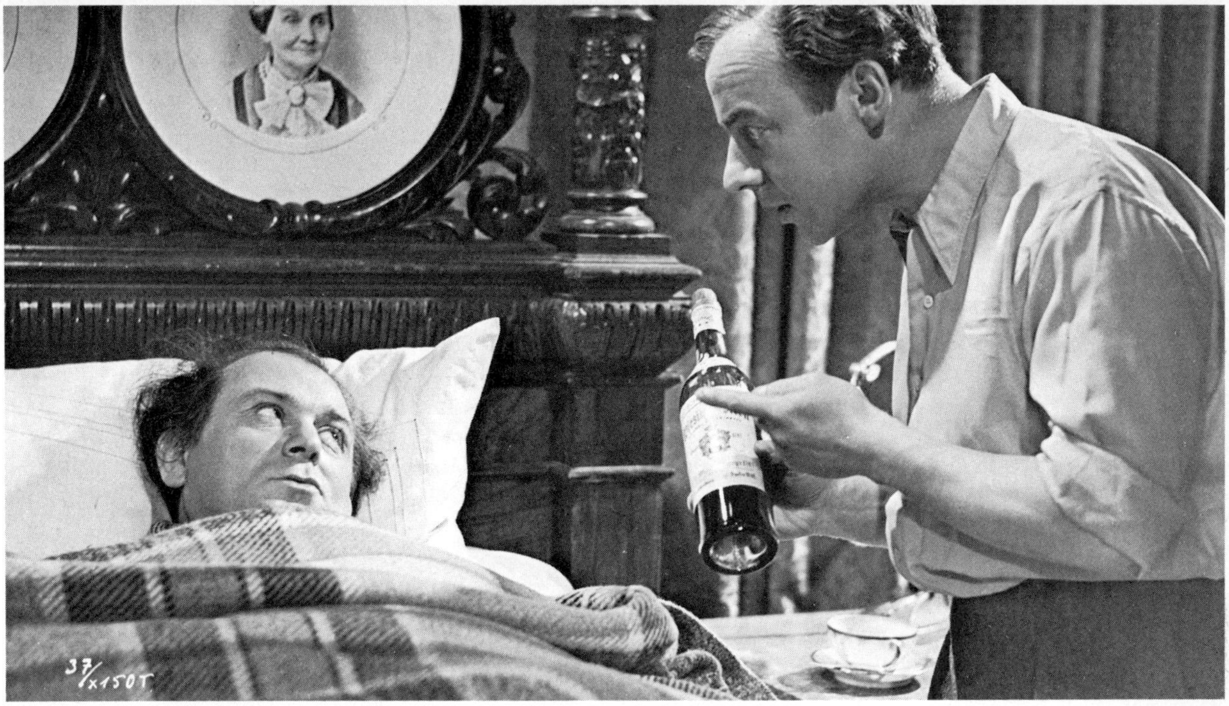

Josef Sieber und Heinz Rühmann

Josef Sieber, Hans Brausewetter und Heinz Rühmann

Hans Brausewetter, Josef Sieber, Heinz Rühmann, Gerda Maria Terno und Trude Marlen

anderem bei Eric Charell und Reinhold Schünzel als Regieassistent sein Handwerk erlernte. Die Drehbuchautoren Günther Neumann und Karl-Peter Gillmann wagten ironische Anspielungen auf den »Volksempfänger«, die »Lebensmittelkarten« und auf die »Kraft durch Freude« – Aktivität, die sich dann im Film als »Kraft durch Kräuter« wiederfindet. Mit dem Lied *»Das kann doch einen Seemann nicht erschüttern«* hätte sich Heinz Rühmann beinahe in die Nesseln gesetzt. Im Gespräch mit einem Journalisten erinnerte sich der damalige Produktionschef der Terra, Alf Teichs: »Wir suchten einen Schlager und an einem feucht-fröhlichen Abend wurde in der Ufa-Kantine in Babelsberg mit dem Komponisten Michael Jary *Das kann doch einen Seemann nicht erschüttern,* geboren. Irgendein Unglücklicher reimte dann darauf, das auf Churchill gemünzte, anti-englische Lied, mit dem Refrain ›Das kann den ersten Seelord nicht erschüttern‹. Irgendwie kam dieser Reim dem Propagandaministerium zu Ohren und es verlangte, Rühmann solle diesen verballhornten Text singen.« Er weigerte sich und setzte sich durch. Fast zwanzig Jahre später befand der *Katholische Film-Dienst:* »Hinter dem vermeintlichen Witz dieser Schwank-Idee, die übrigens in bewährter Manier flott heruntergespielt ist, steckt ein so unguter Spott über die Unlösbarkeit der ehelichen Bindung, vielmehr ein solches Unverständnis der Ehe selbst, daß wir es auch als den gemeinten, baren Unsinn nicht glatt herunterbekommen.« Von *Paradies der Junggesellen* wurde 1958 unter dem Titel *Schlag auf Schlag* ein Remake mit Peter Alexander gedreht.

Der Florentiner Hut
1939

Regie Wolfgang Liebeneiner. *Regie-Assistenz* Kurt Skalden. *Buch* Bernd Hofmann, Horst Budjuhn. Nach der Komödie von Eugène Labiche. *Kamera* Carl Hoffmann, Karl Löb. *Musik* Michael Jary. *Ton* Erich Schmid. *Schnitt* Gottlieb Madl. *Bauten* Hans Sohnle, Wilhelm Vorwerg. *Darsteller* Heinz Rühmann (Farina), Herti Kirchner (Helene), Christl Mardayn (Pamela), Paul Henckels (Sarabant), Viktor Janson (Barbock), Hansgeorg Laubenthal (von Parade), Karl Stepanek (Felix), Gerda Maria Terno (Virginia), Hellmut Weiß (Bobbi), Hans Herrmann-Schaufuß (Onkel Florian), Hubert von Meyerinck (Rosalba), Elsa Wagner (Baronin Champigny), Alexa von Porembsky (Clara), Edith Meinhardt (Zofe bei Champigny), Paul Bildt (1. Beamter), Fritz Weber (2. Beamter), Leopold von Ledebur (Zürus), Bruno Fritz (Leierkastenmann), Ernst Legal (Dienstmann). *Produktion* Heinz Rühmann – Produktion der Terra-Filmkunst. *Länge* 2514 Meter. *Uraufführung* 4. 4. 1939.

Der Junggeselle Farina hat sich in die hübsche Helene verliebt und will heiraten. Am Hochzeitstag beim morgendlichen Ausritt knabbert sein Pferd einen appetitlich aufgeputzten Florentiner Strohhut an. Die attraktive Pamela von Sarabant, der der Hut gehört, ist mit ihrem Liebhaber im Grünen unterwegs und befürchtet nun, von ihrem eifersüchtigen Ehemann des Seitensprungs verdächtigt zu werden. Um das zu verhindern, muß Farina umgehend einen gleichwertigen Hut beschaffen. Inzwischen steht die Hochzeitsgesellschaft vor der Tür und wird unruhig als sie merkt, daß der Bräutigam anderes als die Heirat im Sinn hat. Auf der Suche nach dem Hut landet die Gesellschaft bei Baronin Champigny, die den gestreßten Bräutigam mit einem »Vesuv der Töne«, dem italienischen Sänger Enrico Strizzi, verwechselt, während die ungebetenen Gäste wie Heuschrecken über das Buffet herfallen. Der gesuchte Hut ist inzwischen verschenkt – an eine gewisse Pamela von Sarabant, deren gehörnter Ehemann zur Pistole greift, als Farina ihm die leidige Strohhutgeschichte erzählt. Die Mißverständnisse entwirren sich, dem Happy-End steht nichts mehr im Wege.

Zwölf Jahre nach dem französischen Regisseur René Clair verfilmte Wolfgang Liebeneiner 1939 das Theaterstück »Der Florentiner Hut« von Labiche. Wie bei Clair spielt

Heinz Rühmann und Partner

Herti Kirchner und Heinz Rühmann

auch bei ihm Olga Tschechowa die Hauptrolle. »Der Beginn hat Tempo, und der Film wird erst dann schwächer, wenn Heinz Rühmann die Rückblenden seiner Begegnung mit Hélène in einem direkt zum Publikum gesprochenen Kommentar erläutert. Aber die Rückblenden selbst sind so gut, daß sie dieses altmodische, damals in Deutschland so beliebte Stilmittel wieder erträglicher machen. Gegen die Mitte hin verliert der Film, trotz einiger wiederholter rascher Kamerafahrten, seinen Rhythmus und wird zäh. Liebeneiner plagiiert außerdem ohne jede Skrupel die Dekors von Lazare Meerson aus dem Clair-Film (den Wald beispielsweise und die Fassaden des Hauses, in dem der Verlobte wohnt).« (Courtade/Cadars, *Geschichte des Films im Dritten Reich*). Der Film ist »ganz auf Wirkung gemacht, die komischen Situationen sind sparsam verteilt, sie lösen sich ohne Pause ab, die Pointen hageln wie Maschinengewehrfeuer und das ganze verbindet eine wirksame Idee« (*Pressetext,* Verleihfirma, 1939). In der Rolle des Junggesellen, der zu einem vom Pech verfolgten Bräutigam wird, zog Rühmann alle Register seines komischen Talents. Wolfgang Liebeneiner wandte in *Der Florentiner Hut* sein Erfolgsrezept an, auch die kleinste Rolle erstklassig zu besetzen. So spielen bekannte Schauspieler wie Hans Herrmann-Schaufuß, Paul Henckels und Paul Bildt Nebenrollen. Die Inszenierung muß den Kinobesuchern im Dritten Reich gegenüber dem Ufa-Pathos à la Veit Harlan als wahre Wohltat erschienen sein.

Hurra, ich bin Papa
1939

Regie Kurt Hoffmann. *Buch* Thea von Harbou. *Kamera* Oskar Schnirch. *Musik* Hans Lang. *Kostüme* Margot Hielscher. *Ton* Ewald Otto. *Schnitt* Helmuth Schönnenbeck. *Bauten* Alfred Bütow, Heinrich Beisenherz. *Darsteller* Heinz Rühmann (Peter Ohlsen), Albert Florath (Ludwig Ohlsen), Walter Schuller (Hänschen Ohlsen), Carola Höhn (Kathrin Gebhardt), Ursula Grabley (Nina, Peters Freundin), Marianne Stanior (Charlott), Hansi Arnstaedt (Frau Koch), Bruno Fritz (Willy), Ludwig Schmitz (Wirt Lüttjohann), Ilse Stobrawa (Margret), Eberhard Leithoff, Rudolf Schündler, Wolfgang Keppler, Wolfgang Ackva, Rolf von Nauckhoff (Freunde Peters), Ursula Ulrich, Karin Lüsebrink, Sophie Cieslak, Marianne Kiwitt (Freundinnen Peters), Michael von Newlinski (Oberkellner), Christa Dilthey (Kindermädchen), Olga Limburg. *Produktion* Cine-Allianz. *Länge* 81 Minuten. *Uraufführung* 16. 11. 1939.

Als der eingefleischte Junggeselle und ewige Student Peter Ohlsen frühmorgens angeheitert nach Hause kommt, liegt ein fremder kleiner Junge und ein Brief in seinem Bett. Die Zeilen der anonymen Schreiberin erklären nicht viel: »Es fällt mir schwer, mich von Hänschen zu trennen, mir bleibt aber keine andere Wahl. Drei Jahre lang habe ich allein für den Jungen gesorgt, jetzt bist Du an der Reihe. Schließlich bist Du der Vater, also tu endlich Deine Pflicht!« Vergeblich zerbricht sich Peter Ohlsen, der über Mangel an verflossenen Liebschaften nicht klagen kann, den Kopf, wer hinter dem Brief stecken könnte. Im Speisewagen eines Zuges lernt er die Kindergärtnerin Kathrin kennen, die blendend mit Klein-Hänschen umzugehen weiß. Er engagiert sie als Kindermädchen und bald sind die beiden ein Herz und eine Seele. Auch Peter gefällt das tüchtige Mädchen immer besser; seit sie im Hause ist, schreibt er lieber an seiner Diplomarbeit, statt bummeln zu gehen. Als Kathrin sich der Zuneigung Peters sicher ist, gibt sie sich als leibliche Mutter des Kindes zu erkennen und klärt Peter auf, daß er es war, der ihr nach einer durchtanzten Ballnacht das Gretchenschicksal bereitete. Sie brachte das Kind in seine Wohnung, um das Herz des Vaters zu erobern und auf diese Weise doch noch eine kleine Familie zusammenzukriegen.

Das im Kriegs- und Krisenjahr 1939 entstandene Lustspiel *Hurra, ich bin Papa!* hatte vor allem die Aufgabe, den Zuschauern Ruhe, Sicherheit, glückliche Verhältnisse und eine heile Welt vorzugaukeln. Wen konnte man sich damals besser als Protagonisten einer heiteren und heilen Welt wünschen? – natürlich Heinz Rühmann. Rühmann demonstrierte als Peter Ohlsen wie sich unter zufriedenen Menschen in geordneten Verhältnissen kleine Probleme rasch aus der Welt schaffen ließen. Die Kritik vermerkte kurz und knapp, es sei ein »ansprechender, erheiternder Rühmann-Film mit ernster Tendenz, der allerdings nicht das Format von *Paradies der Junggesellen* erreicht«. (*Der deutsche Film,* 1939).

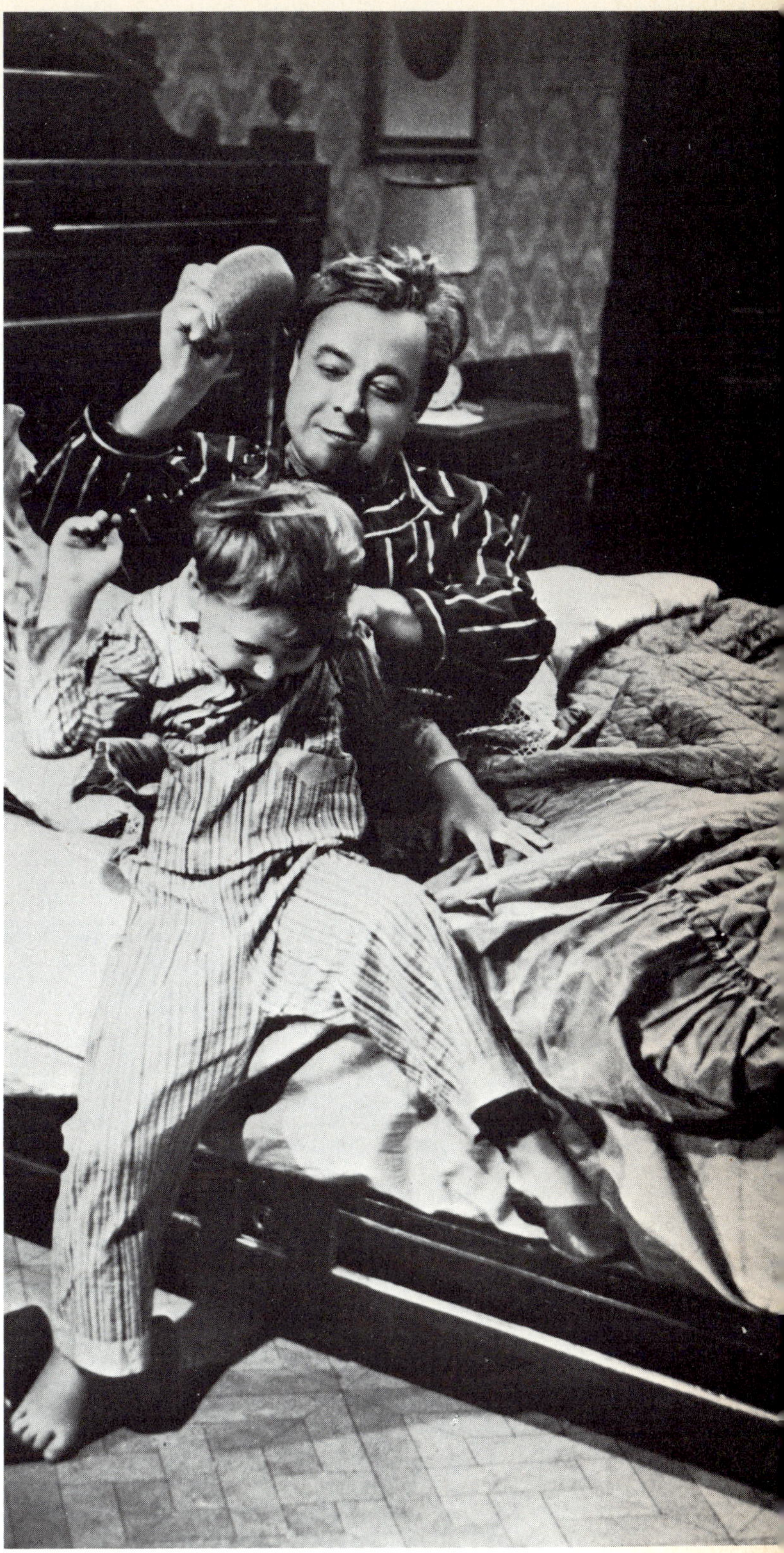

Walter Schuller und Heinz Rühmann

Kleider machen Leute
1940

Regie Helmut Käutner. *Regie-Assistenz* Rudolf Jugert. *Buch* Helmut Käutner. Nach Motiven der Novelle von Gottfried Keller. *Kamera* Ewald Daub. *Kamera-Assistenz* Franz Koch. *Musik* Bernhard Eichhorn. *Kostüme* Walter Schulze-Mittendorf. *Ton* Erich Schmidt. *Schnitt* Hellmuth Schönnenbeck. *Bauten* Robert Herlth, Heinrich Weidemann. *Darsteller* Heinz Rühmann (Schneidergeselle Wenzel), Hertha Feiler (Nettchen), Fritz Odemar (Graf Stroganoff), Hans Sternberg (Amtsrat Küchlin), Hilde Sessak (Fräulein von Serafin), Rudolf Schündler (Böhni), Hans Stiebner (Wirt), Erwin Hoffmann (Schneidergeselle Heinrich), Leopold von Ledebur (Bürgermeister von Seldwyla), Franz Weber (Schneidermeister Hürli), Helmut Weiss (Häberlin Junior), Hugo Knispel (Häberlin Senior), Franz Stein (Apotheker Püntschli), Aribert Wäscher (Nievergelt), Maria Loja (Frau Nievergelt), Marlise Ludwig (Frau Püntschli), Olga Limburg (Begleiterin der Serafin), Jeanette Bethge (Wirtschaftsköchin), Joe Furtner (Kutscher aus Basel), Friedrich Petermann (Lakai Iwan), Klaus Pohl (Bettler), Erich Ponto (Puppenspieler Christoffel), Konrad Cappi, Hella Holz, Karin Lüsebrink, Paul Mehler, Dolly Raphael. *Produktion* Heinz-Rühmann-Produktion der Terra-Filmkunst GmbH. *Länge* 2908 Meter. *Uraufführung* 16.9.1940.

Schneidergeselle Wenzel ist ein schüchterner Träumer, der bis in die tiefe Nacht hinein stichelt und näht, wobei er vom Glanz der großen Welt träumt. Dabei stutzt er den Frack eines wichtigen Kunden versehentlich auf seine eigene Figur zurecht, weshalb sein Meister ihn hinaus- und den Frack hinterherwirft. Hungrig und verfroren macht er sich auf den verschneiten Weg nach Seldwyla und wird unterwegs von einer leeren, herrschaftlichen Kutsche mitgenommen, in die auch die hübsche Tochter eines Amtsrates einsteigt. Als die Kutsche vor dem Gasthaus in Goldach hält, wird Wenzel vom Wirt als vornehmer Graf begrüßt, wobei sein zaghafter Einwand »bin kein Graf« nicht zur Kenntnis genommen wird. Der Wirt glaubt, aus der Kutsche wäre jener Graf gestiegen, der schon längere Zeit erwartet wird. Nach Ankunft des vermeintlichen Grafen machen die Honoratioren des Städtchens ihre Honneurs, Amtsrat Küchlin lädt ihn sogar in sein Haus ein, wo er das Mädchen aus der Kutsche wiedersieht. Nach dem Essen ziehen sich die Herren zu einem Spielchen zurück. Wenzel gewinnt dabei ein kleines Vermögen und mutig gesteht er Nettchen, daß er sie herzlich liebt. Als der wirkliche russische Graf Stroganoff eintrifft, erkennt er schnell, daß Wenzel sich nicht selbst in seine Rolle gedrängt hat. Um einerseits dem verliebten Schneider zu helfen und andererseits seine Brieffreundschaft, das Fräulein von Serafin, besser prüfen zu können, spielt er Wenzels Diener. Das Verwechslungsspiel geht eine Weile gut, bis der mißtrauische und eifersüchtige Schneidermeister Böhni mit schadenfrohen Bürgern von Seldwyla ein bur-

Heinz Rühmann und Partner

Fritz Odemar und Heinz Rühmann

leskes Maskenspiel einstudiert, das auf der Verlobungsfeier von Nettchen und Wenzel die Herkunft des armen Schneiders entlarvt, was aber die Liebe Nettchens nicht schmälern kann.

Helmut Käutner gab Heinz Rühmann die Chance, in einer Parade-Rolle sein Film-Debüt als Charakterdarsteller zu geben. »Als Schneidergeselle erscheint er uns einmal ganz anders, stumm und verschüchtert passiv, getrieben von den Ereignissen, in die er hineingestellt wird und deren Ursachen er nicht erkennen kann. Im ersten Viertel, vielleicht auch Drittel, spricht er kaum ein Wort – ein interessantes Experiment. Er hat rührend zarte Szenen der Ratlosigkeit und Verschüchterung, der anbetenden Liebe und des Schuldbewußtseins. Schwer zu sagen, welches nun eigentlich der wahre Rühmann ist.« (*Der deutsche Film,* 1940). Schon 1922 war Gottfried Kellers bekannte Geschichte vom träumerischen Schneider Wenzel erstmals verfilmt worden, damals mehr anheimelnd und verspielt. »Käutner bereitete das Sujet mehr besinnlicher auf, mit Vorstößen ins Skurrile. Unverkennbar, daß dieser Verschmelzung von Literatur und Film trotz stellenweiser Heiterkeitswirkung diesmal noch mehr der Charakter des Versuches anhaftet. Sein und Schein überschneiden sich, Stimmungen müssen für die, der Steigerung entbehrende, Gleichförmigkeit der Situation entschädigen. Rühmann leiht einer fast stummen Rolle seine vielsagende Gestik. Trotzdem schleppt oft das Tempo. (*Paimanns Filmlisten,* 1940). Aber der Film bezeugte auch »Käutners Spaß an der Farce und der Mystifikation . . . Seine Schauspieler führt er virtuos, zeigt viel Raffinement im Umgang mit den Dekors und den Kostümen und genießt das Spiel um die Verdoppelung von Figuren . . . Ein leichtgewichtiger, wie eine Skizze hingeworfener Film, der aber immerhin ein ebenso sicheres Gefühl für die Atmosphäre einer Zeit verrät wie die besten Filme von Minelli.« (Louis Marcorelles, *Cahiers du Cinéma*).

Hertha Feiler und Heinz Rühmann

Wunschkonzert
1940

Hans Brausewetter, Josef Sieber, Heinz Rühmann und das Philharmonische Orchester Berlin

Regie Eduard von Borsody. *Buch* Felix Lützkendorf, Eduard von Borsody. *Kamera* Franz Weihmayr, Günther Anders, Carl Drews. *Musik* Werner Bochmann. *Kostüme* Gertrud Steckler. *Ton* Walter Rühland. *Schnitt* Elisabeth Neumann. *Bauten* Alfred Bütow, Heinrich Beisenherz. *Produktionsleitung* F. Pfitzner. *Aufnahmeleitung* F. A. Brodersen, Willi Rother, Günther Andrea. *Darsteller* Ilse Werner (Inge Wagner), Carl Raddatz (Herbert Koch), Heinz Goedecke (Heinz Goedecke), Joachim Brennecke (Helmut Winkler), Ida Wüst (Frau Eichhorn), Hedwig Bleibtreu (Frau Wagner), Hans Herrmann Schaufuß (Hammer), Hans Adalbert Schlettow (Kramer), Malte Jaeger (Lehrer Friedrich), Albert Florath (der Arzt bei Friedrich), Walter Ladengast (Schwarzkopf), Elise Aulinger (Frau Schwarzkopf), Wilhelm Althaus (Hauptmann Freiberg), Walt(h)er Bechmann (Kellner), Günther Lüders (Monteur Zimmermann), Erwin Biegel (Monteur Justav), Ellen Hille (Frau Kramer), Rolf Heydel (Fliegerordonnanz), Wilhelm König (Feldwebel Weber), Ewald Wenck (Kontrolleur), Aribert Mog (Leutnant von Zülkow), Erich Stelmecke, Wolf Dietrich, Werner Schott, Fritz Angermann, Max Wilmsen, Hans Sternberg, Franz List, Reinhold Bernt, Erika Radolf, Rudolf Vones, Fred Goebel. Im Wunschkonzert: Marika Rökk, Heinz Rühmann, Paul Hörbiger, Hans Brausewetter, Josef Sieber, Weiß-Ferdl, Wilhelm Strienz, Albert Bräu und Philharmonisches Orchester Berlin. *Produktion* Cine-Allianz Film der Ufa. *Länge* 2832 Meter. *Uraufführung* 30. 12. 1940.

Bei den Olympischen Spielen 1936 lernen sich Inge Wagner und der Fliegerleutnant Herbert Koch kennen. Kurz vor dem Heiratsantrag wird er in geheimer Mission zum Einsatz der Legion Condor im Spanischen Bürgerkrieg abberufen. Als 1939 der Krieg ausbricht, verabschiedet sich in Berlin der Fliegerleutnant Helmut Winkler von der alten Frau Wagner und deren Enkelin Inge, auf die er sich Hoffnungen macht. Sie aber denkt noch immer an Koch, von dem sie seit seinem unvorhergesehenen Abschied nichts mehr gehört hat. Drei Jahre später hört sie dafür im Wunschkonzert des Großdeutschen Rundfunks die Ansage: »Wir rufen Hauptmann Herbert Koch – er wünscht sich zur Erinnerung an die Olympiade in Berlin die Olympia-Fanfare.« Inge, mit der unvergessenen Liebe zu dem Fliegeroffizier im Herzen, gelingt es, Kochs Adresse zu ermitteln. Sie schreiben einander und vereinbaren ein Treffen in Hamburg, bei dem Inge allerdings vergeblich wartet. Das Wunschkonzert aber geht weiter. Marika Rökk singt, Soldaten überbringen als »Feindbeute« fünf Ferkel und als weitere Attraktionen treten Paul Hörbiger, das Seemanns-Trio Heinz Rühmann, Josef Sieber und Hans Brausewetter, Weiss-Ferdl und Albert Bräu vors Mikrophon. Mittlerweile mußte Koch an einem Aufklärungsflug teilnehmen, bei dem Inges Jugendfreund Winkler verwundet wird. Sie besucht Winkler im Lazarett, wo sie Herbert Koch begegnet. Es kommt zu einer Aussprache und Inge Wagner und Herbert Koch finden für immer zusammen.

Im Mittelpunkt des Films steht die Sendung »Wunschkonzert«, die »Weihestunde des Äthers«, die während des Krieges an jedem Sonntagnachmittag um 15 Uhr ausgestrahlt wurde. Dort wurden die Lieblingsmelodien der an der Front kämpfenden Soldaten und ihrer Familien gespielt. Jeder konnte sich etwas wünschen und eine kleine Summe spenden. Diese Sendung sollte die Moral der Daheimgebliebenen stärken. In dem Film waren dokumentarische Sequenzen aus den Olympia-Filmen der Riefenstahl, dem Krieg gegen Polen, Frankreich und England eingefügt worden. Im nationalsozialistischen Jargon kommentierte der *Völkische Beobachter,* 1941: »Viel ist eingeflochten, auch der kämpferische, auch der schmerzliche Teil des Krieges. Jener bleibt in der Andeutung, die Opfer aber machen uns verstummen. Doch das herbe Liebesidyll wird davon nicht angerührt. Vor allem stellt sich das Wunschkonzert, mit seinem Leiter und Betreuer an der Spitze, in ganzer Lebensgröße leibhaftig vor, Marika Rökk singt und schunkelt, Brausewetter, Sieber, Rühmann schmettern das Lied vom Seemann aus *Paradies der Junggesellen.*« *Wunschkonzert* wurde ein wahrer Publikumserfolg, spielte 7,6 Millionen Mark ein und wurde bis Kriegsende von ungefähr 23 Millionen Menschen gesehen.

Hauptsache glücklich
1941

Regie Theo Lingen. *Regie-Assistenz* Walter Fabry. *Regie* Jochen Huth, Rudo Ritter. Nach einer Idee von Walter Forster. *Kamera* Oskar Schnirch. *Musik* Werner Bochmann. *Kostüme* Ruth Wagner. *Ton* Josef Zora. *Schnitt* Hildegard Grebner. *Bauten* Ludwig Reiber, Rudolf Pfenninger, Walter Schlick. *Darsteller* Heinz Rühmann (Axel Roth), Hertha Feiler (Uschi Roth), Ida Wüst (Frau Lind), Hans Leibelt (Generaldirektor Arndt), Annemarie Holtz (Betty Arndt), Jane Tilden (Daisy), Fritz Odemar (Generaldirektor Zimmermann), Max Gülstorff (Binder), Hilde Wagener (Frau Bertyn), Arthur Schröder (Rechtsanwalt Mohring), Karl Etlinger (der Juwelier), Hans Paetsch (ein unverheirateter Kollege), Ernst Günther Schiffner (ein Herr vom Steueramt). *Produktion* Bavaria, München. (Heinz-Rühmann-Produktion). *Länge* 2572 Meter. *Uraufführung* 3. 4. 1941.

Um ihrem ehrgeizlosen Mann Axel beruflich auf die Sprünge zu helfen, erschwindelt sich Uschi Roth eine Einladung zu einer Abendgesellschaft bei dessen oberstem Chef. Elegante Kleidung wird geborgt: Axel erscheint im Frack eines befreundeten Kellners, und Uschi im Abendkleid einer Freundin, mit einem kostbaren Schmuckstück dazu. Die Rechnung geht nicht auf, obwohl Uschi dem Chef gut gefällt und er für ihre Ambitionen Verständnis zeigt. Aber Axel hat sich zuviel Mut angetrunken, so daß der Direktor von ihm wenig begeistert ist. Auf dem Heimweg verliert die unglückliche Uschi auch noch das geliehene Schmuckstück. Alles Suchen bleibt vergeblich, beim Juwelier wird eine Neuanfertigung bestellt. Der Preis ist hoch, zu hoch für Axels Einkommen. Ein Teil der Wohnung muß nun vermietet werden und Axel kann gar nicht genug arbeiten, um seine Schulden abzustottern. Er ist ziemlich verbittert und kann sich nicht zurückhalten, Uschi Vorwürfe zu machen. Aufgehetzt durch ihre Mutter reicht Uschi die Scheidung ein. Der erzwungene berufliche Eifer bringt Axel zwar eine Beförderung ein, trotzdem kann er sich ohne Uschi nicht darüber freuen. Und sie ist auch nicht glücklich. Doch das Schmuckstück, das die beiden getrennt hat, führt sie auch wieder zusammen: Jeder will für sich die letzte Rate beim Juwelier bezahlen, so treffen sie einander ungewollt. Während die Juristen die Scheidungsklage bearbeiten, sind Axel und Uschi schon längst wieder ein glückliches Paar.

Der *Völkische Beobachter* 1941 zu *Hauptsache glücklich:* »So schwingt er sich empore bis zu des Chefes Ohre. War er bis dato flüchtig, so ist er nunmehr tüchtig. Und bei dem schönen Ende klatscht alles in die Hände. Regie hat Theo

Arthur Schröder, Ida Wüst, Hertha Feiler und Heinz Rühmann

Hertha Feiler, Heinz Rühmann und Hans Leibelt

Lingen, dem bei den lust'gen Dingen das Allerbeste glückte, indem der Film entzückte. An Hertha Feilers Gaben kann man sich recht erlaben. Wie artig und wie milde wirkt sie in jedem Bilde. Wie reizend und erbaulich und immerfort so fraulich! Genügsam (ein Genümann!), so präsentiert sich Rühmann. So anspruchslos und wurschtig und dann auch wieder durschtig, so aufgekratzt und rührig mit einem Schüss'gen Lyrik, mit einem Schuß Romantik bisher ihn niemals kannt' ick.« Die sachlichere Kritik befand: »Zwei Meister des Humors haben sich hier mit beachtlichem Erfolg die Aufgaben des Spielleiters und des Stars geteilt. Lingen präsentiert Rühmann Pointe auf Pointe, der jede einzelne virtuos aufnimmt und dabei trotzdem den menschlichen Gehalt seiner Rolle voll ausschöpft. Auch Hertha Feiler ist flott mit von der Partie. Die Dialoge sind flüssig und unterhaltsam, Bochmanns Musik hörenswert. Ansprechende Aufmachung, Kamera und Tontechnik.« (*Paimann's Filmlisten,* 1941).

Der Gasmann
1941

Regie Carl Froelich. *Regie-Assistenz* Ernst Mölter. *Buch* Heinrich Spoerl. *Kamera* Reimar Kuntze. *Musik* Hansom Milde-Meißner. *Kostüme* Margot Hielscher. *Ton* Werner Pohl. *Schnitt* Gustav Lohse, Johanna Rosinski. *Bauten* Walter Haag. *Darsteller* Heinz Rühmann (Knittel), Anny Ondra (Erika), Will Dohm (Schwager Alfred), Erika Helmke (Fräulein), Franz Weber (Vorsitzender), Kurt Vespermann (Staatsanwalt), Hans Leibelt (Verteidiger), Charlotte Susa (Zeugin), Walter Steinbeck (ein Herr, der nicht erkannt sein möchte), Reinhard Kolldehoff (1. Polizeibeamter), Bruno Hellwinkel (2. Polizeibeamter), Otto Krieg-Helbig (3. Polizeibeamter), Rolf Rolphs (4. Polizeibeamter), Ewald Wenck (1. Kriminalbeamter), Erik Radolf (2. Kriminalbeamter), Walter Lieck (Bankdiener), Dr. Ernst Stimmel (Bankdirektor), Hans Ulrich (Bankangestellter), Wilhelm Krüger (Flickschneider), Eleonore Tappert (Zimmervermieterin), Manfred Meurer (verdächtiger Jüngling), Herta Neupert (Mopsgesicht), Helmut Weiß (romantischer Jüngling), Bruno Ziener (vornehmer alter Herr), Gisela Schlüter (entzückende kleine Frau), Oscar Sabo (pensionierter Schutzmann), Herbert Bach (Kellner), Hugo Froelich (Taxichauffeur), Kurt Seifert (Finanzbeamter), Paul Bildt (Nervenarzt), Wilhelm Grosse, Max Rosenhauer, Egon Vogel, Hermine Ziegler. *Produktion* Tonfilm-Studio Carl Froelich & Co. für Ufa. *Länge* 2613 Meter. *Uraufführung* 1. 8. 1941.

Hermann Knittel, Angestellter der Berliner Gaswerke, erlebt im Nachtschnellzug Halle-Berlin eine verrückte Sache. Für 10000 Reichsmark nötigt ihm ein nobel aussehender Herr seinen Anzug ab. In Berlin angekommen, läßt er sich im Pyjama per Taxi nach Hause kutschieren. Anstandslos löst am nächsten Tag die Bank den Scheck ein und Gasmann Knittel fühlt sich als reicher Mann. Im Dienst ist er großzügig und borgt einem kleinen Handwerker lieber den Betrag, ehe er ihm den Gashahn abdreht. Nachts spielt er in den Bars den Mäzen und Frauenhelden. Als er seiner Frau Erika einen Teil des Geldes schenkt, beginnt sie im großen Stil einzukaufen. Die jahrelang glückliche Ehe geht beinahe in die Brüche. Die neidischen Nachbarn, das neugierige Finanzamt und die Polizei wollen wissen, woher der plötzliche Reichtum Knittels kommt. Es kommt zum Prozeß, wobei die Rettung Knittels, durch die Aussage einer Zeugin, ebenso wunderbar wie sein Reichwerden ist: der Unbekannte hatte im Schlafwagen die Bekanntschaft einer netten Dame gemacht und mit ihr die Nacht verbracht. So bemerkte er nicht, daß sein Wagen abgehängt wurde. Um nicht der Lächerlichkeit preisgegeben zu sein, benötigte der Generaldirektor auf amourösen Pfaden einen Anzug, wofür ihm jede Summe recht war. Fazit: Gasmann Knittel darf den zusammengeschmolzenen Rest des Vermögens mit Wissen und Billigung aller in Frage kommenden Instanzen, Behörden und Neider ausgeben.

»Wenn's bei uns morgens um sechs Uhr klingelt, ist es nicht der Milchmann« – ein Satz, den man im Dritten Reich wegen Gestapoverhaftungen nur hinter vorgehaltener Hand flüstern konnte, legte Regisseur Carl Froelich seinem Hauptdarsteller Heinz Rühmann in der Verfilmung von Heinrich Spoerls Erfolgskomödie in den Mund. Das zeigt eigentlich deutlich, was das Team Spoerl-Froelich-Rühmann, das zuvor schon in *Wenn wir alle Engel wären* zusammengearbeitet hatte, zumindest als Nebeneffekt erreichen wollte: eine vorsichtig-ironische Karikatur des Zeitgeistes. Rühmann war schon vor den Dreharbeiten zu *Der Gasmann* Zielscheibe von Denunziationen geworden. Goebbels ließ eine disziplinarische Untersuchung anordnen, die vom Reichs-Film-Intendanten Dr. Fritz Hippler geleitet wurde. Dabei galt unter anderem die erste Ehe mit der Jüdin Maria Bernheim, auch noch nach der Scheidung als Makel, der Versuch seinen alten jüdischen Freund Otto Wallburg in Amsterdam zu besuchen und eine Menge nicht-arischer Freunde, die im Hause Rühmanns verkehrten und vor allem aber die auffällige Gewohnheit, nie »Heil Hitler« zu sagen, als belastend. In *Der Gasmann* widerlegte Rühmann zumindest den letzten Vorwurf, und zwar so, daß es Millionen sehen und hören konnten. Die besagte Szene: Rühmann kommt zu einer Frau, die ihre Gasrechnung nicht bezahlt hat. Er weist sie darauf hin, daß er nun ihren Gashahn abdrehen müsse. Empört erwidert sie, sie würde alles ihrem großen Bruder erzählen, der in der Partei sei und ihm sehr schaden könne. Darauf Rühmann in ironisch-schnarrendem Ton: »Na dann –Heil Hitler!« Bei der Premiere im Ufa-Palast am

Hans Ulrich, Heinz Rühmann und Partner

Heinz Rühmann und Kurt Seifert

Reinhard Kolldehoff, Heinz Rühmann und Partner

Anny Ondra, Heinz Rühmann und Partner

Zoo lösten diese vier Worte beim Publikum große Heiterkeit aus – nur nicht bei Rudolf Heß. Er ließ das respektlose »Heil Hitler« aus allen erreichbaren Kopien vor der Freigabe des Films herausschneiden. Nur einige entgingen dem Scherenschnitt, so daß es als kleines Kuriosum am Rande von *Der Gasmann* zwei Fassungen gibt. Aus kriegswichtigen Gründen – schließlich erheiterte Rühmann in dieser schweren Zeit ein ganzes Volk – wurde die Untersuchung gegen ihn eingestellt. Nach dem Kriege stellte Rühmann dem ehemaligen Reichsfilmintendanten Dr. Fritz Hippler dafür den Persil-Schein aus: »... bestätige ich Ihnen für Ihre Spruchkammer-Angelegenheit, daß Sie sich in zwei besonderen Fällen betreffs meine Frau und mich in vorbildlicher Form verhalten haben. ... meine Person betreffend, wurde ich von dem damaligen Produktionschef der Terra, Dr. Bauer auf das Schärfste denunziert, weil ich beabsichtigte ins Ausland zu gehen und wie Sie sich erinnern, hatten Sie eine ganze Liste von Anschuldigungen gegen mich vorliegen, die mindestens eine ganze Seite eines Briefbogens ausfüllten. Der damalige Minister Dr. Goebbels beauftragte Sie mit der Untersuchung meines Falles und ersuchte Sie um disziplinarische Bestrafung. Ich muß heute genauso wie damals, als ich mich bei Ihnen bedankte, sagen, daß Sie die Untersuchung in vorbildlichster und fairster Form geführt haben ... und nach zwei Tagen mitteilten, daß der Fall ›bereinigt‹ sei. Wer die damaligen Verhältnisse und Zeiten gekannt hat, kann verstehen, daß sowohl meine Frau, wie ich in beiden Fällen stark gefährdet waren und Ihre Hilfestellung dankbarst anerkannt wurde.« (Heinz Rühmann, *Schreiben an Dr. Fritz Hippler,* 3.7. 1947).

Quax, der Bruchpilot
1941

Regie Kurt Hoffmann. *Regie-Assistenz* Toni Thermal. *Buch* Robert A. Stemmle. Nach der Erzählung von Hermann Grote. *Kamera* Heinz von Jaworsky. *Kamera-Assistenz* Georg Bronec, Peter Röhrig. *Musik* Werner Bochmann. *Lied* »Heimat, deine Sterne« Werner Bochmann (Musik), Erich Knauf (Text), *Ton* Alfred Zunft. *Schnitt* Walter Fredersdorf. *Bauten* Otto Moldenhauer, Rudolf Linnekogel. *Darsteller* Heinz Rühmann (Otto Groschenbügel), Lothar Firmans (Hansen), Karin Himboldt (Marianne Bredow), Hilde Sessak (Adelheid), Harry Liedtke (Gutsbesitzer Bredow), Elga Brink (Frau Bredow), Franz Zimmermann (Harry Peters), Kunibert Gensichen (Walter Ottermann), José Held (Karl Bruhn), Günther Markert (Gottfried Müller), Manfred Heidmann (Ludwig Mommsen), Leo Peukert (Bürgermeister), Lo Etthoff (Frau des Bürgermeisters), Georg Vogelsang (der alte Krehlert), Beppo Brem (Knecht), Lutz Götz (Herr Busse), Irene Fischer (Hilde), Arthur Schröder (Flugarzt), Walter Holten (Flugplatzleiter), Helmut Weiss (Journalist), Alfons Teuber (Journalist), Erich Kestin (Mechaniker), Markus Staffner (Mechaniker), Walter Lieck (Lehrer), Otto Braml (Reisebüroleiter), Karl Etlinger (Sparkassendirektor), Karl Heidmann (Polizeihauptmann), Wilhelm Bendow (Reisender), Gertrud Wolle (Reisende), Walter Bechmann (Wetterwart), Gerhard Dammann (Fotograf), Emanuel Matousek (Sportflieger), Werner Stock (Flugschüler). *Produktion* Heinz Rühmann-Produktion der Terra. *Länge* 2524 Meter. *Uraufführung* 16. 12. 1941.

Aus heiterem Himmel hat Otto Groschenbügel, genannt Quax, in einem Preisausschreiben die kostenlose Ausbildung zum Sportflieger gewonnen. Wegen seiner Disziplinlosigkeit und Angeberei wird er von Fluglehrer Hansen schnell der Schule verwiesen. Nichtsahnend von dem schmählichen Ende der Pilotenausbildung feiert ihn sein Heimatstädtchen als Helden, so daß er zwangsläufig in die Fliegerschule zurück muß. Nach einem leichtsinnigen Freiballonflug mit Marianne, die Quax auf einem Schützenfest kennengelernt hat, läßt der Fluglehrer noch einmal Gnade vor Recht ergehen. Quax wandelt sich und aus dem Angeber Otto Groschenbügel wird ein allseits beliebter Kamerad und erstklassiger Sportflieger, der seinen Lehrer durch tollkühne Leistungen beeindruckt. Wenig später kann seine Verlobte Marianne auf Quax wieder stolz sein: nun ist er Fluglehrer, hat aus seinen eigenen Fehlern gelernt und kann sein Wissen weitergeben, wobei er wieder das große Wort führen kann.

Heinz Rühmann und Partner

Heinz Rühmann, Erich Kestin, Markus Staffner und Partner

Heinz Rühmann, Hilde Sessak und Partner

Wochenlang war Rühmann während der Dreharbeiten zu *Quax der Bruchpilot* in Prien am Chiemsee in seinem Element. Er konnte, was er wollte, aber in damaligen Kriegszeiten nicht mehr selbstverständlich war: Fliegen! An den bewährten Udet-Flamingo, den Rühmann im *Quax* fliegt, erinnert er sich: »Die Maschine war aus Holz und nicht mehr die Jüngste. Und Bremsen hatte sie auch nicht. Trotzdem haben wir eine Kamera mitgenommen, und ich hatte mich selbst da oben gefilmt.« Sowohl auf der Tragfläche als auch vor dem Cockpit war je eine Kamera montiert, um möglichst effektvolle Perspektiven zu bekommen. Auch heute noch, vierzig Jahre später, scheint Heinz Rühmann diesen Film, mit dem er in die Fluggeschichte eingegangen ist, sehr gut in Erinnerung zu haben. In dem Schweizer Fachblatt *fliegermagazin* erzählt er: »In der Kamera, eine ›Bell and Howell‹, waren damals nur 27 Meter Film. Es reichte gerade für eine Minute, dann mußte ich immer wieder runter. Warten, bis ein neuer Film drin war, und dann wieder rauf. Das habe ich etwa an die 50 mal gemacht.« Mit *Quax, der Bruchpilot* avancierte Heinz Rühmann, Besitzer des deutschen Flugzeugführerscheins Nr. 388, zum Idol der deutschen Aviatik. Ganz Deutschland lachte sich scheckig, wie aus Quax, dem angeberischen Wolkenbaby der gute Kamerad und disziplinierte Flieger wird. Der Film, zu dem Robert A. Stemmle nach lustigen Versen des Hauptmanns der Luftwaffe, Hermann Grote, ein schwungvolles Drehbuch geschrieben hatte, wurde zu einem der größten damaligen gemeinsamen Erfolge von Regisseur Kurt Hoffmann und seinem Star Rühmann. Der Film bekam die Empfehlungen »künstlerisch wertvoll«, »volkstümlich wertvoll«, »jugendwert« und spielte insgesamt 5 Millionen Mark ein, daß heißt, mehr als *Heimkehr,* ebensoviel wie *... reitet für Deutschland* und beinahe so viel wie *Ich klage an* oder *Ohm Krüger.* »Das war kein Kriegsfilm. Die einzigen Flieger, die man sah, waren Zivilisten. Aber der Geist dieses Films diente ebenfalls der Kriegsvorbereitung. Außerdem war damals jedem klar, daß derjenige junge Mann, der den Flugsport liebte und ein kleines Flugzeug zu steuern wünschte, Mitglied eines Klubs sein mußte, und dieser hinwiederum war der Sportorganisation der Nationalsozialisten angeschlossen«. (Francis Courtade/Pierre Cadars, *Geschichte des Films im Dritten Reich).* Unmittelbar nach dem Kriege wurde der Film häufig als hinterhältig ausgeklügeltes Machwerk der Wehrertüchtigungspropaganda bezeichnet. Natürlich war es nicht notwendig gewesen, Heinz Rühmann großartig zu bitten oder ihm gar zu befehlen beziehungsweise »dringlich anzuraten«, eine Rolle wie die des Quax zu übernehmen. Vielmehr griff er willig und ohne jede Bedenken zu. Später versicherte er immer wieder, daß er niemals »nicht einen einzigen Augenblick lang«, das Gefühl gehabt hätte, mit diesem Film irgendwelche Propaganda, geschweige denn, Wehrertüchtigung zu betreiben. Doch *Quax der Bruchpilot* enthielt schon eine hinreichende Menge an präziser Information über das Fliegen und dessen Zielsetzungen im Deutschland von damals. Der zunächst kopflose und widerborstige Quax wird bald zu jemandem, der die Auto-

Heinz Rühmann und Lothar Firmans

rität schätzt und preist. *(Courtade/Cadars, Geschichte des Films im Dritten Reich) Der deutsche Film,* 1941 bestätigte dies: »Dieser richtige Rühmann-Film ist ein Fliegerfilm. Er bringt ein Stück, und ein sehr wesentliches sogar, der Entwicklungsgeschichte unserer Luftwaffe. Es ist ein ausgesprochener Tendenzfilm!« Über die dritte Regieleistung Kurt Hoffmanns schrieb die Kritik: »Da alles auf den Star Heinz Rühmann ausgerichtet ist, möchte man fast von einem Monumental-Einakter des grotesk-komischen Genres sprechen. Heinz Rühmann zeigt in seiner Wandlung vom sehr querköpfigen Kleinstadtpoeten zum vorbildlichen Fluglehrer den ganzen Reichtum auch in seiner inneren Heiterkeit, die Fülle seiner feinen darstellerischen Nuancen. Um ihn herum herrscht ein munteres Treiben, ohne daß der eine oder andere besonders kräftig in Erscheinung zu treten Gelegenheit finden würde.« *(Berliner Volkszeitung,* 1941). Am Schluß bringt der Film ein Lied, das heute noch gesungen wird, »Heimat, deine Sterne«; ebenso wie heute *Quax,* nach einem Nachkriegs-Verbot der Alliierten, längst schon wieder in beiden Teilen Deutschlands gespielt wird; sogar in der Sowjetunion sollen einige hundert Kopien davon hergestellt worden sein.

Ich vertraue dir meine Frau an
1943

Regie Kurt Hoffmann. *Regie-Assistenz* Helmut Weiß. *Buch* Bobby E. Lüthge, Helmut Weiß. Nach dem Theaterstück von Johann von Vaszary. *Kamera* Willy Winterstein. *Musik* Franz Grothe. *Musikalische Leitung* Werner Bochmann. *Lied* »Allerschönste aller Frauen« Franz Grothe (Musik), Willy Dehmel (Text). *Ton* Alfred Zunft. *Schnitt* Elisabeth Pewny. *Bauten* Willi A. Herrmann. *Produktionsleitung* Robert Leistenschneider. *Aufnahmeleitung* Fritz Anton. *Darsteller* Heinz Rühmann (Peter Trost), Lil Adina (Ellinor Deinhardt), Werner Fuetterer (Robert Deinhardt), Else von Möllendorff (Sekretärin Lil), Arthur Schröder (Rechtsanwalt Kurt), Paul Dahlke (Boxer Alois), Kurt von Ruffin (Freddy Hansen), Alexa von Porembsky (Dienstmädchen), Willy Witte (Fritz), Ingrid Ostermann (Sekretärin Mary), Wilhelm Bendow (Barkellner), Clemens Haase (Bademeister), Hans Meyer-Hanno (Polizist), Gerhard Bienert (Verkehrspolizist), Ernst Rotmund (Gast am Telefon), Ralph Lothar (Friseur), Erwin Biegel (Reisender). *Produktion* Heinz Rühmann Produktion der Terra. *Länge* 88 Minuten. *Uraufführung* 2.4. 1943. Weiterer Verleihtitel *Ein toller Junggeselle.*

Direktor Peter Trost trifft auf dem Bahnhof seinen Freund Robert Deinhardt, der ihn bittet, während seiner Abwesenheit ein wachsames Auge auf seine Frau Ellinor zu haben. Er vermutet mit Recht, sie könnte ebenso auf Abenteuer aus sein, wie er. Dem verdutzten Peter bleibt nicht viel Zeit zum Überlegen, denn sein Schützling ist eine Frau mit Temperament und Einfällen. Sie unterläßt nichts, was Peter nicht irgendwie das Leben sauer machen könnte; aber es gelingt ihr nicht, ihn abzuschütteln. Peter folgt ihr mit Verbissenheit, läßt sich auch nicht durch Attacken eines von Ellinor aufgehetzten und angeheuerten Boxers überzeugen, bis er durch seine Pfiffigkeit ihre Sympathie erringt. Als Ellinor erfährt, daß ihr Mann sie handfest betrügt, will sie ihm das mit gleicher Münze heimzahlen und kommt zu Peter in die Wohnung, wo dessen Sekretärin Lil vor dem Happy-End noch für heillose Verwirrung sorgt.

Heinz Rühmann und Lil Adina

Lil Adina und Heinz Rühmann

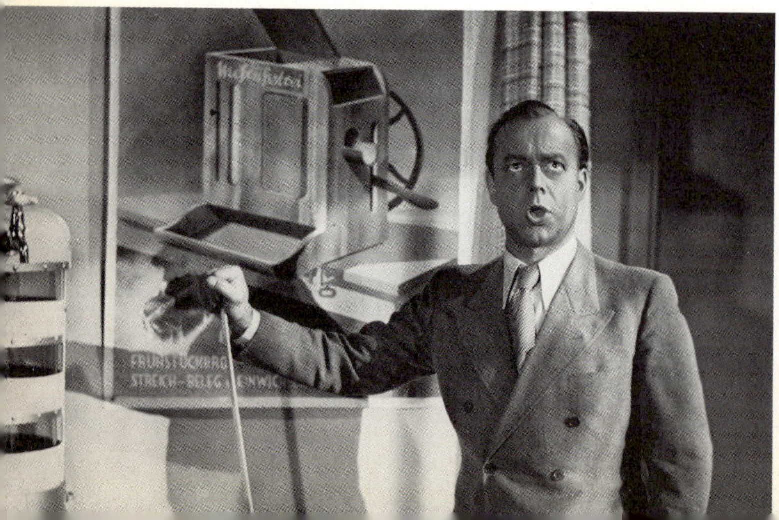

Wilhelm Bendow, Heinz Rühmann, Lil Adina und Paul Dahlke

Noch war Heinz Rühmann als *Quax, der Bruchpilot* dem Publikum bestens vertraut, da kam *Ich vertraue Dir meine Frau an* in die Kinos. Käutners Regie sorgt für Publikums- und Lacherfolg. Erstaunlich übrigens, daß die Pointe des Filmschwanks gar nicht dem damals propagierten Eheideal entsprach, denn sonst hätten sich die Ehepartner eigentlich wiederfinden müssen. Hier aber ist es anders. Der listige, tapsige Schwächling bekommt die Frau des anderen, der den Seitensprung zur Wissenschaft erhoben hat. Der damalige Dramaturg Alf Teichs erinnerte sich: »Es war uns alles zu bühnenmäßig, wir suchten noch nach optischen Gags. Da mieteten wir einen doppelstöckigen Omnibus der Stadt Berlin und darin mußte Rühmann eine tolle Verfolgungsjagd quer durch die Stadt, an Ampeln vorbei und in wilder Fahrt über Verkehrsinseln, drehen. Als die Herren der Verkehrsbetriebe den fertigen Film sahen, wollten sie ihn verbieten lassen, weil ein städtischer Autobus nicht auf so halsbrecherischen Fahrten gezeigt werden dürfte. ... Wir bauten noch einen weiteren Gag ein; auf einem Trampolin mußte Rühmann mit einem Meisterboxer, den Paul Dahlke darstellte, kämpfen und es ist mir bis heute unvergeßlich geblieben, wie er diesen in den Hintern beißt.« 1959, anläßlich einer Reprise, als der Verleih den Film forsch-frech als ein Werk »aus der Schatztruhe des unsterblichen Humors« präsentierte, kommentierte der *Tagesspiegel,* Berlin: »Heinz Rühmann beweist hier nur, daß er inzwischen eine Menge hinzugelernt hat. Ihm nun zuzuschauen, wie er über Stock und Stein und die vertracktesten Hindernisse, im Auftrag seines Freundes unerschrocken dessen Frau auf den Fersen bleibt, weil sie dem selbst Untreuen einen Seitensprung angedroht hat, war ja noch ganz angenehm. Doch was um ihn herum kreucht und fleucht, und die vor Einfalt schier überwältigenden Dialoge von B. E. Lüthge auszutauschen hat, das ist von einer im deutschen Lustspielfilm in der Tat wohl unsterblichen, ausgenudelten Provinzialität.«

Heinz Rühmann und Partnerinnen

Die Feuerzangenbowle
1944

Regie Helmut Weiß. *Regie-Assistenz* Lisa Todenhagen. *Buch* Heinrich Spoerl. Nach seinem gleichnamigen Roman. *Kamera* Ewald Daub. *Musik* Werner Bochmann. *Kostüme* Walter Schulze-Mittendorff. *Ton* Alfred Zunft. *Schnitt* Helmut Schönnenbeck. *Bauten* Willi A. Herrmann. *Darsteller* Heinz Rühmann (Dr. Johannes Pfeiffer), Karin Himboldt (Eva), Hilde Sessak (Marion), Erich Ponto (Professor Grey), Paul Henckels (Professor Bömmel), Hans Leibelt (Gymnasialdirektor Knauer), Lutz Götz (Oberlehrer Dr. Brett), Max Gülstorff (Oberschulrat), Margarethe Schön (Frau Knauer), Hans Richter (Rosen, Primaner), Clemens Hasse (Knebel), Rudi Schippel (Luck), Ewald Wenck (Kastellan Kliemke), Albert Florath, Georg Vogelsang, Karl Etlinger, Georg Heinrich Schnell (die vier alten Herren), Erwin Biegel (Diener), Egon Vogel (Musiklehrer Fridolin), Anneliese Würtz (Frau Windscheidt), Hedwig Wangel (Haushälterin bei Grey), Walter Werner (Bankbeamter). *Produktion* Terra (Heinz Rühmann-Produktion). *Länge* 2686 Meter. *Uraufführung* 28. 1. 1944.

Bei einer Feuerzangenbowle in feuchtfröhlicher Stammtischrunde packen honorige, graumelierte Herren ihre Pennälerstreiche aus. Nur Dr. Hans Pfeiffer, ein junger erfolgreicher Schriftsteller, der von einem Privatlehrer erzogen wurde und deshalb die Schulzeit mit all ihren tollen Streichen nur vom Hörensagen kennt, muß sich sagen lassen, daß »er den besten Teil seiner Jugend verpaßt habe«. Was als pure Schnapsidee aus der Feuerzangenbowlen-Idylle geboren wurde, setzt Pfeiffer bald in die Tat um. Mit seinem jüngeren Bruder Erich, der mit 22 Jahren noch immer Oberprimaner ist, tauscht er die Plätze: Erich übernimmt in der Großstadt die Rolle von Hans, während Hans in der Kleinstadt mit Nickelbrille, Schülermütze und einem Paket Bücher unter dem Arm im Gymnasium zum Unterricht erscheint. Als Primaner entfaltet Pfeiffer beträchtliche Phantasie im Aushecken von Scherzen im tristen Schulalltag und beginnt die Pauker beharrlich zu ärgern. So wird er schnell zum Idol seiner neuen Kameraden und zum Schrecken aller Lehrer. Seine Freundin, die Schauspielerin Marion, reist ihm nach. Pfeiffer allerdings hat sich schon in die Schülerin Eva verliebt, die Tochter seines Gymnasialdirektors Knauer, mit Spitznamen Zeus. Damit wird er zum Rivalen des nicht mehr ganz jungen Professors Grey, der Eva unbedingt heiraten möchte. Grey wird umsomehr zur Zielscheibe der schlimmsten Pennälerstreiche Pfeiffers. Am Schluß des Films, der eine doppelte, an zwei Schauplätzen ablaufende

Heinz Rühmann und Partner

Erich Ponto und Heinz Rühmann

Karin Himboldt, Heinz Rühmann und Partner

Verstellungskomödie mit einer Doppelrolle für Heinz Rühmann ist, klärt sich alles auf und der Schriftsteller Pfeiffer alias Pennäler-Pfeiffer bekommt seine Eva.

Immer wieder hat Heinz Rühmann glaubhaft versichert, Heinrich Spoerls *Die Feuerzangenbowle* wäre ihm, »auch heute noch einer der liebsten Filme«. Das nicht ohne guten Grund: Spoerl war mit Rühmann viele Jahre lang befreundet, und es wird immer wieder behauptet, daß er ihm die Doppelrolle des Pfeiffers praktisch auf den Leib geschrieben habe. Schon 1933 hatte Rühmann in dem Klassiker der deutschen Pennälerliteratur, der sich von der dialektgefärbten Trottel-Sprache harmloser Pauker nährt (»Schwäfelwasserstoff ist ein onangenehmer Geselle«) in *So ein Flegel* größte Heiterkeitserfolge beim deutschen Publikum. Umso unverständlicher war es, daß die Verfilmung des Romans, der fast in der Duckmäuserei mit den Worten endet, »Wahr . . . sind die Träume, die wir spinnen und die Sehnsüchte, die uns treiben. Damit wollen wir uns bescheiden«, wochenlang für die Leinwand tabu war. Denn nach Ansicht des Reichsministers für Wissenschaft, Erziehung und Volksbildung, Rust, machte der Film den deutschen Lehrer verächtlich. Der Minister ließ ihn kurzerhand verbieten, da er »ohnedies bereits Schwierigkeiten genug habe, Nachwuchs für den Lehrerberuf zu bekommen«. Zwar hatte noch niemand bislang bei den hohen Nazifunktionären besonders viel Humor feststellen können, das aber brachte Heinz Rühmann, der sich lange

Hans Leibelt, Karin Himboldt und Heinz Rühmann

Ewald Wenck und Heinz Rühmann

Heinz Rühmann und Karin Himboldt

Zeit wegen immer wieder gegen ihn erhobener Diffamierungen sehr vorsichtig verhalten hatte, auf die Palme. Unter der Devise »Meine Filme sind meine Welt« wandte er sich hilfesuchend an Admiral Canaris, der ihm über Göring den Weg zu Hitler ebnen sollte. Über Canaris hatte er auch den Film *Quax der Bruchpilot* bei Göring durchgesetzt. Diesmal aber hatte die Sache einen Haken: Göring war im Führerhauptquartier Wolfsschanze im ostpreußischen Rastenburg. Tatsächlich erhielt Rühmann die Erlaubnis zum Besuch beim Reichsmarschall Hermann Göring. Noch in der selben Nacht war er mit der Kopie des Films unterm Arm unterwegs. Die Offiziere staunten nicht wenig, als sie im Casino neben den zahlreichen goldbetreßten Generälen den Komödianten Rühmann sahen. Ein Adjutant Görings nahm ihm die Filmkopie ab und am nächsten Morgen erfuhr Rühmann: »Das geht in Ordnung!« Der Reichsmarschall habe sich den Film angesehen und dann darüber mit dem Führer gesprochen. Der aber soll lediglich gefragt haben: »Ist dieser Film zum Lachen?« Worauf Göring versichert habe, daß er sogar mehrmals darüber habe lachen können. Hierauf Hitler: »Dann ist dieser Film unverzüglich für das deutsche Volk freizugeben!« Erleichtert verließ Rühmann das Führerhauptquartier. Alsbald erreichte ihn eine Anfrage des Propagandaministers Goebbels ob er, Rühmann, denn wisse, wie es zur Aufhebung des Verbotes der *Feuerzangenbowle* gekommen sei. Was Rühmann unter Scheinheiligkeit »bedauern und leider verneinen« ließ. Seither haben Millionen über diesen Klassiker des deutschen Lustspielfilms gelacht und werden dies wohl auch noch in den nächsten Generationen tun. Auch heute noch wird Heinz Rühmann immer wieder mit diesem Filmwirklichkeit gewordenen Traum der Schulzeit identifiziert.

Heinz Rühmann und Partner

Hilde Sessak, Heinz Rühmann und Partner

Quax in Afrika
1945

Regie Helmut Weiß. *Regie-Assistenz* Lisa Todenhagen. *Buch* Wolf Neumeister. Nach der Erzählung Quax auf Abwegen von Dr. Hermann Grote. *Kamera* Ewald Daub. *Musik* Werner Bochmann. *Kostüme* W. Schulze-Mittendorf. *Schnitt* Helmuth Schönnenbeck. *Bauten* Willi A. Herrmann, Julius Daumann. *Darsteller* Heinz Rühmann (Quax), Hertha Feiler (Renate), Karin Himbold (Marianne), Bruni Löbel (Julchen), Lothar Firmans (Hansen, Fluglehrer), Robert Tessen (Fips), Georg Vogelsang (Krehlert), Beppo Brem (Alois), Adolf Fischer (Brückner), Lutz Götz (Kühn), Josef Kamper (Hartig), Georg Irmer (Mertens), Lewes Brody (Medizinmann), Daisy Johnson (Banani), Walter Goß (Rundfunksprecher), Alo Ghito, John Pauls-Harding, W. Kobel, P. Schermann, H. Taube. *Produktion* Heinz Rühmann – Produktion der Terra. *Länge* 2609 Meter. *Uraufführung* 22. 5. 1953. Vor Kriegsende hergestellt und angekündigt als *Quax in Fahrt.*

Otto Groschenbügel, genannt Quax der Bruchpilot, hat seine Lektionen gelernt und kann nun perfekt fliegen. So gut, daß er Fluglehrer im Fliegerhorst Bergried ist. Als drei junge Damen auftauchen und fliegen lernen wollen, ist ihm das zu viel. Seiner Meinung nach gehören Frauen ohnedies hinter Kochtopf und Strickstrumpf. Doch so sehr sich auch Fluglehrer Quax bemüht – er wird die Frauen nicht los. Da er die Damen ohnedies am liebsten in die Wüste schicken möchte, teilt er sie zu einem Wettflug nach Afrika ein. Als Quax wegen eines Propellerrisses notlanden muß, folgen ihm Renate und Julchen brav, auf den harten Boden der Tatsachen, was Totalverlust der Maschinen durch Bruchlandung zur Folge hat. Mit Gesängen und wilden Tänzen rücken Eingeborene an, Quax und die Flugschülerinnen sehen sich schon im Kessel überm prasselnden Feuer schmoren. Da setzt Flugschüler Fips, dessen Maschine noch flugtauglich ist, zum Sturzflug an. Die Wilden halten das Ungeheuer der Luft für einen Fingerzeig ihres obersten Medizinmannes und beginnen den komischen weißen Mann als Gott zu verehren. Quax verliebt sich in Renate, und auch Marianne, auf die er es zuvor abgesehen hatte, wird mit Fluglehrer Hansen glücklich, so daß die beiden Paare nur die angenehmsten Erinnerungen aus dem afrikanischen Busch mit nach Hause bringen.

Zunächst sollte der Film auf der Kurischen Nehrung entstehen – doch bald wurde diese Gegend zum »möglichen Feindgebiet« erklärt. An einigen Stellen hatten Truppen bereits die alten deutschen Reichsgrenzen überschritten und das Filmteam mußte jede Nacht die Maschinen auf dem kleinen Flugplatz in Durach bei Kempten sorgfältig tarnen, damit sie nicht mögliches Angriffsziel alliierter Bombengeschwader würden. Als afrikanische Eingeborene wurden einige Dutzend »deutsche Neger« zusammengetrommelt und als Statisten zwangsverpflichtet. Zwar passierte der Film noch die deutsche Zensur, gelangte aber durch die sich überstürzenden Kriegsereignisse 1945 nicht mehr zur Aufführung. Von den Alliierten wurde er wegen der NS-Tendenz verboten und kam erst 1953 unter dem Titel *Quax in Afrika* in die bundesdeutschen Kinos. »Die Witze, von denen die Handlung lebt, waren 1944 schon alt, und lediglich Heinz Rühmanns verschmitztem Gesicht und lustig-frechem Blinzeln ist es zu danken, wenn man über Alt-Bekanntes doch noch einmal lacht.« (*Hannoversche Presse,* 1953)

Hertha Feiler und Heinz Rühmann

Sag die Wahrheit

1945

Regie Helmut Weiss. *Buch* Ernst Marischka. Nach dem Lustspiel von Johann von Vaszary. *Kamera* Reimar Kuntze. *Musik* Werner Bochmann. *Bauten* Julius Dammann, Christian Herrmann. *Darsteller* Heinz Rühmann (Peter Hellmer), Hertha Feiler (Maria), Susanne von Almassy, Aribert Wäscher, Eva Maria Meineke, Hans Brausewetter, Hubert von Meyerinck, Elsa Wagner, Kurt Vespermann, Else Reval. Ingrid Lutz, Karl Etlinger, Albert Florath, Erika von Thellmann, Paul Bildt, Erich Fiedler, Lutz Götz. *Produktion* Terra. *Uraufführung* keine, da nicht fertiggestellt.

Heinz Rühmann und Hertha Feiler

Maria lügt charmant aber chronisch. Ihr Verlobter, der junge Architekt Peter Hellmer möchte das ändern und beschließt, ihr zu zeigen wie's gemacht wird. Er hat mit seiner Braut eine Wette abgeschlossen: 24 Stunden will er in jeder Situation und jedem Menschen gegenüber die Wahrheit sagen. Das Ergebnis ist so katastrophal wie logisch. Er beleidigt reihenweise seine Freunde und Partygäste, zerstört Liebesbeziehungen zwischen Menschen, die glücklich sind, verrät sich beim Finanzamt, gibt Geschäftsgeheimnisse preis, widerruft eine falsche Aussage, die er nach einem Autounfall machte und sagt beim Scheidungsrichter ehrlich aus, anstatt auf Anraten seines Rechtsanwaltes zu schwindeln. Schließlich landet er im Irrenhaus und wird in die Zwangsjacke gesteckt. »Wer so wahrheitsliebend ist, muß verrückt sein«, meint der behandelnde Arzt. Damit ist er offiziell unzurechnungsfähig, die Taten und Worte der letzten 24 Stunden sind seinem gestörten Geisteszustand zuzuschreiben. Maria holt ihn strahlend »in häusliche Pflege« ab, und es ist zu befürchten, daß sie weiter flunkern, aber auch zu hoffen, daß Peter sie trotzdem oder gerade deshalb lieben wird.

Hubert von Meyerinck, Heinz Rühmann und Hertha Feiler

Der 1944, vor Kriegsende, in den Prager Ateliers begonnene Film *Sag die Wahrheit* war unvollendet geblieben und wurde 1946 der erste Film, der nach dem Zusammenbruch in den Ateliers Berlin Tempelhof gedreht wurde, ohne Heinz Rühmann. Der galt zu jener Zeit ideologisch nicht völlig einwandfrei, so daß seine Rolle von Gustav Fröhlich und die seiner Frau Hertha Feiler von Ingeborg von Kusserow übernommen wurde. Aber ein damals in der Filmbranche völlig Unbekannter, der gerade von seiner polnischen Heimat auf der Durchreise nach New York gewesen war, legte mit diesem Film einen Grundstein zu seiner kometenhaften Karriere: Produzent Artur »Atze« Brauner, ein 26jähriger junger Mann, der die Central Cinema Company gründete, weil sich der Name mit CCC so leicht abkürzen ließ. Obwohl die Presse schäumte, »soviel Quatsch in einer so bedeutungsvollen Zeit« und die Kritiker tadelten, »... unstatthaft ist es, heute Filme mit teurem Aufwand zu drehen. Vor den glatten Lustspielgesichtern erfaßt uns das schlechte Gewissen«, wurde der Film kein Flop, sondern das, was die Menschen im ausgehungerten, abgebrannten Deutschland sehen wollten. Sie freuten sich, eine Stunde lang albern sein zu dürfen, sie wollten lachen und lustig sein. Deshalb war der Film ein gutes Geschäft und ein hervorragender Erfolg.

Der Herr vom andern Stern
1948

Regie Heinz Hilpert. *Regie-Assistenz* Willy Jeske, Günter Heidelmann, Ilona Juranyi. *Buch* Werner Illing, Max Christian Feiler. Nach einer Idee von Werner Illing. *Kamera* Georg Bruckbauer. *Musik* Werner Egk. *Kostüme* Gertraud Recke. *Schnitt* Max Michel. *Bauten* Gabriel Pellon. *Tänze* Werner Stammer. *Darsteller* Heinz Rühmann (Der Herr vom andern Stern), Anneliese Römer (Flora), Hilde Hildebrand (Jeanette), Hans Cossy (Emil), Peter Pasetti (Minister), Otto Wernicke (General), Erhard Siedel (Oberst), Bruno Hübner (Siebzehn), Rudolf Vogel (Kanzleirat), Gerhard Geisler (Willy), Rudolf Schündler (Oskar), Anton Färber (Großindustrieller), Bum Krüger (Manager), Helmut Krüger (Reporter), Viktor Stephan Görtz (Robert), Herbert Gernot (Inspektor), Albert Hehn (Leutnant), Lutz Götz (Sergeant), Hans Richter (Unteroffizier), Josef Kamper (Oberstauer), E. F. Fürbringer (Hausarzt). *Produktion* Comedia. *Länge* 2650 Meter. *Uraufführung* 13. 7. 1948.

Anneliese Römer und Heinz Rühmann

Nur mit Hilfe seiner Konzentration bewegt sich der »Herr vom andern Stern« auf seiner Reise zum Planetenbewohnerkongreß frei durch den Weltraum. Unvermittelt setzt diese geistige Antriebskraft aus und er landet auf unserer Erde. Sofort gerät er in die Mühlen der irdischen Bürokratie, muß zum Meldeamt, zur Sicherheitsbehörde und schließlich zum Minister. Seine geistige Überlegenheit

Hilde Hildebrand und Heinz Rühmann

erscheint der Regierung als Bedrohung. Sowohl hohe Persönlichkeiten als auch Ganoven versuchen, ihn einerseits auszunützen, andererseits auszuschalten. Durch den hektischen Trubel um seine Person findet er nicht die nötige Muße zur Konzentration, um von diesem Planeten wieder verschwinden zu können. Aus Liebe zu der irdischen Frau Flora ist er fest entschlossen, ein bürgerlicher Mensch zu werden und versucht zu arbeiten. Trotz vielseitiger beruflicher Fähigkeiten bekommt er keinen Job, weil er weder Zeugnisse noch Referenzen hat. Auf Betreiben des Ministers steigt er in die Politik ein, blamiert aber durch seine Naivität die Partei. Nun steckt man ihn zum Militär und ist froh, ihn wieder los zu sein. Flora erkennt, daß der »Herr vom andern Stern« auf dieser Erde nicht leben kann und verschafft ihm die erforderliche Zeit zur Konzentration im Gefängnis, von wo aus er schnell wieder in seine Sphäre, das Weltall, entschwindet.

Kurz nach dem Kriege gründete Heinz Rühmann mit dem einstigen Terra-Produktionschef Alf Teichs auf der Basis halbe-halbe unter amerikanischer Lizenz eine der ersten deutschen Film-Produktionsfirmen, die Comedia. Zwei Masken, eine lachende und eine weinende, waren das Firmenzeichen. Teichs war geschäftsführender Direktor, Rühmann künstlerischer Leiter. *Der Herr vom andern Stern* entstand nach einem Drehbuch von Werner Illing unter der Regie von Heinz Hilert, dem prominenten Theater-Regisseur, der 1939 schon den Film *Die unheimlichen Wünsche* inszeniert hatte. Doch die Phantasie und die handwerkliche Präzision reichten nicht aus, mit dem Lust-

Heinz Rühmann und Bruno Hübner ▶

Heinz Rühmann und Partner

spiel, das mit satirisch-kabarettistischen Mitteln die Gegenwart abzutasten versuchte, Erfolg zu haben. Denn statt Kritik wurde gutgemeintes, doch letztlich unverbindliches Kabarett gemacht. Bei der Uraufführung am 13. Juli 1948 im Berliner Marmorhaus fiel der Film mit Pauken und Trompeten durch. Das Desaster faßte Kritiker Friedrich Luft so zusammen: »Von der Idee her eine Möglichkeit, auf heitere Art unserer stelzenden Ernsthaftigkeit einige Nasenstüber zu versetzen. Leider hatte der Regisseur den doch ganz anmutigen Vorwurf verdickt, ausgewalzt und streckenweise so sinnig gemacht, daß von der heiteren Anfangsidee nicht viel mehr übrigblieb, als ein redlich langweiliger Rühmann-Film, in dem man den Star auch kaum wiedererkannte, so extra-trocken, so bedachtsam, so ganz unlustig war er angesetzt.« Ein gänzlich Unbeteiligter bekam auch noch sein Fett weg: Der später erfolgreiche Produzent Gyula Trebitsch, der sich während der Premiere zufällig im Büro des Direktors mit Sekt labte, wurde aufgefordert, »sich für die Ovation des Publikums zu bedanken« und eilte beflügelt auf die leere Bühne. Allein, strahlend lächelnd und sich immer wieder lässig verbeugend, nahm er die entgegenbrandenden Buh-Rufe und Schimpfwörter entgegen. Es dauerte eine ganze Weile, bis er begriff, daß der Lärm kein brausender Beifall war, sondern einen Durchfall bedeutete. Er verließ fluchtartig die Bühne, und am nächsten Tag konnte er in einer Berliner Zeitung lesen: ». . . nach dem Schluß erschien ein ahnungslos lächelnder Herr vom andern Stern und wollte sich für den Beifall bedanken.« (Géza von Cziffra, *Kauf dir einen bunten Luftballon*).

Das Geheimnis der roten Katze

1949

Regie Helmut Weiß. *Buch* Helmut Weiß. Nach einer Idee von Erich Engels. *Kamera* Erich Claunigk. *Musik* Werner Bochmann. *Lied* »Ping-Pong-Pinguin«, »Lied der Midinette«, »Lied in der ›Roten Katze‹«. *Ton* Carl Becker. *Schnitt* Gertrude Hinz-Nischwitz. *Bauten* Max Mellin. *Darsteller* Heinz Rühmann (André), Gustav Knuth (Pitou), Angelika Hauff (Gloria), Trude Hesterberg (Laura), Jakob Tiedtke (Tobias), Otto Matthies (Moustache), Erwin Eckersberg (Ponpon), Alwin Lippisch (Catelain), Erhard Siedel (Präfekt), Hans Cossy (Sergeant), Georg Vogelsang (1. Polizist), Willy Friedrichs (2. Polizist), Klaus W. Krause (3. Polizist), Paul Schwed (Ober). *Produktion* Comedia Filmgesellschaft mbH. *Länge* 2625 Meter. *Uraufführung* 14. 4. 1949.

Der stellungslose Schauspieler André wird in einer für Touristen aufgezogenen Kaschemme als Boß einer Ganovenbande engagiert, die den Gästen als Attraktion das

Heinz Rühmann und Partner

Heinz Rühmann und Gustav Knuth

Gruseln lehren soll. Als ein amerikanischer Juwelenhändler mit dem in Amsterdam erworbenen berühmten »Halifax«-Brillanten erscheint, wollen ihm ihn echte Banditen abjagen. Kleindarsteller André, der Gefallen an Gloria, der Tochter des Amerikaners findet, wird wider Willen in den Raub verstrickt und von der Polizei verdächtigt. Der Stein wechselt vielfach den Besitzer, sorgt für heillose Verwirrung, bis schließlich alles in Ordnung kommt: die wirklichen Gauner ereilt die irdische Gerechtigkeit, der Brillant kommt zu seinem rechtmäßigen Besitzer zurück und André bekommt seine geliebte Gloria.

»Solange es dieser neue, in Geiselgasteig gedrehte Film mit den stillen Tieren hält, ist er liebenswert. Ansonsten ist er leider Klamauk. Was vom Stoff her eine Komödie hätte werden können, artet zu einem überlauten Schwank aus und im Getöse der Raufereien, Schüsse und knallenden Ohrfeigen bleibt wenig Platz für die temperierte Komik eines Rühmann. Zuweilen denkt man an Chaplin, dem hier, wie es scheint, vergeblich nachgeeifert wurde.« (*Rhein-Neckar-Zeitung,* 1949).

Ich mach' dich glücklich
1949

Regie Alexander von Szlatinay. *Regie-Assistenz* Elly Rauch. *Buch* Tibor Yost. Nach einem Lustspiel von Gabor von Vaszary. *Kamera* Erich Claunigk. *Musik* Werner Bochmann. *Schnitt* Gertrud Hinz-Nischwitz. *Bauten* Ernst Albrecht, Rolf Zehetbauer. *Kostüme* Ingeborg Grützner. *Darsteller* Heinz Rühmann (Peter Krüger), Hertha Feiler (Barbara), Karl Schönböck (Viktor), Dorit Kreysler (Vera), Hans Leibelt (Herr Meinert), Margarete Haagen (Frau Geheimrat), Lotte Stein (Veras Mutter), Fritz Kampers (Veras Vater), Rudolf Schündler (Herr Stock), Jochen Hauer (Herr Stöger), Gunnar Möller (Franz), Harald Mannel (Chef vom Dienst), Viktor Afritsch, Herbert Kroll, Walter Lantzsch, Kurt von Ruffin, Max Vogel. *Produktion* Comedia. *Länge* 2356 Meter. *Uraufführung* 2. 12. 1949.

Peter Krüger arbeitet für die »Mittagspost«. Während seine Kollegen im Park-Hotel vergeblich auf eine Pressekonferenz mit dem Maharadscha von Kepur warten, hat der pfiffige Reporter sich als Friseur getarnt und an den exotischen Fürsten herangemacht. Er horcht ihn nach allen Regeln der journalistischen Kunst aus. Der Maharadscha ahnt nicht, von wem er da eingeseift wird. Einstweilen tobt in der Redaktion Chefredakteur Meinert, weil wieder einmal niemand weiß, wo dieser verflixte Krüger steckt. Seine Wut verraucht, als Krüger ihm das Interview mit dem Maharadscha vorlegt. Er will den fixen Reporter sogar zum Chefredakteur einer Illustrierten machen, die ebenfalls in Meinerts Verlag erscheint. Vorausgesetzt der Mann beweist ihm, daß er pünktlich und ordentlich sein kann. Krügers Zukunft scheint gesichert, nur hat er seine Rechnung ohne Meinerts hübsche Tochter Barbara gemacht. In strahlender Geburtstagslaune will sie jemanden an ihrem Glück teilhaben lassen und dem erstbesten Passanten, der das Verlagsgebäude betritt, 500 Mark schenken. Pech für Krüger, daß ausgerechnet er dieser erste ist. Er glaubt natürlich, Barbara und ihr Verlobter Viktor wollen ihn auf den Arm nehmen und reagiert entsprechend. Als er schließlich ramponiert und mit einiger Verspätung in der Redaktion erscheint, ist nicht nur die Chance Chefredakteur zu werden dahin, sondern Meinert setzt ihn auch noch kurzerhand auf die Straße. Das hat Barbara nicht gewollt. Sie versucht das Mißgeschick wiedergutzumachen. Aber was immer sie anstellt, erweist sich als fatal. Peters Verlobte Vera glaubt, daß er sie mit Barbara betrügt und gibt ihm den Laufpaß. Nach vielen Mißverständnissen trifft Meinert seine Tochter in Krügers Wohnung an. Barbaras Verlobter weiß einen Ausweg: Peter soll Barbara heiraten, um ihren guten Ruf zu retten. Allerdings nur zum Schein, denn in Wirklichkeit möchte sich Viktor die reiche Braut nicht entgehen lassen. Peter

Gunnar Möller, Hertha Feiler, Heinz Rühmann, Viktor Afritsch und Partner

Hertha Feiler, Heinz Rühmann und Partnerin

Heinz Rühmann, Karl Schönböck und Hertha Feiler

Hans Leibelt und Heinz Rühmann

Heinz Rühmann, Hertha Feiler und Margarete Haagen

Krüger ist Kavalier und geht auf den Vorschlag ein. Aus der Vernunftheirat wird eine Liebesehe und Viktor hat das Nachsehen.

Rühmann spielte die Rolle des Journalisten abwechselnd als Volltrottel und dann wieder als einen findigen Schlaumeier. »Wie glühend muß man Gustav Freytag danken, nachdem man die Drehbuch-Journalisten von Tibor Jost auf der Leinwand gesehen hat: ein Hauptschriftleiter aus dem Fabelreich; Redakteure, die wie Unteroffiziere vom Dienst hinter dem Zeitungsprinzipal durch sonnenbelichtete Gänge herhecheln und dazu die verwöhnte Tochter, die rasch mal zwanzig Mille mit Vaters gefälschter Unterschrift aus der Verlagskasse fischt, um der Erde tüchtigsten aber verschlafensten Reporter glücklich zu machen.« (*Die Welt,* 1949) Auch, daß für andere Darsteller bei dem Paar Rühmann-Feiler nicht mehr viel Platz gewesen war, fiel auf. »Ein Heinz-Rühmann-Film kann seiner Publikumswirkung sicher sein, selbst wenn er sich in der neuen Comedia-Produktion mit einer dünnen Story begnügen muß. Das nach einem Lustspiel von Gabor von Vaszary geschriebene Drehbuch gibt eigentlich nur Heinz Rühmann und seiner Gattin, der schönen Hertha Feiler, Gelegenheit, schauspielerisches Können zu zeigen.« (*Weser-Kurier,* Bremen, 1950)

Das kann jedem passieren
1952

Regie Paul Verhoeven. *Buch* Edgar Kahn, Hans Schweikart. *Kamera* Konstantin Irmen-Tschet. Gerhard-Pitt Peters. *Musik* Lotar Olias. *Lied* »Das Lied vom braven Steuerzahler«, Lotar Olias (Musik), Eberhard Hachfeld (Text). *Kostüme* Bessie Bekker. *Ton* Hermann Storr. *Schnitt* Luise Dreyer-Sachsenberg. *Bauten* Hans Sohnle, Fritz Lück. *Darsteller* Heinz Rühmann (Herr Brinkmeyer), Gisela Schmidting (Frau Gerda Brinkmeyer), Gustav Knuth (Herr Schwidders), Alice Treff (Frau Schwidders), Werner Fuetterer (Dr. Süßknecht), Bum Krüger (Stahlschmidt), Ingrid Lutz (Rita), Hubert von Meyerinck (Walputzke), Michl Lang (Herr Baschke), Liesl Karlstadt (Frau Baschke), Hans Leibelt (Buttermann), Doris Kiesow (Frau Hohmann), Hilde Classen (Fräulein Schmidtke), Fritz Imhoff (Peppi), Iska Geri, Helmut M. Backhaus, Peter und Karl Schwelling. *Produktion* Komet. *Länge* 2492 Meter. *Uraufführung* 30. 5. 1952.

Der prinzipienstrenge Steuerberater Brinkmeyer will mit seiner Frau Gerda in einem Kabarett einen schönen Abend verbringen, muß sich aber ständig ärgern. Das Chanson vom armen Steuerzahler mißfällt ihm und seine empörten Bemerkungen führen zu einem heftigen Disput mit dem Herrn, der hinter ihm sitzt. Beim Nachhausegehen vertauscht er in der Garderobe seinen Hut, und als er ihn am nächsten Tag zurückbringt, ist ausgerechnet der Besitzer jener Herr, mit dem er sich angelegt hatte. Da dieser Spielzeugfabrikant Schwidders aber nicht nachtragend ist, kommen die beiden Herren ins Geschäft: Der Fabrikant hat fünfjährige, uneheliche Zwillingsbuben von denen seine Frau nichts weiß und weiterhin nichts wissen soll. Brinkmeyer soll ihm die Sache bei der Steuer richten, wozu der sich gerne bereit erklärt. Ebenso hilfsbereit ist er abends in einer Bar, wo er sich mehr den chaotischen Geschäftsbüchern als den Damen widmet. Dabei wird seine Aktentasche vertauscht. Seine Frau findet darin ein Spitzenhöschen. Der Haussegen hängt schief. In der Zwischenzeit tauchen bei Herrn Schwidders seine bislang verheimlichten Zwillinge auf. Um das Schlimmste zu verhindern, gibt er sie als Sprößlinge Brinkmeyers aus, was dem Steuerberater die Stellung bei seiner Firma Buttermann kostet. Völlig verzweifelt gesteht Brinkmeyer der Frau seines Klienten alles. Diese verzeiht ihrem Mann und nimmt den unerwarteten Zuwachs mit offenen Armen auf. Auch die Eheprobleme im Hause Brinkmeyer werden von Freunden und der Bardame Rita, der das Höschen gehörte, wieder eingerenkt, so daß alle Beteiligten einhellig der Meinung sind, was Brinkmeyer passierte, kann schließlich jedem mal passieren.

Der Film wurde zwar kein großer Erfolg – dazu war er von Paul Verhoeven auch mit viel zu wenig Engagement

Heinz Rühmann und Gisela Schmidting

Heinz Rühmann und Liesl Karlstadt

Heinz Rühmann und Ingrid Lutz

gemacht worden. Aber es war ein nettes, rundum harmloses Lustspiel, wie es das Rühmann-Publikum schon öfters vorgesetzt bekommen hatte und auch willig akzeptierte. Rühmann also wieder in der Rolle des unfreiwilligen Schwerenöters und des unschuldigen Lebemannes. »Heinz Rühmann hat seine zweijährige Drehpause gut genützt. Er hat sich von Edgar Kahn und Hans Schweikart ein Drehbuch schreiben lassen, das nicht nur dramaturgisch stimmt, sondern bis in jeden Satz hinein sorgfältig pointiert ist. Der Lustspielstoff – so darf man hier schon sagen – ist im Alltagsleben des korrekten Normalbürgers zuhause.« (*Neue Zeitung,* Frankfurt, 1952)

Wir werden das Kind schon schaukeln
1952

Regie E. W. Emo. *Buch* Karl Farkas, Hugo M. Kritz, E. W. Emo. Nach dem Bühnenstück »Bubus« von Gabor von Vaszary. *Kamera* Oskar Schnirch. *Musik* Heinz Sandauer. *Schnitt* Hermann Leitner. *Bauten* Prof. Gustav Abel. *Ton* Erwin Jennewein. *Darsteller* Heinz Rühmann (Dr. Felix Schneider), Theo Lingen (Paul Fellmeier), Hilde Berndt (Lilli Schneider), Brigitte Ratz (Lillis Tochter), Annie Rosar (Lillis Mutter), Lotte Lang (Maria), Hans Moser (Professor Stieglitz), Margarete Slezak (Rosa), Nadja Tiller (Olga), Fritz Heller (Kraus), Egon von Jordan (Rechtsanwalt), Gusti Wolf (Hilde, Braut), Renée Michaelis (Hilde), Chariklia Baxevanos (Hertha Nepalek). *Produktion* Styria-Film. *Länge* 2399 Meter. *Uraufführung* 5. 9. 1952. Weiterer Verleihtitel *Schäm' dich, Brigitte.*

Professor Stieglitz ist aus mehreren Gründen empört: Nicht nur, daß die Schülerin Brigitte Schneider Schundromane mit in den Unterricht bringt, sie hat sich offenbar auch schon von dieser Lektüre auf Abwege bringen lassen. Wie sonst wäre zu erklären, daß der entrüstete Mathematiklehrer in dem Romanheft einen Liebesbrief entdeckt, der Bände spricht. Stieglitz ist entschlossen, so etwas auf keinen Fall durchgehen zu lassen. Er wird die Sache vor die Lehrerkonferenz bringen; vorher sucht er Brigittes Eltern auf, um ihnen die Augen über ihre frühreife Tochter zu öffnen. Der Pädagoge trifft im Hause Schneider nur das Dienstmädchen Marie an. Im Glauben, die Dame des Hauses vor sich zu haben, macht er seiner Entrüstung lautstark Luft. Als Stieglitz das Haus verläßt, merkt er nicht, daß er anstelle des Briefes eine Auto-Rabattbestätigung mitnimmt. So fällt der Brief Frau Lilli Schneider in die Hände. Marie hält es nicht für ratsam, sie über den Besuch des Professors zu unterrichten. Deshalb gibt es für Lilli Schneider keinen Zweifel, hinter einen Seitensprung ihres Mannes gekommen zu sein. Als Doktor Felix Schneider nichtsahnend nach Hause kommt, muß er sich von seiner Frau sagen lassen, er betrüge sie mit einer gewissen Mausi. Er weiß nur eine Erklärung: der Brief muß an seinen Freund Paul Fellmeier gerichtet gewesen und

Theo Lingen, Heinz Rühmann und Annie Rosar

Heinz Rühmann und Hilde Berndt

anstelle der Auto-Rabattbestätigung, die dieser ihm gab, in seine Rocktasche gelangt sein. Schneider sieht nur eine Möglichkeit sich zu rehabilitieren: Fellmeier muß seiner Frau Lilli versichern, daß der Brief an ihn gerichtet ist. Zwar behauptet auch Fellmeier, eine Mausi nicht zu kennen, aber er ist bereit, seinem Freund aus der Patsche zu helfen. Frau Fellmeier belauscht aber das Gespräch der beiden Männer und macht ihnen zunächst einen Strich durch die Rechnung. Sie sperrt Paul Fellmeier ein, so daß Doktor Schneider sich gezwungen sieht, einen Ersatz-Fellmeier zu seiner Frau zu schicken. Kaum hat sie sich beruhigt, taucht der richtige Fellmeier bei ihr auf. Nach seinem Geständnis glaubt Lilli erst recht wieder an die Schuld ihres Mannes. Je verzweifelter er versucht, seine Unschuld zu beweisen, desto größer wird die Verwirrung. Als auch noch die Ehe des Mathematikprofessors in ihren Grundfesten erschüttert ist, die Scheidungsanwälte der drei Ehepaare bereits die Schriftsätze austauschen, wird die Wahrheit über den geheimnisvollen Briefschreiber offenbar – womit sich alles in Wohlgefallen auflöst.

Wie in *Der Himmel auf Erden, Ungeküßt soll man nicht schlafen geh'n* und *Der Mann, von dem man spricht,* präsentieren sich die drei in ihren Rollen mit liebenswerten Eigenschaften: Hans Moser als Mathematikprofessor – ein raunzender Choleriker. Theo Lingen als Hallodri und Autoagent – ein durchtriebener Sanguiniker. Und Heinz Rühmann als Schönheitschirurg – ein treuherziger Phlegmatiker. Das Drehbuch, vom Meister des Wiener Kabarett, Karl Farkas war mit viel schlagfertigen Antworten und lustigen Situationen versehen, Emo konnte sich ganz auf die drei Hauptdarsteller verlassen. »Das lustige Hin und Her wird von dem wirkungssicheren Komiker-Trio Rühmann–Moser–Lingen mit allen herkömmlichen Mitteln in Schwung gehalten. Hans Moser nuschelt diesmal nicht so überzeugend wie sonst; dagegen haben Heinz Rühmann und Theo Lingen nach anfänglichen Steifheiten große Momente. Freilich an die Glanzleistungen der beinahe artistischen Komik von einst, bei deren Darbietung die Kinowände vor Lachen wackelten, kommt keiner ganz heran.« (*Frankfurter Rundschau,* 1952) Allerdings: »Für die Herren Rühmann, Lingen und Moser, die lange an Unterernährung mit guten Drehbüchern litten, ist dieser Stoff ein fetter Bissen. Es handelt sich zwar nur um eine Verwechslungsgeschichte, aber Regisseur E. W. Emo fand so viele Ausdrucksmöglichkeiten und verzwickte Figuren für den Ablauf, daß der Film zu einem Muß für die Liebhaber der Film-Lustspiele wurde. Als Lingen-Gattin fällt die junge Nadja Tiller (Austrias Schönheits-Königin und Europa-Zweite) mit ansprechendem Talent neben anderen Vorzügen auf. Die Rühmann-Schwiegermutter Annie Rosar, wie sie kampfbereit ihre schwarz-weiße Riesen-Stola rafft, ist so gut, daß sie einen Privat-Oskar für schauspielerische Leistungen erhalten sollte. Der Film ist gut geschaukelt. Man möchte behaupten, die Wiege hat sich überschlagen – vor Lachen.« (*Die Abendpost,* 1952)

Heinz Rühmann und Gustav Knuth ▶

Keine Angst vor großen Tieren
1953

Regie Ulrich Erfurth. *Regie-Assistenz* Hermann Leitner. *Buch* Louis Agotay, Just Scheu, Ernst Nebhut. *Kamera* Albert Benitz. *Kamera-Assistenz* Emil Eisenbach, Willi Weber. *Musik* Michael Jary. *Kostüme* Erna Sander. *Ton* Robert Fehrmann, Werner Pohl. *Schnitt* Hermann Leitner. *Bauten* Herbert Kirchhoff, Albrecht Becker. *Darsteller* Heinz Rühmann (Emil Keller), Ingeborg Körner (Anni), Gustav Knuth (Schimmel), Maria Paudler (Frau Müller), Werner Fuetterer (Bollmann), Erich Ponto (Polizeikommissar), Willy Maertens (Rechtsanwalt Immelmann), Margarete Slezak (Frau Richter), Bruno Fritz (Herr Richter), Gisela Trowe (Emma), Jakob Tiedtke (Zirkusdirektor), Albert Florath (Ziegler), Horst Breitenfeld (Hans), Edwin Schumacher (Franz Schimmel), Hans Bielsky (Erich Schimmel), Harry Pinetzky (Anton Schimmel), Konrad Fey (Kurt Schimmel), Lotte Klein (Mutter Schimmel), Beppo Brem (Schornsteinfeger), Max Walter Sieg (Kellner), Carl Napp (Herr mit Koffer), Klaus Kammer (Stallbursche), Hubert von Meyerinck (Kunstreiter), Wolfgang Neuss (Zauberkünstler), Ruth Stephan (Partnerin des Zauberkünstlers), Oswald Landmesser (Liliputaner-Clown), Josef Sieber (Polizist), Josef Dahmen (schwerer Junge), Jonny Steinhoff (Tierwart), Ursula Herking (Dame in der Straßenbahn), Willibald Alexis (Herr in der Straßenbahn), Carl Voscherau (Herr in der Straßenbahn), Joseph Offenbach (Herr in der Straßenbahn), Max Schmeling, Zwei Zorros, Kurt Fuß, Horst von Otto, Cord Korte. *Produktion* Real-Film GmbH. *Länge* 2342 Meter. *Uraufführung* 31. 7. 1953.

Der fleißige, schüchterne Technische Zeichner Emil Keller führt das nicht immer sonnige Dasein eines Untermieters. Sein Chef Bollmann und der ehemalige Preisboxer Schimmel, der Bruder seiner Hauswirtin, machen dem gutmütigen kleinen Mann abwechselnd das Leben sauer. Emil liebt Anni, Bollmanns nette Sekretärin, ist aber viel zu schüchtern, um ihr seine Gefühle zu gestehen. Als er eine Erbschaft macht, sticht das dem Preisboxer Schimmel ins Auge. Um davon zu profitieren, heckt er den Plan aus, Keller mit seiner Nichte Emma zu verloben. Diese Emma ist weder körperlich noch geistig ein Paradebeispiel begehrenswerter Weiblichkeit, so daß Schimmel immer noch seine Ränke schmiedet. Emil steht zum ersten Mal seiner Erbschaft gegenüber: drei imposante Zirkuslöwen. Der Zirkusdirektor will aus dem angstschlotternden Keller einen Dompteur machen, doch Emil ergreift schleunigst die Flucht, in der Eile allerdings mit dem Mantel eines Zauberkünstlers. Das hat zur Folge, daß die weißen Mäuse und Kaninchen in der Straßenbahn für Tumult

Josef Sieber und Heinz Rühmann

Ingeborg Körner und Heinz Rühmann

Gisela Trowe, Gustav Knuth und Heinz Rühmann

Carl Voscherau, Ingeborg Körner,
Heinz Rühmann und Partner

sorgen und Emil Keller wegen groben Unfugs im Kittchen landet. Von dort holt ihn die von ihm heimlich verehrte Anni heraus und spornt ihn zur Selbstbehauptung an. Er ordnet sein Leben neu, erobert das geliebte Mädchen und baut mit ihr das langersehnte kleine Häuschen.

Keine Angst vor großen Tieren wurde für Heinz Rühmann zur Wendemarke. Filmproduzent Walter Koppel und Gyula Trebitsch, die nach dem Motto »Holz und Kohle zusammen könnte Zunder geben« in Hamburg Wandsbeck in der Realfilm GmbH zusammengefunden hatten, boten Rühmann die Rolle des kleinen, getretenen, schüchternen Angestellten an, der immer Probleme mit den großen und größeren Tieren seiner Umgebung hat. Rühmann nahm an. Regie führte Ulrich Erfurth, der damals künstlerischer Leiter der Realfilm war, aus der das heutige Studio Hamburg hervorgegangen ist. »Ein recht verschlossener und kontaktscheuer Hauptdarsteller«, erinnerte sich der Regisseur in einem Interview. »Er schluckte alles in sich hinein und manchmal wußte er wirklich nicht, ob er lachen oder ein ernstes Gesicht machen sollte.« Mehrfach versuchte Erfurth seinen Hauptdarsteller aufzuheitern, stupste ihn an und forderte »Nun lach doch endlich mal!« Aber Heinz Rühmann versuchte lediglich sein bekanntes Lächeln, bei dem man nie genau weiß, ob es traurig oder fröhlich ist. Ganz still und klein stand er vor ihm und erwiderte nur leise: »Sie sind halt ein anderes Temperament.« So richtig lachen konnte Heinz Rühmann während der Dreharbeiten nur einmal, als eine Vier-Minuten-Film-Szene in Hagenbecks Zoo gedreht werden sollte. Für diese Einstellung, die Rühmann als Löwendompteur zeigt, benötigte das Filmteam eineinhalb Tage. Zuvor hatte sich sowohl Regisseur Erfurth als auch Rühmann unter Anleitung des wirklichen Dompteurs mit den Löwen vertraut gemacht. Ganz unpro-

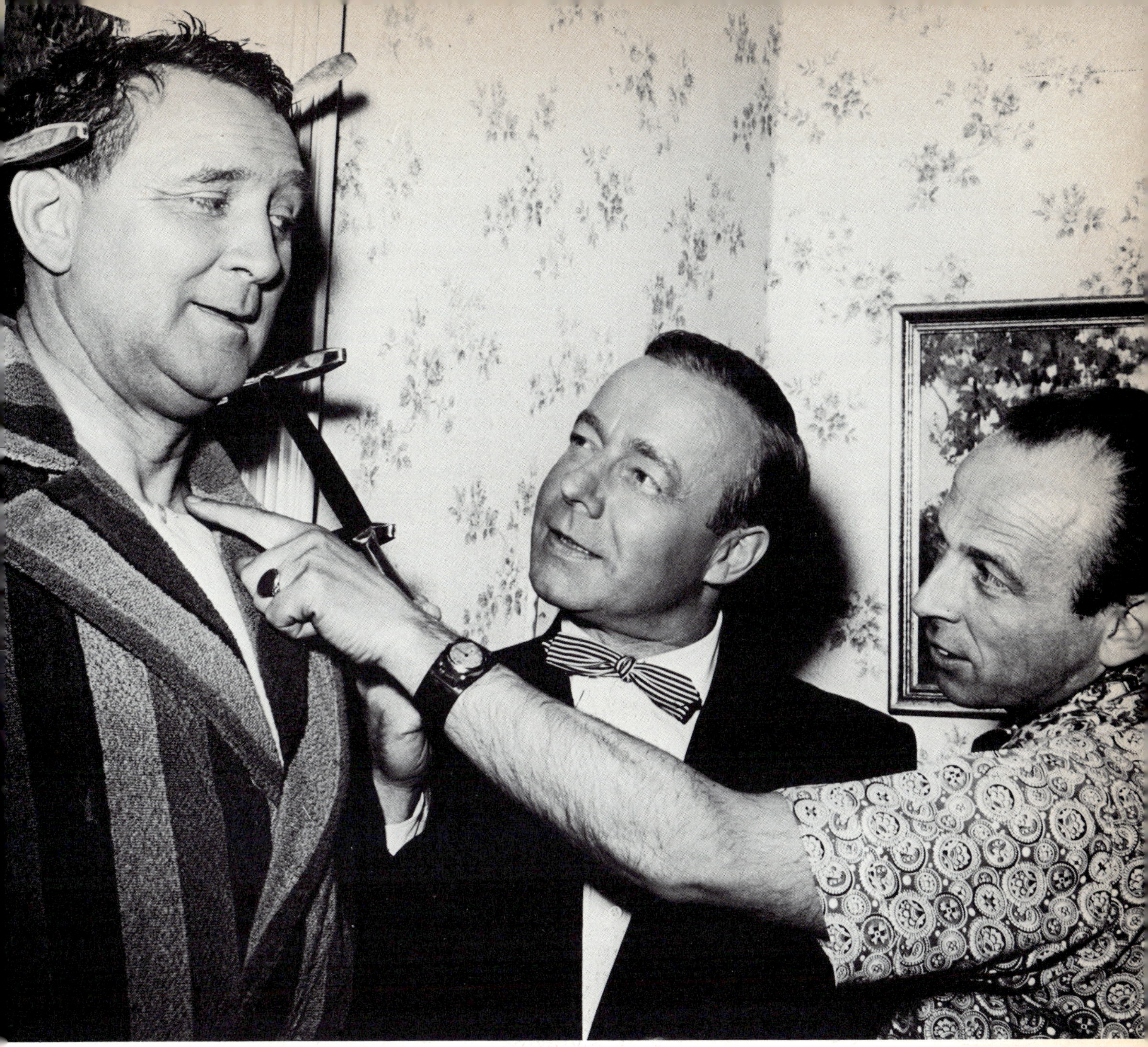

Gustav Knuth, Heinz Rühmann und Regisseur Ulrich Erfurth

grammäßig rächten sich die Tiere an dem Kameramann Alfred Benitz und dessen Assistentin, für die aus Sicherheitsgründen innerhalb des Gitterrunds nochmals ein Extra-Käfig gebaut worden war. Mitten in der Aufnahme passierte es: ein Löwe stellte sich vor den Kamerakäfig, ließ seinen Bedürfnissen freien Lauf und pinkelte Benitz und dessen Assistentin von oben bis unten naß. Regisseur Ulrich Erfurth: »Da konnte sich selbst Rühmann das Lachen nicht verkneifen.« Die Kritik goutierte den Film: »Wie ein Springbrunnen tanzt diese Handlung in neckischen Kaskaden auf und ab, ein lustiges Abbild des Lebens. Denn jedem von uns kann es ja passieren, in die Gefahr zu geraten, wie Heinz Rühmann als Untermieter von einem gewalttätigen Hauptmieter wider Willen beinahe verheiratet zu werden. Nur weil wir selbst schon Zirkuslöwen geerbt haben oder jeden Tag dazu kommen können, sind wir zu solch herzinniger Mitfreude fähig, wenn er, der Gute, mit sanftem Stahlblick diese Bestien niederzwingt und gleich anschließend ebenso siegesfriedisch das andere große Tier, seinen Chef. Nur damit kann der Heißestgeliebten ganz prächtig und für immer imponiert werden. Jawohl, genauso ist es, im Grunde unserer Seele sind wir alle fröhliche Dompteure. (*Frankfurter Allgemeine,* 1953)

Briefträger Müller
1953

Regie John Reinhardt, Heinz Rühmann. *Regie-Assistenz* Oscar Martay. *Buch* Eberhard Keindorff, Johanna Sibelius. Nach einer Novelle von Ernst Neubach. *Kamera (Farbe)* Kurt Schulz, Herbert Geier. *Kamera-Assistenz* Fritz Wunderlich. *Musik* Friedrich Schröder. *Lieder* »Ja, wenn die gute alte Post nicht wär'«, »Drei Rosen im Mai«, »Das Lied der Partei«, Friedrich Schröder (Musik), Fred Ignor (Text). *Gesang* Ilse Hübener. *Masken* Freddy Arnold, Lotte Kersten. *Tänze* Erwin Hoffmann. *Tanzsolist* Otto Boddin. *Ton* Oskar Haarbrandt. *Schnitt* Erich Palme. *Bauten* Willi A. Herrmann, Heinrich Weidemann. *Darsteller* Heinz Rühmann (Titus Müller), Heli Finkenzeller (seine Frau Charlotte), Gisela Mayen (Mieze), Wolfgang Conrus (Günther), Rainer Gröbel (Karl-Heinz), Susanne von Almassy (Mira Belle), Harald Paulsen (Sekretärin Bertram), Oskar Sima (Strobel), Else Reval (Frau Strobel), Eckart Dux (Hugo), Trude Hesterberg (Tante Anna), Rolf Kutschera (Bobby). *Produktion* Berolina (Kurt Ulrich). *Länge* 2631 Meter. *Uraufführung* 1. 10. 1953.

Briefträger Titus Müller lebt in einer deutschen Kleinstadt, hat eine liebe Frau, drei wohlgeratene Kinder und ist ein rundum zufriedener Mensch, bis er eines Tages von einer gewissen Frau Hackbusch einen Brief aus Italien erhält. Tante Anna Hackbusch, die Titus bislang gar nicht kannte, lädt die Familie an den Lago Maggiore ein und schickt die Fahrkarten gleich mit, die der jüngste Müller, das Nesthäkchen Karl-Heinz, mit Appetit verspeist, so daß die Familie mit dem Rad nach Italien fahren muß, wo Titus überrascht feststellt, daß Tante Hackbusch ein Schloß bewohnt, auf dem sich noch weitere 127 Müllers eingefunden haben. Sie alle sollen von der alten Dame und ihrer Hündin Ambrosia eingehend gemustert werden. Weil Briefträger Müller aber Hunde ebenso sehr haßt, wie die Hunde ihn, beschwichtigt er das Tier und verschwindet schnell. Wegen dieser vermeintlichen Tierliebe wird er von der wenige Tage später verstorbenen Tante als Universalerbe eingesetzt, allerdings nur so lange er Hündin Ambrosia pflegt, nach deren Tod die Millionen dem Welttierschutzverein zufallen sollen. Das ändert sein Leben gewaltig. Er hängt die Uniform an den Nagel, zieht in ein prachtvolles Palais, wird Aufsichtsratmitglied verschiedener Firmen und Spitzenkandidat der »Aufwärtspartei«. Er legt sich die Operettendiva Mira Belle als Geliebte zu, nimmt Reitunterricht und spielt in exklusiven Bars den

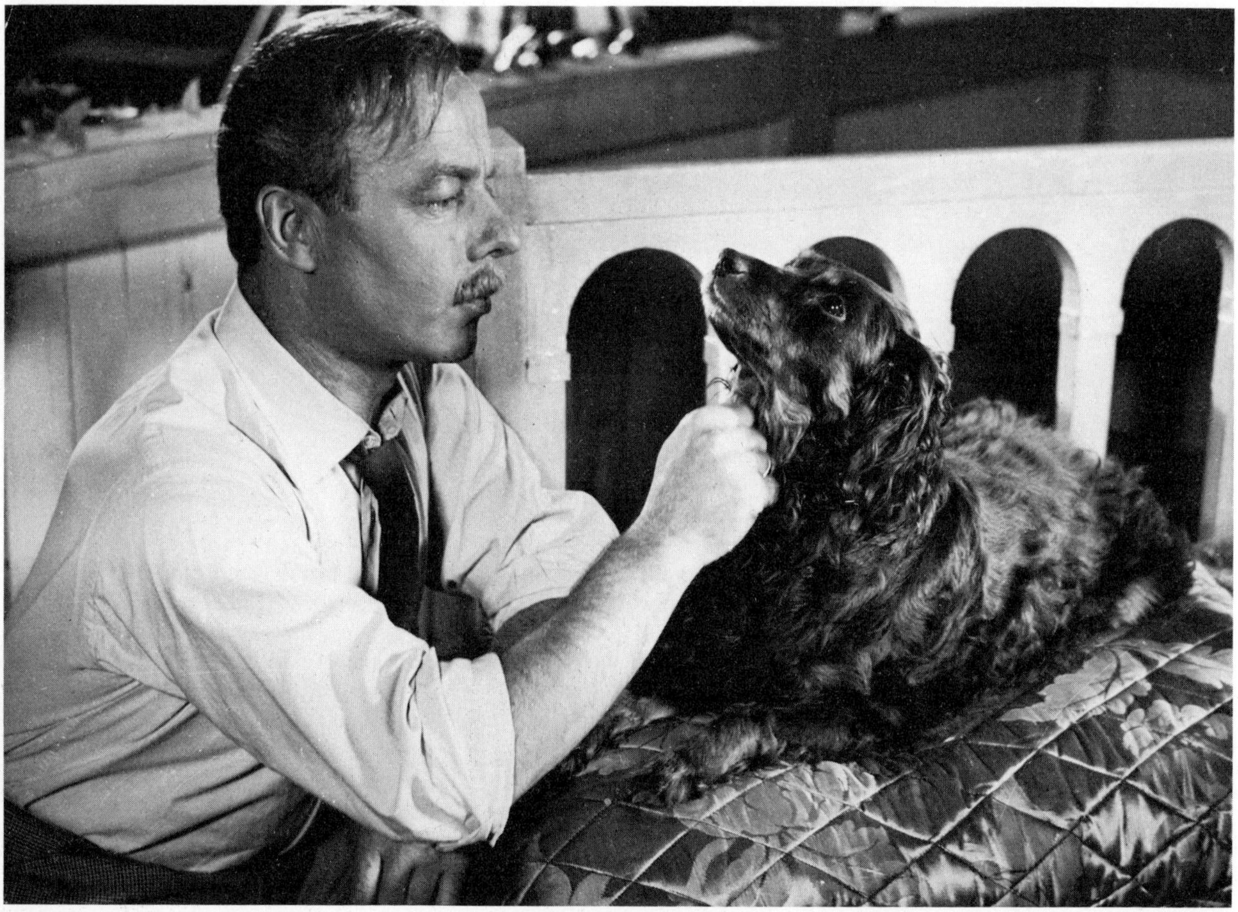

Oskar Sima und Heinz Rühmann

Heinz Rühmann und Heli Finkenzeller

Susanne von Almassy und Heinz Rühmann

Franz Arzdorf, Heinz Rühmann und Partner

feinen Pinkl, wo er reichlich illuminiert, einem Mädchen der Heilsarmee einen Scheck über 100000 Mark in die Sammelbüchse steckt. Als er eines morgens verkatert nach Hause kommt, ist er im pompösen Palais allein; die Familie hat ihn verlassen. Am gleichen Tag fliegt die Aufwärtspartei auf, auch die »goldene Hündin« Ambrosia stirbt. Schlagartig sind die Millionen dahin, Titus Müller ist wieder ein armer Mann und büßt für seinen Hochmut. Erst als er bei der Einweihungsfeier eines Altersheims, das die Heilsarmee mit seinem 100000-Mark-Scheck gebaut hat, Ehefrau Charlotte wiedertrifft, findet er zu sich selbst, arbeitet wieder in seinem Beruf und wird wieder glücklich und zufrieden.

Der erste Farbfilm mit Heinz Rühmann war anläßlich des fünfjährigen Bestehens der Produktionsfirma Berolina deren dreizehnter – was für die Einspielergebnisse gewiß eine Glückszahl war. Die Hamburger Oberpostdirektion sprach diesem Film ihren Dank aus – »denn er leistet einen Beitrag zur Erhöhung des Ansehens der Bundespost.« Gunter Groll nahm in der *Süddeutschen Zeitung* 1953 darauf Bezug: »Das schon. Was hingegen das Ansehen des deutschen Films betrifft, so läßt sich Ähnliches hier leider nicht behaupten ... der Briefträger Müller benimmt sich im Besitz der Millionen so ungeheuer blöd, daß er diesbezüglich kaum zum Ansehen der Bundespost beiträgt. Nett hingegen ist er mit den Hunden. Überhaupt ist dreierlei in diesem Film nett: Hunde, kleine Kinder und Heinz Rühmann. Obwohl der zwischen reizenden und rührenden Momenten auch eine Menge Leerlauf zu bewältigen hat. Die anderen Darsteller, die hier beschäftigt sind, sind mehr oder weniger unbeschäftigt. Drei andere Dinge sind ziemlich arg: die Farben, die dick aufgetragene Moral und die unglaubhafte Handlung, die zwischen belehrsamem Volksstück und zaghaftem Schwank, mit einem Schuß Operette, ein etwas sonderlingshaftes Dasein führt.«

Auf der Reeperbahn nachts um halb eins
1954

Regie Wolfgang Liebeneiner. *Regie-Assistenz* Oscar Martay. *Buch* Gustav Kampendonk, Curt J. Braun. *Kamera (Farbe)* Kurt Schulz. *Kamera-Assistenz* Gerd Neubelt. *Musik* Herbert Trantow. *Lieder* »Auf der Reeperbahn nachts um halb eins«, Ralph Arthur Roberts (Musik und Text), »Kleine Möwe«, Jim Cowler (Musik), Bruno Balz (Text), »Komm auf die Schaukel, Luise«, Theo Mackeben (Musik), Hans Herbert (Text), »Es muß ja nicht Hawaii sein«, H. Trantow (Musik), H. Stani (Text), »Einmal noch nach Bombay«, Karl John (Musik und Text), »Schön ist die Liebe im Hafen«, K. v. Bazant (Musik), H. Schachner (Text), »In einer Sternennacht«, Herbert Trantow (Musik), Hanns Stani (Text). *Kostüme* Walter Kratz. *Ton* Heinz Garbowski. *Schnitt* Ingrid Wacker. *Bauten* Willi A. Herrmann, Heinrich Weidemann, Peter Schlewski. *Darsteller* Hans Albers (Hannes Wedderkamp), Heinz Rühmann (Pitter Breuer), Fita Benkhoff (Luise), Helga Franck (Anni), Gustav Knuth (Brandstetter, Sen. Reeder), Jürgen Graf (Jürgen), Sybil Werden (Marion), Erwin Strahl (Bilek), Fritz Wagner (Kattmann), Wolfgang Neuss (Nigrantz), Else Reval (Emma), Carl Hinrichs (Bootsmann Jan), Wulf Rittscher (Herr Ettmann), Wolfgang Müller (Matrose). *Produktion* Berolina. *Länge* 111 Minuten. *Uraufführung* 16. 12. 1954.

Nach vielen Jahren kehrt Seemann Hannes Wedderkamp wieder in seine Heimatstadt Hamburg zurück, wo er sich zur Ruhe setzen will. Dort trifft er seinen alten Matrosenkumpel Pitter Breuer, dem es mit seiner »Galopp-Diele« geschäftlich gar nicht gut geht. Mit dem im Ausland und auf See ersparten Geld beteiligt er sich an der Renovierung der Kneipe. Da Hannes aber auch die Position eines gesunkenen U-Boot-Wracks kennt, in dem sich angeblich

Heinz Rühmann, Hans Albers und Fita Benkhoff

Heinz Rühmann und Partner

Helga Franck und Heinz Rühmann

ein Goldschatz befindet, wollen ihm Gangster ans Leder. Freund Pitter könnte glücklich sein mit seiner renovierten Tanz-Diele, wenn da nicht die Heimlichkeiten der Pflegetochter Anni mit Hannes wären. Der Kneipenbesitzer klärt seinen Freund darüber auf, daß Anni die leibliche Tochter von ihm ist, das aber niemals erfahren soll. Deshalb kommt es zwischen den beiden Freunden zum Zerwürfnis. Pitter beteiligt sich gegen den Willen von Hannes an der Schatzsuche im U-Boot-Wrack. In letzter Sekunde kann er, der die Gefahr ahnt, seinen Freund vor einer explodierenden Höllenmaschine retten. Als die Polizei die Verbrecher stellt, achtet niemand auf Hannes: Mit gepacktem Seesack geht er zum Hafen und fährt wieder in die Ferne. Seine Tochter Anni findet am Morgen ein dickes Kuvert mit Geld und der Aufschrift »Mit herzlichen Glückwünschen von Deinem Onkel Hannes«.

In diesem Film stand das Gespann Albers und Rühmann zum dritten und letzten Mal vor der Kamera. Für die Innenaufnahmen im Atelier Berlin Tempelhof, wurden die Amüsierbetriebe der Hamburger Reeperbahn, von den Matrosenkneipen bis zur Galopp-Diele (nämlich dem Hippodrom, dessen unglücklichen Besitzer Heinz Rühmann spielt), getreulich nachgebaut. »Die wenigen humorvollen Momente sind Heinz Rühmann und Gustav Knuth zu verdanken, auch wenn letzterer gegen einen Bruch in seiner Rolle tapfer ankämpfen muß. Aber Rühmann, um den es lange still war, agiert mit wohltuend dezenten Mitteln und stellt einen wirklichen Menschen auf die Beine; seine Clown-Szene ist wirklich komisch und wenn er mit Knuth in einer Mordskeilerei seelenruhig am Boden liegt und diese über sich wegrollen läßt, kann man seinen Spaß daran haben.« (*Kölner Stadtanzeiger,* 1957)

◀ Heinz Rühmann, Fritz Wagner und Wolfgang Neuss

Heinz Rühmann, Helga Franck und Hans Albers

Heinz Rühmann, Wolfgang Neuss und Partner

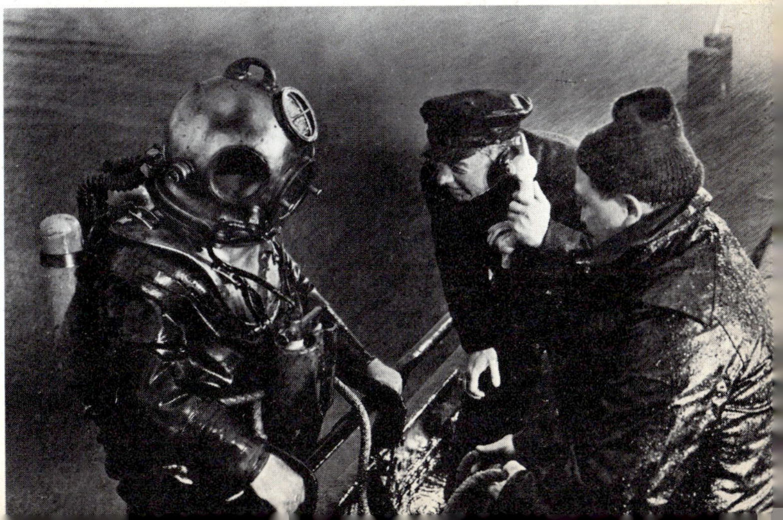

Zwischenlandung in Paris
1955

Regie Jean Dréville. *Buch* Jacques Companeez, Joseph Than. Nach dem Roman von Curt Riess. *Kamera* Helmut Ashley. *Musik* Paul Misraki. *Ton* Ernst Walter, Archimbaud. *Schnitt* Eva Kroll, Gabriel Rongier. *Bauten* Hans Sohnle, Gottfried Will, Robert Giordani. *Darsteller* Dany Robin (Michèle), Dieter Borsche (Eddie Miller), Heinz Rühmann (Petit), Heinz Nielsen (Boreau), Simone Renant (Gloria), Doris Kirchner (Arlette), Gisela von Collande (Emma), Anneliese Kaplan (Jenny), Hans Richter (Fred), Claus Biederstaedt (Jim), Holger Hagen (Steve), Francois Perier (Brissac), Micheline Gary (Geneviève), Véronique Dechamps (Denise), Roger Tréville (Douglas Moore), Reinhard Kolldehoff (Chauffeur). *Produktion* Corona/Hoche-Marina. *Länge* 2826 Meter. *Uraufführung* 17. 3. 1955. Französischer Titel *Escale a Orly*.

Heinz Rühmann und Dany Robin

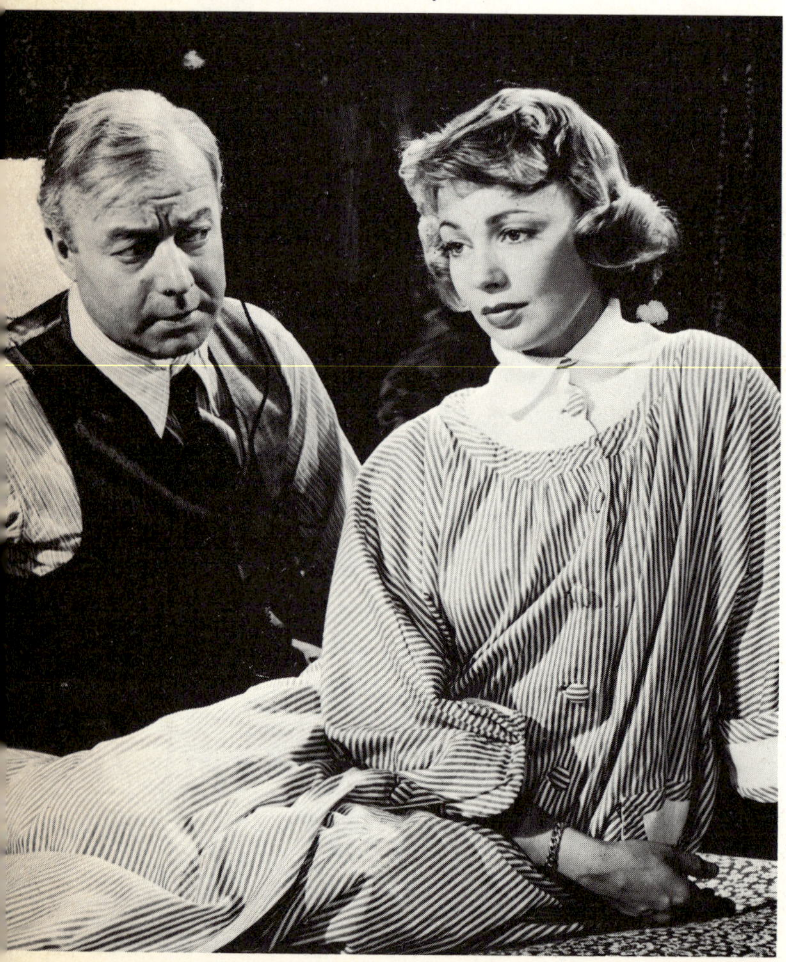

Heinz Rühmann und Partner

Am Pariser Flughafen Orly entdeckt der schwerhörige Luftfrachtangestellte Petit in einem aufgeplatzten Paket neue, moderne Hörgeräte, wie er sie sich schon seit Jahren kaufen wollte. Obwohl die Apparate den Vermerk »gebrauchsfertig« haben, hört Petit damit nichts, als er einige ausprobiert. Noch eigenartiger ist, daß ein gewisser Monsieur Boreau nach Orly kommt und dem Angestellten trotz seiner Hinweise, die Apparate seien nicht in Ordnung 10000 Francs bietet, wenn er das neu verpackte Paket schnellstens weiterschicke. Petit lehnt ab und erzählt die ganze Geschichte der Kriminalpolizei, die sich zu einer Untersuchung der Sendung entschließt. Da aber Petit in jedem Fall gegen die Dienstbestimmungen verstoßen hat, soll er entlassen werden. Er ertränkt seinen Kummer in Alkohol, der ihn mutig werden läßt, als Boreau zu einer startklaren Maschine eilt. Petit hastet hinterher und kann im entscheidenden Moment eine Flugzeugentführung verhindern. Bei der Rückkehr der Maschine nach Orly warten auf den verletzten Piloten der Krankenwagen und seine Braut, auf den Gangster die Kriminalpolizei und auf den schwerhörigen Paketabfertiger Petit ein Herr der Direktion mit Anerkennung und Belohnung für die Aufdeckung eines internationalen Rauschgiftschmuggels.

In seiner ersten fremdsprachigen Co-Produktion nach dem Krieg spielte Heinz Rühmann mit dem anrührenden Humor der Hilflosigkeit die Rolle des schwerhörigen Angestellten an der Luftfrachtwaage des Pariser Flughafens Orly, der über ein Mißgeschick stolpert und darüber zum Helden des Tages wird. Rühmann mußte sowohl den deutschen als auch den französischen Text sprechen, und dabei kam ihm wieder zugute, was er sich im Laufe der Jahre angeeignet hatte: disziplinierte Präzisionsarbeit. Der Film des französischen Regisseurs Jean Dréville war am Anfang etwas breit angelegt, bekam aber dann zunehmend Tempo, nicht zuletzt durch die verschiedensten Schicksale großer und kleiner Leute, die sich überschneiden. Das alles war sehr geschickt erzählt, und die Kritik lobte den kleinen Flughafenangestellten Petit: »Schauspielerisch interessant das feine Porträt Heinz Rühmanns, der sich ein neues Charakterfach zu erspielen beginnt.« (*Frankfurter Neue Presse,* 1955)

Heinz Rühmann und Partner

Wenn der Vater mit dem Sohne
1955

Regie Hans Quest. *Regie-Assistenz* Hermann Leitner. *Buch* Gustav Kampendonk, Eckhart Hachfeld. *Kamera (Farbe)* Kurt Schulz. *Musik* Heino Ganze. *Lied* »La-Le-Lu«, Heino Gaze (Musik), Bruno Balz (Text). *Kostüme* Walter Salemann. *Ton* Heinz Garbowski. *Schnitt* Hermann Leitner. *Bauten* Hans Ledersteger, Ernst Richter, Peter Schlewski. *Darsteller* Heinz Rühmann (Teddy Lemke), Oliver Grimm (Ulli), Waltraut Haas (Gerti), Robert Freytag (Roy Bentley), Sybil Werden (Jane), Pero Alexander (Donald Crossmann), Carl-Heinz Schroth (Peepe), Fita Benkhoff (Fräulein Biermann), Herbert Kiper (Agent Miller), Hans Schwarz (Samson), Rudolf Schündler (der Herr im Laden), Heidi Becker (Helga), Arnim Dahl (ein Kunstspringer). *Produktion* Berolina (Kurt Ulrich). *Länge* 2732 Meter. *Uraufführung* 12. 8. 1955.

Oliver Grimm und Heinz Rühmann

Der frühere Musik-Clown Teddy Lemke liebt den Pflegesohn seiner Zimmerwirtin wie sein eigenes Kind. Der sechsjährige Ulli hält Teddy Lemke für seinen Vater und er könnte sich tatsächlich keinen besseren Papi wünschen. Nur als das Kind Geburtstag hat, wird Lemke ärgerlich, weil er den Jungen in einem Clownkostüm antrifft, das Ulli auf dem Dachboden in einer Kiste gefunden hat. Abends auf dem Bettrand erzählt er ihm: Er hatte einmal einen kleinen Jungen als Partner, mit dem er in den größten Varietées mit einer Clown-Nummer auftrat. Als der Junge starb, gab er seinen Artistenberuf auf und eröffnete einen kleinen Zauberladen. »Nun hast du aber wieder mich, um Spaß zu machen, nun können wir doch wieder anfangen«, ermuntert ihn der Junge. Und wirklich: der Knabe hat Talent, ein neues Engagement winkt. Ausgerechnet da erfährt Lemke, daß Ullis Mutter ihren Sohn nach Amerika holen will, wo sie inzwischen gut verheiratet ist. Für Teddy Lemke scheint eine Welt zusammenzubrechen. Er rafft seine kleine Barschaft zusammen und flieht mit dem Jungen in seinem alten Artistenwagen in die Schweiz. Gemeinsam treten die beiden mit Erfolg auf. Da erscheint Ullis Mutter mit ihrem Mann und sie nehmen den Jungen mit. Teddy Lemke ist ein gebrochener Mann. Seines ganzen Lebensinhalts beraubt, kehrt er zu seiner Zimmerwirtin, Fräulein Biermann, zurück. Sein Freund Peepe hat sie inzwischen geheiratet; und Peepe ist es auch, der Teddy klarmacht, daß er wieder spielen muß, weil er das hat, was wenigen gegeben ist: die Gabe andere lachen zu machen. Und Teddy Lemke tritt wieder auf. Allein macht er jetzt, was er mit Ulli eingeübt hat. Als eine Stelle kommt, wo der Junge ihm mit einer Handreichung weiter half, kommt aus dem Parkett eine Stimme: »Jetzt mußt Du das selber nehmen, Papi!« Teddy Lemke weiß, daß Ulli noch einmal gekommen ist, um seinen großen Auftritt zu sehen. Jetzt spielt er nur noch für ihn und ist so gut wie noch nie. Hinter der Bühne nimmt er zum letztenmal von Ulli Abschied, über seine weiße Clownmaske laufen Tränen und als Zugabe spielt er Ullis Gute-Nacht-Lied »La-le-lu«.

Das Filmregie-Debüt des Schauspielers Hans Quest wurde für den siebenjährigen Kinderstar Oliver Grimm und den 53jährigen Heinz Rühmann ein großartiger Erfolg. Der Film ist ein Dokument der Liebenswürdigkeit des Menschen. Heinz Rühmann lehrte sein Publikum, den Glauben an die Güte des menschlichen Herzens zu bewahren und die Sorgen und Kümmernisse des Alltags mit der milden Kraft innerer Heiterkeit und Freiheit mutig anzugehen. Als kleiner Mann trotzt er dem Schicksal der permanenten Bedrohung sein schüchternes Lächeln entgegen. Als er zum Schluß dem Kind noch einmal sein Schlaflied »La-le-lu, nur der Mann im Mond schaut zu« vorsingt, bleibt im Publikum kein Auge trocken. »Heinz Rühmann spielt großartig. Er ist einer der wenigen bedeutenden Schauspieler des deutschen Filmes« (*Basler Nationalzeitung,* 1955) und »Dieser Vater Heinz Rühmann und dieser Sohn Oliver Grimm! Sie sind hinreißend!!« (*Badische Neueste Nachrichten,* 1955), und deren Kritik auch sein Talent zum Clown bescheinigte: »Er ist am stärksten,

Carl Heinz Schroth, Oliver Grimm ▶
und Heinz Rühmann

DAMEN
FRISEUR
HERREN
Damen u. Herren
Friseur
JUNO
Burger
LOTTO

Heinz Rühmann und Oliver Grimm

wenn die Lausbubenstimmung mit ihm durchgeht und man nicht weiß, wer mit größerer Begeisterung Unsinn treibt, der Vater oder der Sohn. Brillant seine Clownnummer als Filmabschluß, mit der er in jedem Varietéprogramm bestehen könnte. Der treuherzige Charme des kleinen Oliver Grimm erobert sich auch diesmal alle Herzen. Er ist ganz bei der Sache, mit einem bubenhaften Ernst und doch völlig unbefangen. Von einer herrlichen Frische und Natürlichkeit.« Und die *Neue Züricher Zeitung,* 1955 bestätigte: »Daß ein Filmkomiker sich selbst übertrifft und über das, wofür er beliebt und berühmt ist, hinauswächst, ist ein Fall, der nicht allzuoft vorkommt. Dieser Ausreißer ist nämlich ein Clown, und als dieser Clown bietet Rühmann wirklich Erstaunliches. Die Klavierszene im Theater, wo er im Beisein des geliebten Knaben und seiner ihn wieder besitzenden Mutter die Bajazzorolle des seinen Verlust beweinenden Spaßmachers spielt, reicht an beste Vorbilder heran. Diese Beigabe schätzen wir höher ein als den üblichen deutschen Filmulk, in dem sie verpackt ist.«

Charley's Tante
1956

Regie Hans Quest. *Regie-Assistenz* Hermann Leitner. *Buch* Gustav Kampendonk. Nach dem Schwank von Brandon Thomas. *Kamera (Farbe)* Kurt Schulz. *Kamera-Assistenz* Gerd Neubelt. *Musik* Friedrich Schörder. *Lieder* »Gehn sie bis zum vierten Stock«, »Es kann heute sein«, »Amazonas-Mambo«, Hans Fritz Beckmann, Hans Bradtke (Text). *Kostüme* Walter Salemann. *Ton* Hermann Dankert. *Schnitt* Hermann Leitner. *Maske* Josef Coesfeld. *Bauten* Hans H. Kuhnert, Peter Schlewski. *Darsteller* Heinz Rühmann (Dr. Otto Dernburg), Hertha Feiler (Carlotta Ramirez), Claus Biederstaedt (Ralf Dernburg), Walter Giller (Charley Sallmann), Hans Olden (Herr Wolke), Bum Krüger (Peter), Elisa Loti (Ulla Bergström), Ina Peters (Britta Nielsen), Hans Leibelt (Niels Bergström), Paul Hörbiger (August Sallmann), Helmuth Rudolph (Generalkonsul), Hilde von Stolz (Frau des Generalkonsuls), Ewald Wenck (Hotelportier), Wolfgang Condrus (Page), Wulf Rittscher (Barbesitzer), Oskar Sabo, jr. (Verkehrspolizist), Wolfgang Völz (Polizist), Wolfgang Neuss (Empfangschef). *Produktion* Berolina. *Länge* 2486 Meter. *Uraufführung* 19. 1. 1956.

Handelsattaché Dr. Otto Dernburg kommt zur Wirtschaftsgesprächen von Südamerika nach Deutschland und lernt die attraktive Millionärin Carlotta Ramirez, eine Deutsch-Südamerikanerin kennen. Er ist von der hübschen jungen Witwe sehr angetan und möchte sich gerne für den Rest seines Lebens der Dame widmen, muß aber zunächst einmal seinen jüngeren Bruder Ralf besuchen. Schiffsbau-Ingenieur Ralf Dernburg bewohnt mit Freund Charley Sallmann eine noble Junggesellenbude mit Dachgarten. Charley ist Carlottas Neffe; er hat seine Tante, die in Brasilien lebt, seit Jahren nicht gesehen. An dem Abend ist es Ralf und Charley gelungen, zwei nette Mädchen aus Schweden unter dem Vorwand einer Party in die Wohnung einzuladen. Als die jungen Herren den Mädchen zu sehr auf den Pelz rücken, verlangen diese nach einem Anstandswauwau, weil alle angeblichen Partygäste telefonisch abgesagt haben. In dieser Situation greift der eben angekommene Handelsattaché als rettender Engel ein. Um seinem Bruder Ralf und dessen Freund Charley aus der Verlegenheit zu helfen, schlüpft er in ein Abendkleid, das ihm sein Chauffeur schnellstens beschaffen mußte. Derart ausstaffiert, tritt er als exzentrische Erbtante zum Entzücken der beiden Schwedenmädchen Ulla und Britta auf. Auch Ullas Onkel und Charleys Vater erliegen schnell dem feurigen Charme des verrückten Frauenzimmers. Als die Stimmung immer ausgelassener wird, taucht die wirkli-

Ina Peters, Claus Biederstaedt und Heinz Rühmann

Heinz Rühmann und Paul Hörbiger

Hertha Feiler und Heinz Rühmann

che Tante auf. Ihrer Doppelgängerin verschlägt es die Sprache. Aber Carlotta meistert die unglaubliche Situation souverän. Als Dr. Otto Dernburg am nächsten Abend auf einem Empfang seine angebetete Carlotta wiedertrifft, trägt sie das gleiche Kleid, das er als »Charley's Tante« anhatte. Damit weiß er, daß sie ihm deswegen nicht böse ist, und einer Heimreise nach Südamerika ebenso wie dem gemeinsamen Glück nichts mehr im Wege steht.

Sie ist eigentlich nicht umzubringen, die gute alte, unverwüstliche Schwankfigur *Charley's Tante.* Ob in Eastman-Color oder Schwarz-Weiß, ob Breit- oder Normalwand, ob Theater- oder Schüleraufführung – wenn die Situation den angesehenen Dr. Dernburg zwingt, die Rolle der millionenschweren Tante beim Rendezvous zweier junger Liebespaare zu spielen, gibt es immer noch und immer wieder genug Lacher. Autor Brandon Thomas, der diesen Superschwank um die Jahrhundertwende in die Welt setzte, wurde zum Millionär. Die Gesellschaft, die die Aufführungsrechte von *Charley's Tante* vertreibt, weist liebend gerne nach, daß das Stück täglich 17mal in der ganzen Welt gespielt wird. Für die farbige Neuverfilmung wurde das Geschehen in die Gegenwart verlegt, der Rahmen erneuert und die Beziehungen der Personen zueinander intensiviert. Die Schwanksutiaton geriet in diesem Rühmann-Film gelegentlich zu lang und erschien immer dann farblos, wenn Rühmann gerade nicht in Aktion war. In den ganz großen »Tanten-Szenen«, die ihren Reiz beziehen aus dem Anblick des in Frauenkleidern steckenden Mannes und der Bedrängnis, in die das vermeintliche Weibsbild durch zwei nicht zu bremsende Verehrer gerät, wird Rühmann von Paul Hörbiger und Hans Leibelt hervorragend assistiert. Da wird die belebende Verwandtschaft von Stegreifkomödie und Fastnachtspiel deutlich spürbar.

In der Rolle der Tante Charley's hatten schon einige Größen von Bühne und Film brilliert: Albert Bassermann, Werner Krauss, Curt Bois, Paul Kemp und jetzt Heinz Rühmann. Die groteske Komik der Rolle absolvierte er mit einem wohldosierten Schuß seiner augenzwinkernden Schalkhaftigkeit, mit dem er selbst einem Griesgram ein vergnügtes Schmunzeln zu entlocken vermag. Bei den

Elisa Loti, Heinz Rühmann und Ina Peters

etwas gröberen Effekten, wie dem Mambo als Solotanz, überschlug sich das Publikum förmlich vor Lachen. »Der Komiker Rühmann hat in der jüngeren Filmgeneration noch keinen Nachfolger gefunden. Er will nicht Komiker sein, er ist es. In ihm sind vom alten Horaz-Wort *Ridendo corrigo mores* bis zur Novalis-Forderung *Wo Vernunft und Willkür sich verbinden, entsteht Humor* alle Erfahrungen und Gesetze, bewußt oder unbewußt, lebendig. Er beherrscht die Skala von der Kammerton-Pointe bis zum derb-saftigen, die äußerste Grenze des ›Anständigen‹ so eben noch wahrenden Klamauks; er weiß, daß Licht ohne Dunkel nicht ist und im Scherz, in der Drollerie die leise Ahnung vom Tragischen und Hintergründigen mitschwingen muß. Er nahm sich am Anfang seiner Laufbahn Zeit, und nimmt sie sich auch heute noch, und deshalb braucht er die Zeit nicht zu fürchten.« (*Die Zeit,* 1956) Doch bevor Produzent Kurt Ulrich die Rolle mit Rühmann besetzen durfte, mußte er sich gegen die Bosse der Berolina und der Verleihfirmen vehement durchsetzen. Sie alle zögerten bei dem Namen Rühmann noch lange. Andere Schauspieler wurden vorgeschlagen, verworfen, wieder vorgeschlagen und wieder verworfen. Dann stimmten die Verleiher höchst widerwillig dem Vorschlag von Kurt Ulrich zu und es wurde für sie das Geschäft ihres Lebens: *Charley's Tante* – Rühmanns Frau spielte die echte Tante – wurde zu einem der größten Kassenschlager, den es in dieser Zeit gab. Aber wie schwer tat sich Rühmann in diesem Film, wie schwer machte er es sich selbst! Es war ihm peinlich, in Frauenkleidern herumzulaufen, und wenn er Interviews geben sollte, zog er sich immer zuvor um. Eiskalt ging er auch zum Tanzunterricht, da eine Frau ja bekanntlich anders als ein Mann tanzt. Solche Mühen wurden reichlich belohnt: Jetzt war er wieder gefragt und überall hieß es »Der alte Rühmann ist wieder da«. Doch gerade dieser Erfolg hätte ihn um ein Haar um die Rolle seines Lebens, den Schuster Wilhelm Voigt in *Der Hauptmann von Köpenick* gebracht. Als es darum ging, für diesen Film die Hauptrolle zu besetzen, schieden sich ganz erheblich die Geister, denn »wer noch als ›Charley's Tante‹ über die Leinwand tanzt, kann nicht gleich darauf den Schuster Voigt spielen«.

Der Hauptmann von Köpenick
1956

Regie Helmut Käutner. *Regie-Assistenz* Erica Balqué. *Buch* Carl Zuckmayer, Helmut Käutner. Nach dem Bühnenstück von Carl Zuckmayer. *Kamera (Farbe)* Albert Benitz. *Kamera-Assistenz* Dieter Parnow. *Musik* Bernhard Eichhorn. *Kostüme* Erna Sander. *Ton* Werner Schlagge. *Schnitt* Klaus Dudenhöfer. *Bauten* Herbert Kirchhoff, Albrecht Becker. *Darsteller* Heinz Rühmann (Wilhelm Voigt, Schuster), Hannelore Schroth (Mathilde Obermüller), Martin Held (Dr. Obermüller), Erich Schellow (Hauptmann von Schlettow), Willy A. Kleinau (Friedrich Hoprecht), Ilse Fürstenberg (Marie Hoprecht), Leonhard Steckel (Adolph Wormser), Walter Giller (Willi), Maria Sebaldt (Auguste Viktoria), Friedrich Domin (Zuchthausdirektor), Ethel Reschke (Pleureusenmieze), Joseph Offenbach (Wabschke), Wolfgang Neuss (Zuchthäusler Kallenberg), Bum Krüger (Schutzmann Kilian), Kurt Fuß (Gianpietro), Willi Rose (Polizeiwachtmeister in Rixdorf), Rudolf Fenner (Polizeiwachtmeister in Potsdam), Reinhard Koldehoff (betrunkener Grenadier), Otto Wernicke (Schuhmachermeister), Karl Hellmer (Novak), Siegfried Lowitz (Rosenkranz), Kurt Klopsch (Polizeiinspektor in Köpenick), Willy Maertens (Prokurist Knell), Robert Meyen (von Jagow), Ludwig Linkmann (betrunkener Zivilist), Jochen Beume (Paßkommissar), Jochen Meyn (von Schleinitz), Peter Ahrweiler (Anstalts-Geistlicher), Helmut Gmelin (Kürassieroberst). *Produktion* Realfilm, Hamburg. *Länge* 2542 Meter. *Uraufführung* 16. 8. 1956.

Der Schuster Wilhelm Voigt wird nach 23 Jahren Zuchthaus und Gefängnis wegen Urkundenfälschung, Irreführung der Behörden, Falschmeldung und Paßvergehens in fortgesetzter Rückfälligkeit aus der Strafanstalt Berlin-Plötzensee entlassen. Er will arbeiten und ein ehrlicher Mensch werden. Aber wo immer er um Arbeit bittet, fragt man nach seinen Papieren. Um die aber zu bekommen, braucht er eine behördliche Aufenthaltsgenehmigung, dafür aber einen Arbeitsnachweis. Es ist ein Teufelskreis, in dem er sich da befindet. Der Paß wird für Wilhelm Voigt der Inbegriff für die wiederzuerlangende Gleichberechtigung. Er will einen Paß mit Grenzvisum, damit er in ein

anderes Land gehen und sein Vorleben hinter sich lassen kann. Aber so sehr er sich auch bemüht, niemand gibt ihm einen Paß, niemand fühlt sich zuständig. Da bricht Wilhelm Voigt in ein Potsdamer Polizeirevier ein und will sich seinen Paß selbst ausstellen. Dabei wird er erwischt und zu zehn Jahren Zuchthaus wegen schweren Einbruchs in ein Amtslokal verknackt. In der Erkenntnis, daß der Mensch in Zivil nichts, in Uniform dagegen alles ist, lernt er in der Gefangenenbibliothek die preußische Felddienstordnung. Darin steht der Lehrsatz »Der Offizier wird allein durch seine Rangabzeichen legitimiert. Ein Kommando unter Gewehr verleiht ihm absolute Gewalt.« Häftling Voigts erstaunlicher Sinn für militärisches Denken, wird nach Ansicht des Gefängnisdirektors ihm im späteren Leben sicher von Nutzen sein. Dieser verhinderte Moltke, der alljährlich am Tage der Schlacht von Sedan in der Kapelle der Strafanstalt die Höhe 101 noch einmal stürmen läßt, ahnt nicht, wie recht er damit hat. Denn als Wilhelm Voigt entlassen wird, will er es noch einmal auf ehrliche Art versuchen. Er sucht seine Schwester in Rixdorf auf und lernt seinen Schwager Hoprecht kennen, der Wilhelm Voigt Mut macht. Die Polizei dagegen macht ihm durchaus keinen Mut. Nun hätte er endlich eine Heimat gefunden, aber im Briefkasten liegt die Ausweisung. Da gibt Voigt seinen Versuch mit der Ehrlichkeit endgültig auf. Bei einem Trödler ersteht er eine Hauptmannsuniform, geht als Zivilist auf die Toilette des Schlesischen Bahnhofs in Berlin und kommt in preußischer Hauptmannsuniform wieder heraus. Er unterstellt einen Gefreiten und ein Dutzend Soldaten seinem Kommando, fährt mit ihnen vom Bahnhof Putlitzstraße nach Köpenick und landet seinen großen Coup. Er besetzt das Rathaus, verhaftet den Bürgermeister nebst Stadtkämmerer, beschlagnahmt die Stadtkasse und läßt die Gefangenen zur Neuen Wache Unter den Linden bringen. Die Aktion klappt wie am Schnürchen, aber was Wilhelm Voigt so dringend braucht, bekommt er auch dort nicht: Im Rathaus Köpenick gibt es keine Paßabteilung – das hat er nicht gewußt. Während alle Welt über den tollen Streich des »Hauptmann von Köpenick« lacht, geht Wilhelm Voigt auf die Paßzentrale des Polizeipräsidiums und verspricht gegen Ausstellung eines Passes die Auslieferung des Hauptmann von Köpenick und der Stadtkasse. Zwar kommt er zuerst noch einmal in Plötzensee hinter Gitter, dann aber begnadigt ihn der Kaiser und er erhält seinen langersehnten Paß. Über den freut er sich trotz seiner schlohweißen Haare, die er mittlerweile bekommen hat und will nun kein Grenzvisum mehr haben, sondern in Deutschland bleiben.

Heinz Rühmann und Partner

Schon zweimal war Carl Zuckmayers tragikkomische Geschichte um den Berliner Schuster, über dessen Streiche die ganze Welt lachte, verfilmt worden. Nachdem 1931 Carl Zuckmayer die historische Begebenheit als Theaterstück herausgebracht hatte, wurde es noch im selben Jahr von Regisseur Richard Oswald mit Max Adalbert in der Titelrolle verfilmt. Zehn Jahre später folgte die amerikanische Verfilmung mit Albert Bassermann unter dem Titel *Captain of Koepenick*. Bevor die dritte Verfilmung mit Heinz Rühmann in der Titelrolle produziert wurde, gab es hinter den Kulissen harte Kämpfe. Dieser und jener Schauspieler war im Gespräch – nur Heinz Rühmann nicht. Viele hatten Bedenken gegen ihn, außer Regisseur Käutner. Er entschloß sich ganz klar für Rühmann und setzte sich für ihn ein. Rühmann selbst wußte um das Risiko und führte lange vorher ausführliche Gespräche mit Zuckmayer und Käutner. Schon Wochen vor Drehbeginn traf er in Hamburg ein, studierte in der Strafanstalt Hamburg-Fuhlsbüttel an Ort und Stelle das Milieu. Die Aufgabe, die vor Heinz Rühmann lag, hatte ihn mit Haut und Haaren gepackt. Als er sich auf die Rolle des Schusters Voigt in einem Hamburger Hotelzimmer vorbereitete, bat er sich äußerste Ruhe aus. Kein Besuch, nichts und niemand durfte ihn stören oder ablenken, nur ein Dompfaff ist der einzige Zeuge. Er sitzt auf dem Bettpfosten und behorcht Rühmann, wenn dieser sich auf die Rolle konzentriert, oder mit müden, hoffnungslosen Schritten durchs Zimmer schlurft und sein Ebenbild im Spiegel anberlinert oder zackige Kommandos gibt. Nach über einem Jahr Vorbereitungszeit ist *Der Hauptmann von Köpenick* nach 27 Tagen Atelierarbeit und 14 Tagen Außenaufnahmen abgedreht. Unter der Führung Helmut Käutners spielt Rühmann, als ginge es um sein Leben. Seehundsbart, Stoppelhaare, zerschlissene Melone, kragenloses Hemd, eine verbeulte Röhrenhose – der Schuster Voigt wie er leibt und lebt. Die Tage vor der Kamera sind für Rühmann voll äußerster Konzentration und Disziplin, voll Besessenheit und schauspielerischer Kraft. Er bringt seine differenzierte, gereifte Darstellungskunst, seine feine Komik voll zur Geltung. Er spielt keine Verkörperung gegen soziale Mißstände, keine private Revolution gegen das Unrecht – sondern zeigt, daß der Streich des ewig Erniedrigten, ewig Getretenen der verzweifelte, naive Versuch war, sich die Grundlage für eine ordentliche Existenz zu schaffen. Rühmann verkörpert mit einer grandiosen Mischung von äußerer Komik und innerer Tragik das leidende Geschöpf, das nichts weiter will, als einen klitzekleinen Platz für ein ruhiges Leben. Dann ist es soweit: Festliche Premiere, ein großer Film und ein von Rühmann ergriffenes und gepacktes Publikum, das lange Zeit keine Hand zum Beifall zu rühren vermag. Dann aber will der Applaus kein Ende nehmen. *Der Hauptmann von Köpenick* wird nicht nur ein deutscher, sondern ein internationaler Erfolg erster Ordnung. Innerhalb von fünf Monaten nach der Uraufführung sehen ihn in Deutschland in 1450 Kinos zehn Millionen Menschen. Er wird in insgesamt 53 Länder exportiert und ist einer der größten Erfolge, den ein deutscher Film seit dem Krieg gehabt hat.

Heinz Rühmann und Partner

Hannelore Schroth, Heinz Rühmann und Partner

Der Hauptmann wird mit Preisen und Auszeichnungen geradezu überschüttet: Bundesfilmpreis 1957 für Hauptdarsteller, Produktion, Regie, Drehbuch und Bauten; Preis der Deutschen Filmkritik 1956 für Regie und Darstellung; Berliner Kritikerpreis für Heinz Rühmann; Burdas Bambi und das Prädikat »Besonders wertvoll« der Filmbewertungsstelle Wiesbaden. Doch damit nicht genug: 1956 wird er in Venedig und 1957 im schottischen Edinburgh vielbeachteter Festspielbeitrag und im gleichen Jahr bekommt Rühmann bei den Filmfestspielen in San Francisco den *Golden Globe* als bester Darsteller. Sogar für die höchste amerikanische Auszeichnung, den *Oscar,* wird er vorgeschlagen. Nach der Premiere schrieb Carl Zuckmayer: »Der unvergeßliche Berliner Volksschauspieler Max Adalbert hatte 1931 in der ersten Verfilmung der Gestalt des umhergetriebenen Schusters die wärmsten und menschlichsten Züge verliehen. Werner Krauss hat in einer seiner stärksten Leistungen auf der Bühne die Figur ins Dämonische vorgetrieben, der große Albert Bassermann hatte das Pech, die Rolle in einer verunglückten Hollywood-Produktion (1941) unter so mißlichen Umständen spielen zu müssen, daß er seine herrlichen schauspielerischen Mittel nicht entfalten konnte. Rüh-

Heinz Rühmann und Partner

Heinz Rühmann und Partner

mann aber gab dem preußischen Eulenspiegel in Wilhelm Voigt sein volles Recht und seine tiefere Bedeutung – Lachen und Weinen waren da immer ganz nahe beisammen … »Wenn er unter Käutners glänzender Regie nach gelungener Köpenickiade auf der Treppe des Rathauses die Soldaten mit ›für jeden Mann ein Bier und 'ne Bockwurst‹ entläßt, dann geht eine so fundamentale Traurigkeit von ihm aus, daß man sich der Vergeblichkeit aller Flucht des Menschen aus seinem Schicksal schaudernd bewußt wird.« Heinz Rühmann ist über dieses Lob noch mehr erfreut, als über all die anderen Ehrungen und Lobpreisungen, die nun auf ihn zukommen. Vor allem die amerikanische Kritik lobte den *Hauptmann von Köpenick,* der damit auch den Markt für andere deutsche Filme in den Vereinigten Staaten geöffnet hatte. Selten waren sich die Kritiker so einig, hatten einen Film so über den grünen Klee gelobt. *Daily News,* 1957: »Der Film ist einer der Besten, die seit dem Kriege aus Deutschland gekommen sind.« Auch die eher zurückhaltende *New York Times* jubelte (1957): »Der Film ist magnificant, er ist schlechthin superb.« Rühmanns Glanzleistung, der Höhepunkt seiner Filmkarriere, ließ alle jene, die jahrelang an ihm 'rumgemäkelt hatten, nur noch still staunen.

Schneider Wibbel
1956

Regie Kurt Meisel. *Regie-Assistenz* Hermann Haller. *Buch* Gustav Kampendonk. Nach Motiven des Volksstückes von Hans Müller-Schlösser. *Kamera (Farbe)* Kurt Schulz. *Kamera-Assistenz* Gerd Neubelt. *Musik* Friedrich Schröder. *Liedertexte* Hans Bradtke. *Ton* Fritz Schwarz. *Schnitt* Hermann Haller. *Bauten* Hanns H. Kuhnert, Peter Schlewski, Paul Markwitz. *Kostüme* Walter Jalemann, Trude Ulrich, Paul Seltenhammer. *Darsteller* Heinz Rühmann (Anton Wibbel), Hannelore Bollmann (Fin), Werner Peters (Mölfes), Günther Lüders (Mattes), Walter Giller (Bosty McMillar), Carla Hagen (Mariechen), Ellen Waldeck (Großmutter), Carl Napp (Herr Knipperling), Jupp Flohr (Herr Fisternölles), Otto Wernicke (Willowitz), Siegfried Lowitz (Kriminalinspektor), Lilo Hartmann (Frau Kladders), Toni Treutler (Frau Knipperling), Emmy Burg (Meta Hubbelrath), Waltraut Runze (Kläre), Marina Orschel (Tilde), Edward Melotte (der englische Richter), Hellmut Grube (Dolmetscher), Kurt Pratsch-Kaufmann (Pförtner der Strafanstalt), Alexa von Porembsky (Kundin im Fleischerladen), Wolfgang Müller (Kriminalangestellter), Wulf Rittscher (Mann mit Fernglas). *Produktion* Berolina. *Länge* 92 Minuten. *Uraufführung* 12. 9. 1956. Alternativer Titel *Das Sonntagskind.*

Schneidermeister Anton Wibbel in Köln ist ein Sonntagskind. Selbst die schwierige Nachkriegszeit mit Schwarzmarkt und englischer Besatzung kann ihm wenig anhaben. Vergnügt und emsig sitzt er mit seinen Gesellen Mölfes und Mattes in seiner Werkstatt. Für das leibliche Wohl sorgt Frau Schneidermeisterin Fin. Da kommt die Karnevalszeit. Reichlich angeheitert leiht sich Anton Wibbel von seinem Freund, dem schottischen Militärpolizisten Bosty McMillar für ein Fest die Uniform. Der Erfolg ist weniger heiter: drei Wochen Gefängnis wegen unbefugten Tragens einer Uniform. Da Anton Wibbel aber lieber seine Großmutter im Siebengebirge besuchen möchte, als im Arrest zu schmoren, überredet er den Gesellen Mattes, an seiner Stelle die Strafe abzusitzen. Wibbel macht sich mit Frau Fin ein paar schöne Urlaubstage, bis sie erfahren, daß Geselle Mattes im Gefängnis plötzlich verstorben ist. Wibbel findet es zunächst komisch, daß er jetzt offiziell tot ist, und beobachtet aus sicherem Versteck sein »Begräbnis«; bald aber muß er mitansehen, wie sowohl Mölfes als auch Freund Bosty sich sehr um seine vermeintliche Witwe bemühen. Schnell entschließt sich Wibbel, sie als sein eigener Bruder Jimmy aus Amerika noch einmal zu heiraten. Als die Schwägerin des verstorbenen Gesellen Mattes erscheint, wird die Lage brenzlig. Wibbel gerät unter Mordverdacht, bis ihm Geselle Mölfes unerwartet zu Hilfe kommt: durch ein Telegramm nach Amerika hat er erreicht, daß der echte Jimmy Wibbel in Deutschland erscheint. Bruder Anton kann wieder er selbst werden und sich trotz ausgestandener Ängste und der Strafe wegen Täuschung der deutschen Behörden, seines Daseins erfreuen.

Das bekannte, vielgespielte Volksstück *Schneider Wibbel* war schon zweimal zuvor, und zwar 1931 mit Paul Henckels und kurz vor dem Krieg mit Erich Ponto, verfilmt worden. Doch dieser Schneider Wibbel, der es so faustdick hinter den Ohren hat und im Original der ganzen Napoleonischen Armee eine Nase dreht, mit diesem Sonntagskind des Daseins hatte der Rühmann-Wibbel nicht mehr allzuviel gemeinsam. Drehbuchautor Gustav Kampendonck hatte die Handlung modernisiert und in die Zeit der Camel-Währung, des schwarzen Marktes, der grauen Misere und der bunten Weiberfastnacht verlegt. *Der Spiegel* kritisierte: »Heinz Rühmann unternimmt zwar gelegentlich Versuche, in tiefere Bereiche des Humors zu gelangen, kann aber der üppigen Entfaltung von oberflächlichem Lesebuchoptimismus nicht merklich entgegenwirken.« Da die Modernisierung der Geschichte nicht besonders bekam, waren die Meinungen von Publikum und Presse geteilt: »Natürlich ist das ein handfester, um nicht zu sagen faustdicker Kassenschlager, aber die Rühmann-Verehrer sind doch ein bißchen traurig, wenn dieser kultivierte Schauspieler uns hier manchen Tiefschlag versetzt mit ausgesprochener Klamottenkomik.« (*Der Tag,* Berlin, 1956)

Werner Peters, Heinz Rühmann und Günther Lüders

Walter Giller und Heinz Rühmann ▶

Anton
Wibbel
Schneidermeister
ff. Herrenmoden

Vater sein dagegen sehr
1957

Agnes Windeck, Maren-Inken Bielenberg, Heinz Rühmann, Rolf Pinegger, Hans Leibelt, Marianne Koch und Luigi Malipiero

Regie Kurt Meisel. *Regie-Assistenz* Wolfgang Wehrum. *Buch* Gustav Kampendonk, Hans Jacoby. Nach dem Roman von Horst Biernath. *Kamera (Farbe)* Kurt Hasse. *Musik* Michael Jary. *Ton* Heinz Garbowski. *Schnitt* Wolfgang Wehrum. *Bauten* Hanns H. Kuhnert, Wilhelm Vorwerg. *Darsteller* Heinz Rühmann (Lutz Ventura), Marianne Koch (Margot Sonnemann), Hans Leibelt (Pfarrer Miesbach), Maren-Inken Bielenberg (Traudl), Rolf Pinegger (Rudi), Paul Esser (Friedrich Roeckel), Edith Schollwer (Ottilie Roeckel), Agnes Windeck (Fürsorgerin), Hans W. Anders (Schulvorsteher), Luigi Malipiero (Briefträger), Kurt Meisel (Schneider), Franz Otto Krüger (Standesbeamter). *Produktion* Berolina. *Länge* 2569 Meter. *Uraufführung* 12. 9. 1957.

»Vater werden ist nicht schwer, Vater sein dagegen sehr.« – Was Wilhelm Busch auf diese knappe Formel brachte, erfährt der schriftstellernde Junggeselle Lutz Ventura, der im kleinen Wehrturm eines fränkischen Städtchens lebt. Obwohl für seinen eigenen Unterhalt die spärlichen Honorare kaum ausreichen, nimmt er nach dem Tode seiner Schwester deren verwaiste Kinder zu sich. Seine Verlobte Margot ist damit keineswegs einverstanden und stellt ihn vor die Entscheidung: entweder die Kinder oder deine Braut! Die zwölfjährige Traudl und der kleinere Rudi kommen zu entfernten Verwandten, wo Tante Ottilie für Kinder keinerlei Verständnis hat. Sie reißen aus und kehren zu ihrem Onkel Lutz zurück. Da aber Ventura unverheiratet ist und kein geregeltes Einkommen hat, sollen, auf Beschluß des Vormundschaftsgerichtes, die Kinder ins Waisenhaus. Da findet sich Braut Margot, die ihn zuvor wegen der Kinder im Zorn verlassen hatte, doch bereit, zu heiraten, zumal Lutz Ventura sein nächstes Buch »Die Kunst, Junggeselle zu bleiben«, nicht schreiben wird.

Maren-Inken Bielenberg, Heinz Rühmann und Rolf Pinegger

Mit der Rolle des rührigen Schriftstellers Lutz Ventura, der trotz räumlicher Beengtheit und zahlloser anderer Widrigkeiten zwei Waisenkinder bei sich aufnimmt, verblüffte Heinz Rühmann Publikum und Presse. »Der arg geprüfte Betrachter sogenannter Lustspiele glaubt zunächst seinen Augen und Ohren nicht trauen zu dürfen: dieser Film ist zwar völlig frei von triefender Sentimentalität und billigen Situationen; und dennoch behandelt er ein Thema, das bisher bei uns in Fluten von Rührung zu ersaufen drohte.« (*Münchner Merkur,* 1957) »Der Film suggeriert dem Betrachter mehrfach, daß man kein Geld auf der Bank, sondern Gold im Herzen haben muß, um unbeschwert leben zu können und zeigte: ›Manchmal muß eben etwas gehen im Leben, was eigentlich nicht geht‹ ... und hier geht auch plötzlich auf der Leinwand, was sonst im deutschen Unterhaltungsfilm fast unmöglich scheint: Es geht nämlich, daß Gefühl nicht zu Sentimentalität entartet, daß die Moral nicht sauer schmeckt, daß die Kinder Kinder bleiben, obwohl (oder weil) sie ihre Verschen mehr schlecht als recht aufsagen und obwohl (oder weil) sie alles andere als fotogen sind. Heinz Rühmann, der Gute, spielt den freiwilligen Vater mit dem reinen Kinderherzen, den liebenswerten Provokateur seiner eigenen Gutmütigkeit, Kurt Meisel führt Regie – beide rühren durch stirnrunzelnden Charme und verhaltenen Humor.« (*Süddeutsche Zeitung,* 1957)

Es geschah am hellichten Tag
1958

Regie Ladislao Vajda. *Regie-Assistenz* M. Haufler. *Buch* Friedrich Dürrenmatt, Hans Jacoby, Ladislao Vajda. Nach dem Roman DAS VERSPRECHEN von Friedrich Dürrenmatt. *Kamera* Heinrich Gärtner. *Kamera-Assistenz* Ernst Bollinger. *Musik* Bruno Canfora. *Ton* Kurt Hugenjobler. *Schnitt* Hermann Haller. *Bauten* Max Röthlisberger. *Darsteller* Heinz Rühmann (Kommissar Matthäi), Michel Simon (Hausierer Jacquier), Edwald Balser (Prof. Manz), Gert Fröbe (Schrott), Berta Drews (Frau Schrott), Siegfried Lowitz (Kommissar Henzi), Maria Rosa Salgado (Frau Heller), Anita von Ow (Annemarie), Barbara Haller (Ursula), Heinrich Gretler (Polizeikommandant), Emil Hegetschweiler (Gemeinde-Präsident), Sigfried Steiner (Detektiv Feller), René Magron (Polizeibeamter Weber), Hans Gaugler (Vater Moser), Magrit Winter (Mutter Moser), Ettore Cella (Garagenbesitzer), Anneliese Betchart (Lehrerin). *Produktion* CCC/(Arthur Brauner)/Praesens. *Länge* 99 Minuten. *Uraufführung* 7. 8. 1958.

Der alte Hausierer Jacquier macht im Wald unweit einer Straße in dem Kanton Graubünden eine grausige Entdekkung: die Leiche der neunjährigen Gritli Moser, die von einem Unbekannten ermordet wurde. Alle Tatumstände deuten auf einen Täter hin, der vermutlich schon zwei weitere gleichaltrige Mädchen umgebracht hat, ohne daß ihn die Polizei bisher fassen konnte. Obwohl der Hausierer selbst die Polizei auf die Leiche aufmerksam gemacht hat, wird er der Tat verdächtigt. Viele Indizien sprechen gegen den alten Mann und Kommissar Henzi treibt ihn mit harten Verhörmethoden in die Enge. Da erhängt sich der Verhaftete in seiner Zelle. Der Fall könnte abgeschlossen werden, aber der erfahrene Kriminalkommissar Matthäi glaubt weiterhin an Jacquiers Unschuld. Er kann aber nicht mehr eingreifen, da er im Ausland eine neue Auf-

Heinz Rühmann und Ewald Balser

Heinz Rühmann und Anita von Ow

gabe übernehmen soll. Beim Abflug beobachtet er eine Dame die Trüffelpralinen ißt, und er erinnert sich an eine Zeichnung des ermordeten Mädchens: einen mächtigen Mann, aus dessen Hand kleine stachelige Bälle fallen, dazu ein schwarzes Auto, ein Käfer mit Hörnern und eine Kasperlefigur. Auf sich allein gestellt, versucht der Kommissar mit einem Kind als Köder, den wirklichen Mörder zu finden; als ihm das glingt, braucht er keinen Richter mehr, er wird von Matthäis Beamten erschossen.

Mit seiner ersten Darstellung eines Kriminalkommissars sicherte sich Heinz Rühmann endgültig einen Platz unter den großen Charakterdarstellern. Die psychologisch fein gesponnene Kriminalerzählung des bekannten Schweizer Bühnenautors Friedrich Dürrenmatt ermöglichte Heinz Rühmann eine jener Rollen, in denen er seine große schauspielerische Potenz in der Darstellung des verschlossenen Sonderlings Matthäi, der verbissen einem scheinbar sinnlosem Ziele nachhängt, voll zur Entfaltung bringen konnte. »Unter der hervorragenden Regie von Ladislao Vajda wird die Handlung pausenlos in einem unbarmherzigen und beklemmenden Tempo gesteigert und ist getragen von einem Dialog, der vor Gescheitheit blitzt und nur gelegentlich durch die, dem Dichter eigene, Melancholie gebremst wird.« (*Aufbau,* New York, 1960) »Die Schweiz hat mit diesem bemerkenswerten Beitrag gezeigt, wie man das abgegraste Feld des gehobenen Kriminalfilms immer noch neu und besonders bestellen kann.« (*Die Welt,* 1958) Vom ersten Augenblick an überzeugte er als der ernste, melancholisch sarkastische Spürhund, der im Alleingang ein Sittlichkeitsverbrechen aufdeckt. Rühmann war denn auch mit dieser Rolle überglücklich: »Mein schönster Auftrag seit langem!«

Der Mann, der nicht nein sagen konnte
1958

Regie Kurt Früh. *Regie-Assistenz* Hans Mehringer. *Buch* Hans Jacoby, Max Colpet. Nach einer Novelle von Hans Jacoby. *Kamera* Göran Strindberg. *Kamera-Assitenz* Bjørk Aabeck, Erik Overby. *Musik* Heinrich Sutermeister. *Ton* Knud Kristensen. *Schnitt* Anker Sörensen. *Bauten* Erik Aes, Rudolf Remp. *Darsteller* Heinz Rühmann (Thomas Träumer), Hannelore Schroth (Eva Träumer), Siegfried Lowitz (Ulrich), Ursula Heyer (Bettina), Renate Ewert (Marilyn), Helga Münster (Hilde), Franz Otto Krüger (Kommissar Kümmelmann), Wolfgang Kieling (Untersuchungsrichter), Willi Rose (Polizei-Wachtmeister), Erwin Linder (Polizei-Reviervorsteher), Carl Voscherau (Gefängniswachtmeister), Clemens Hasse (Angestellter beim Hundezwinger), Inge Stolten (Fürsorgerin). *Produktion* Rialto/Pen. *Länge* 92 Minuten. *Uraufführung* 4. 9. 1958. Dänischer Titel *Manden, der ikke ku' sige nej.*

In das gleichmäßige und glanzlos gewordene Leben des Handlungsreisenden Thomas Träumer kommt eines Tages Abwechslung in Gestalt eines kleinen Hundes. Strupps gehört der siebzehnjährigen Bettina, die von zuhause fortgelaufen ist und sich damit über Wasser hält, daß sie ihren geliebten Hund mehrmals verkauft und mit einem Pfiff wieder zu sich zurückholt. Da sie kein Dach über dem Kopf hat, wird sie jedoch eines Tages mit zwei anderen Mädchen in ein Fürsorgeheim gebracht, und Thomas Träumer ist nun doch wieder Hundebesitzer. Ehefrau Eva ist das gar nicht recht und Thomas quartiert den Hund in der Absteige seines Freundes Ulrich ein. Die drei Mädchen flüchten aus dem Heim und treffen bei der Suche nach Bettinas Hund, Thomas Träumer, der sich überreden läßt, sie vor der Polizei in der Absteige zu verstecken. Thomas' Beschützerinstinkt ist geweckt, er kümmert sich um die unschuldsvoll aussehenden jungen Dinger und führt solcherart ein regelrechtes Doppelleben. Freund Ulrich hält ihn gar für einen großen Frauenhelden, doch die Sache nimmt eine üble Wendung, als eine der hoffnungsvollen Damen in der darunterliegenden Wohnung einbricht und Thomas Träumer wird als Mitwisser verhaftet. Völlig mit den Nerven runter, besucht ihn Ehefrau Eva, die das alles nicht begreifen kann, im Untersuchungsgefängnis. Als sich die Mädchen schließlich freiwillig wieder im Fürsorgeheim einfinden, der wahre Sachverhalt aufgeklärt und Thomas Träumer aus dem Gefängnis entlassen wird, führt ihn sein erster Weg zum Hundezwinger. Dort holt er Strupps ab, der nun auch von Ehefrau Eva in der Familie akzeptiert wird.

Leicht verträumt, wie der Rollenname Thomas Träumer, ist die Geschichte um den Mann, der Ärger bekommt, weil er einen Hund nach Hause bringt, den seine Frau nicht haben will. »So weise ist der Gute, daß er freiwillig der Dumme ist: Heinz Rühmann mit seiner leisen Komik, dem verschmitzten Pfiffikus-Gemüt und einem zarten Zug von sanfter Traurigkeit. Ein liebes Filmchen.« (*Die Abendzeitung München,* 1958)

Heinz Rühmann und Willi Rose

Heinz Rühmann und Hannelore Schroth

Der Pauker
1958

Regie Axel von Ambesser. *Regie-Assistenz* Walter Boos. *Buch* Curth Flatow, Eckart Hachfeld. *Kamera* Erich Claunigk. *Musik* Karl von Feilitzsch. *Ton* Ernst Mark. *Schnitt* Walter Boos. *Bauten* Hans Berthel, Robert Stratil. *Darsteller* Heinz Rühmann (Dr. Hermann Seidel), Vera Frydtberg (Vera Bork), Gert Fröbe (Freddy Blei), Peter Kraus (Achim Bork), Ernst Reinhold (Martin Rissler), Hans Zander (Martin Bär), Axel Scholtz (Axel Scholtz), Michael Verhoeven (Peter Wieland), Peter Vogel (Eduard Neureiter), Klaus Löwitsch (Harry Engelmann), Bruni Löbel (Fräulein Dr. Selinski), Ernst Fritz Fürbringer (Oberschulrat Wagner), Hans Leibelt (Direktor Wiesbacher), Franz Otto Krüger (Direktor Caspari), Walter Sedlmayr (Junglehrer), Alexander Hunzinger (Gollwitz, Besitzer eines Spielsalons), Heinz Leo Fischer (Dr. Rössler), Helmut Brasch (1. Kriminalbeamter), Franz Fröhlich (2. Kriminalbeamter), Gustl Danz (Fahrradhändler), Willy Auerswald (Geldbriefträger), Rosl Mayr (Zeitungshändlerin), Stefan Neuner (Bender, ein Quartaner). *Produktion* Kurt Ulrich. *Länge* 92 Minuten. *Uraufführung* 2. 10. 1958.

Peter Vogel, Fritz Wepper, Heinz Rühmann und Partner

Peter Kraus, Axel Scholtz, Michael Verhoeven, Hans Zander, Ernst Reinhold, Peter Vogel und Heinz Rühmann

Heinz Rühmann und Gert Fröbe

Dem korrekten, selbstgefälligen Studienrat eines Provinz-Gymnasiums stellt sich eine Herausforderung besonderer Art: er soll eine Großstadtklasse übernehmen, an der schon mehrere Erzieher kläglich gescheitert sind. Und wenn seine bisherigen Schüler aufs Wort gespurt haben, sieht sich »Pauker« Dr. Seidel nun Gegnern und Gefahren gegenüber, von denen er in seiner idyllischen Provinzschule nicht einmal im entferntesten zu träumen wagte. Mit einiger Mühe und der Hilfe weniger Freunde, die ihm vertrauen, lernt er, der pedantische und verknöcherte Lehrer, daß er sich von seinen festgefügten, überlieferten Regeln und Normen trennen muß. Allmählich findet Dr. Seidel den richtigen Ton; mit Staunen und Überraschung registrieren seine Schüler die Wandlung des »Paukers« zu einem Mann, dem auch die wildesten Rowdys Achtung zollen. Auch der Oberschulrat, der zur Schlußprüfung kommt, ist überrascht. Seine Anerkennung an den »neuen« Dr. Seidel ist weit mehr als eine Konzession an einen eitlen »Pauker«, der vor gar nicht allzu langer Zeit sagte: »Starke Persönlichkeiten setzen sich überall durch.«

Der Pauker war eine auf Rühmann zugeschnittene Paraderolle, in der er sich im Schulmief wieder einmal so richtig austoben konnte. Genau besehen ist dieser Pauker eine interessante Mischung aus Gestalten von Heinrich Mann und Heinrich Spoerl; ihn umwittert die Atmosphäre der Jahrhundertwende. Die Schüler jedoch sind Produkte der Gegenwart: Vollmotorisiert, halbstark und vernachlässigt – wie jene aus der *Saat der Gewalt*, die auch wild entschlossen sind, ihren Lehrer zusammenzuschlagen. »Wie nun Axel von Ambesser und Heinz Rühmann diese grundverschiedenen Welten nahezu glaubhaft und fast immer amüsant unter einen Hut bringen, ist ein erstaunlicher Vorgang.« (*Münchner Merkur,* 1958) Rühmann war ganz in seinem Element. Er bot seinem Publikum eine Serie glanzvollster Soloszenen, war leise und überlegen, herzlich und scheu, hilflos und verschmitzt. »Rühmann brilliert in einer Rolle, die ihm sitzt wie angegossen.« (*Frankfurter Allgemeine,* 1969)

Der eiserne Gustav
1958

Regie Georg Hurdalek. *Buch* Georg Hurdalek. *Kamera (Farbe)* Georg Bruckbauer. *Musik* Bernhard Eichhorn. *Schnitt* Ingrid Wacker. *Bauten* Hans Berthel, Karl Schneider. *Darsteller* Heinz Rühmann (Gustav Hartmann), Lucie Mannheim (Marie), Ernst Schröder (Karl Friedrich Möbius), Karin Baal (Anni Hartmann), Ingrid van Bergen (Gertrud Hartmann), Ruth Nimbach (Johanna Möbius), Ludwig Linkmann (Paulchen Klinke), Manfred Grote (Mahrenholz), Lutz Moik (Otto Kroppke), Hilde Sessak (Frau Vietzke), Willi Rose (Otto Vietzke), Bruno Fritz (Amtsarzt), Harry Meyen (Assessor), Van Doude (Straßensänger), Jenny Orléans (dicke Französin), Georg Gütlich (Bürgermeister in Berlin), Wolf Martini (Justizwachtmeister), Franz Nicklisch (Landpolizist), André Saint-Germain (Bürgermeister im Quartier-Latin), Friedrich Schoenfelder (deutscher Botschafter), Konrad Wagner (Rektor), Arthur Wiesner (Amtsgerichtsrat), Kunibert Gensichen (Presseattaché), Helga Allgäuer (Minstinguette), Elfi Dugal (Dienstmädchen), Heinz Ohlsen (Polizeihauptmann), Heinz Kammer (Chauffeur), Egon Vogel (Dorffotograf), Willi Endtresser (Zeitungsverkäufer), Christiane von Trümbach (dicke Zeitungsverkäuferin), Harald Sawade (Herr im Blazer), Georg Feicht (Kritiker), Else Reuß (Botschaftssekretärin), Winfried Groth (Student im Quartier Latin). *Produktion* Kurt Ulrich. *Länge* 102 Minuten. *Uraufführung* 5. 12. 1958.

Im Jahr 1928 ist der Berliner Droschkenkutscher Gustav Hartmann ganz und gar nicht gewillt, mit seinem treuen Pferd Lotte vor den neumodischen Benzinkutschen, die ihm ständig die Fahrgäste wegschnappen, das Feld zu räumen. Tagelang hockt er beschäftigungslos auf dem Kutschbock, sinniert über die Luftverpestung durch Benzin, und fragt sich, wovon er seine große Familie ernähren soll. Als diese durch Zufall dahinter kommt, daß der alte Dickkopf sich eine Menge Geld geborgt hat, nur um nicht zugeben zu müssen, daß er nichts mehr verdient, reicht seine Frau Marie beim Amtsgericht den Antrag auf Entmündigung ein. Der untersuchende Amtsarzt will ihn zur Beobachtung in die Nervenklinik einweisen; für Gustav bricht die Welt zusammen, die er ohnedies nicht mehr versteht. Er spannt seine Lotte an und fährt ziel- und planlos umher, nur irgendwohin, weg von der Familie, die ihm so etwas angetan hat. Der findige Reporter Mahrenholz spürt ihn auf und bringt ihn auf die Idee, nach Paris zu kutschieren, um dort seinen Geburtstag zu feiern. Der Journalist sorgt durch Schlagzeilen wie: »Der älteste Droschkenkutscher vom Wannsee auf der längsten Droschkenfahrt der Welt« für entsprechende Publicity. Überall Jubel für den »Eisernen Gustav«, der mit aller Welt gut Freund sein will. »Gustav de Fer«, wie die Franzosen ihn nennen, wird von einem festlichen Empfang zum anderen weitergereicht und kehrt als berühmter und wohlhabender Mann nach Berlin zurück.

In der Rolle des Droschkenkutschers Gustav, dem die neumodischen Töff-Töff-Chauffeure das Brot und seiner

Ludwig Linkmann, Willi Rose und Heinz Rühmann

klapprigen Lotte unbarmherzig den Hafer ablaufen, erweckte Rühmann beim Zuschauer ein wenig die Vorstellung, daß sich der Hauptmann von Köpenick nach seinem tragisch-gloriosen Abenteuer als Stabsgefreiter selbständig gemacht hätte. Dieser Aufschneider aus familiärer Not mit seinem Dickkopf und dem Höllenwitz hinter der äußerlichen Schüchternheit, der durch das freundlich-verklärte Berlin der »Goldenen Zwanziger Jahre« zuckelt, war in der gleichen Gemütsgegend angesiedelt. Weil er die Zeit und sie ihn nicht versteht, greift der Droschkenkutscher Gustav ihr in die Zügel. Er kutschiert geradewegs nach Paris und in den Ruhm der Schlagzeilen. Durch seinen skurrilen Humor und seine Verschrobenheit bewahrte Heinz Rühmann aber das rührende Märchen für Erwachsene – das übrigens auf einer wahren Begebenheit beruht – vor der Rührseligkeit. Die Verinnerlichung dieser sublimen Figur des tragischen, des eigensinnigen Kutschers, dem die neuen Taxis über den alten Kopf rollen und der mit listiger Geschäftstüchtigkeit plötzlich anfängt, für Deutschland zu kutschieren, brachte ihm großes Lob ein. »Rühmann gehört, so zeigt sich mittlerweile, zum festen Bestand der deutschen Saga wie Albers. Dabei hat er es viel schwerer gehabt als dieser, die Tiefe unseres bekanntermaßen unerforschlichen Gemütes so besitzergreifend zu erschürfen: er hat lange als Spaßmacher nur den Alltagsbedarf an innerdeutschem Lichtspielbedarf decken dürfen, was ihm zwar den kommunalen Beifall der Lachmuskeln, nicht aber den mehr seelischen Jubel der Ergriffenheit einbringen konnte.« (*Basler Nationalzeitung,* 1959). Über die Berliner Uraufführung schrieb der Kritiker Friedrich Luft: »Ein Kunstwerk will dieser Film gar nicht sein, er ist ein popularischer Herzenswärmer und Augenfeuchter. Die Leute im Publikum, die sich nur ein bißchen anwärmen wollen, die sich und ihre schnelle Rührung bestätigt sehen mögen, haben ihr freundliches Vergnügen. Und die Berliner, bei denen die Uraufführung stattfand, kriegen so einen hübschen kleinen Schlag auf die Schulter dabei. Der Schluß des Films ist dann noch Rührung und Versöhnung. Das Taschentuch im Parkett feiert unverhüllte Triumphe. Rühmann selber ist immer da am besten, wo er hin und wieder eine kleine verschmitzte Lümmelei an den Tag legen darf und seine borstige Seehundsmaske mit einem Augenzwinkern auftaut. Eine neue Ausgabe des Hauptmann von Köpenick, sozusagen in kleiner Münze. Daß er viel mehr kann, als ihm hier abverlangt wird, kümmert das gerührt jubelnde Publikum nicht. Es ließ ihn vor Liebe gar nicht wieder weg.« (*Die Welt,* 1958)

Menschen im Hotel
1959

Regie Gottfried Reinhardt. *Regie-Assistenz* Eva-Ruth Ebner. *Buch* Hans Jacoby, Ladislaus Fodor. Nach dem gleichnamigen Roman von Vicki Baum. *Kamera* Göran Strindberg. *Musik* Hans Martin Majewski. *Kostüme* Helmut Holger. *Schnitt* Kurt Zeunert. *Bauten* Rolf Zehetbauer, Gottfried Will. *Darsteller* Michèle Morgan (Grusinskaja), Otto Wilhelm Fischer (Baron von Gaigern), Heinz Rühmann (Kringelein), Gert Fröbe (Preysing), Sonja Ziemann (Flämmchen), Wolfgang Wahl (Chauffeur Max), Dorothea Wieck (Suzanne), Friedrich Schoenfelder (Empfangschef), Jean-Jacques Delbo (1. Portier), Reginald Pasch (2. Portier), Siegfried Schürenberg (Dr. Behrend). *Produktion* CCC/ Films Modernes (Artur Brauner). *Länge* 106 Minuten. *Uraufführung* 23. 9. 1959.

Im Grand Hotel einer Weltstadt entscheidet sich innerhalb von zwei Tagen das Schicksal mehrerer Menschen, die der Zufall zusammengeführt hat. Der elegante, charmante Hochstapler Baron von Gaigern hat schon bessere Tage gesehen. Jetzt soll er im Auftrag eines Gangstersyndikates der berühmten Tänzerin Grusinskaja ein wertvolles Perlenhalsband stehlen. Während der Vorstellung dringt er in ihr Appartment ein, wird jedoch von der Tänzerin überrascht, die mitten aus der Vorstellung ins Hotel flüchtete, weil sie unter der Zwangsvorstellung leidet, nicht mehr tanzen zu können. Verzweifelt versucht sie sich das Leben zu nehmen. Gaigern beobachtet sie von seinem Versteck aus und verhindert den Selbstmord. Die Tänzerin hält ihn für einen anonymen Verehrer, beide sind voneinander fasziniert. Als Gaigern ihr am nächsten Morgen seinen Diebstahl gesteht und den Schmuck zurückgibt, verzeiht sie ihm, erfüllt von ihrer neuen Liebe. Sie bittet ihn, mit ihr nach Italien zu fahren, ohne zu ahnen, daß Gaigern nicht einmal seine Hotelrechnung bezahlen kann. Geld braucht auch Generaldirektor Preysing, der sich im Konferenzsaal des Hotels mit gefälschten Unterlagen einen Millionenkredit für sein Textilwerk erschwindelt hat. Sein ewig getretener Oberbuchhalter Kringelein war ihm nachgereist, um die Fälschung aufzudecken, im entscheidenden Moment schweigt er jedoch. Kringelein und Gaigern haben einander im Hotel kennengelernt und gefunden. Für den kleinen Kringelein ist das Leben im Grand Hotel eine völlig neue Welt. Außerdem gefällt ihm die hübsche Sekretärin Flämmchen sehr, hinter der sein Chef ebenfalls her ist. Als Baron Gaigern ihn an den Spieltisch mitnimmt, gewinnt Kringelein 8000 Mark, während er Baron leer ausgeht. In seiner Aufregung erleidet Kringelein einen schweren Herzanfall. Gaigern kümmert sich rührend um ihn und erfährt dabei von den krummen Touren Preysings. Hier sieht der Hochstapler eine Chance, doch noch aus seiner finanziellen Misere herauszukommen. Er erpreßt Preysing, der zunächst bereit ist, Schweigegeld zu zahlen. Gaigern gibt sich jedoch damit nicht zufrieden, Preysing verliert die Fassung und erschlägt ihn. Kringelein kommt dazu und alarmiert die Hotelleitung. Am nächsten Morgen wartet die Grusinskaja vergeblich auf den Mann, den sie so sehr liebt. Generaldirektor Preysing wird von zwei unauffälligen Herren in die Mitte genommen. Buchhalter Kringelein nimmt in aufrichter Trauer Abschied von Gaigern, zahlt noch dessen offene Hotelrechnung, um so weit wie möglich seine Ehre zu retten. Am Hotelausgang wird er von Flämmchen erwartet.

Gert Fröbe und Heinz Rühmann

Michèle Morgan, Heinz Rühmann und Friedrich Schoenfelder

Für die Wiederverfilmung des Bestsellers MENSCHEN IM HOTEL, der nach Hollywood emigrierten Wienerin Vicky Baum (amerikanische Verfilmung 1932 mit Greta Garbo), war es Produzent Artur »Atze« Brauner geglückt, eine Starbesetzung zu engagieren. Das brachte ihn auch gleich zu Beginn der Dreharbeiten in Schwierigkeiten, denn die drei Stars O. W. Fischer, Michèle Morgan und Heinz Rühmann hatten nur eine Sorge: Die erste Stelle im Vorspann. Nicht ohne Ironie und Bosheit erinnert sich der Produzent in seinem Buch *Mich gibt's nur einmal,* wie jeder der drei ihn heimlich, aber bestimmt zur Seite nahm und durchblicken ließ, »daß seine Mitarbeit an diesem Film von der Lösung dieser Frage nicht unwesentlich beeinflußt würde«. Für's erste rettete er sich in drei Zusagen, vertraulich und geheim zu jedem Einzelnen. Eine salomonische Lösung war vonnöten. Die gab es dann auch bei der Premiere: In alphabetischer Reihenfolge »Fischer« vor »Morgan« vor »Rühmann«. O. W. Fischer war natürlich sehr angetan und stieg entsprechend strahlend und als erster auf die Bühne, gefolgt von Sonja Ziemann und Gert Fröbe, zögernd auch von Michèle Morgan und sichtlich gekränkt endlich auch von Heinz Rühmann. »Ein deutscher Film, der es sich leisten kann, den Namen Heinz Rühmann im Vorspann erst an dritter Stelle erscheinen zu lassen, beweist das stolze Selbstbewußtsein, eine Star-Mammutschau zu bieten ... Warum muß denn der arme Heinz Rühmann seine Spießigkeit gleich so übertreiben, sich vom Trinkgeld herausgeben lassen und andererseits wieder seinem Chef Dinge ins Gesicht schleudern, die er gewiß kaum wagen würde, wenn der Film nicht unterschlüge, daß der Prokurist Todeskandidat ist. Rühmann hatte seine besten Momente dann, wenn er nicht zu jenem platt- und grobcharakterisierenden Text gezwungen war, wenn er stumm spielen konnte, zum Portier gehen, lächeln konnte.« (Joachim Kaiser, *Süddeutsche Zeitung,* 1959) Die Regieleistung von Gottfried Reinhardt, Sohn des berühmten Theaterregisseurs Max Reinhardt, wurde gelobt. »Ein Meister der Inszenierung – er hat in Hollywood jene sorgfältige Planung gelernt, die bei diesem Film bis ins Detail zu spüren ist. Da ist nichts Zufall und Improvisation, sondern alles atmet jene Sicherheit, die einen kühlen Kopf und ein heißes Herz voraussetzt. Daß sich Reinhardt hierbei des Könnens eines Göran Strindberg an der Kamera bedienen konnte und ihm ein Hans-Martin Majewski die Musik schrieb, nimmt seiner Leistung nichts von ihrem Rang.« (*Filmecho,* 1959)

Heinz Rühmann und Sonja Ziemann

Ein Mann geht durch die Wand
1959

Regie Ladislao Vajda. *Regie-Assistenz* Helmuth Kirchammer. *Buch* István Békeffy, Hans Jacoby. Nach der Novelle Le Passe Muraille von Marcel Aymé. *Kamera* Bruno Mondi. *Musik* Franz Grothe. *Ton* Walter Rühland. *Schnitt* Hermann Haller. *Bauten* Rolf Zehetbauer, Gottfried Will. *Darsteller* Heinz Rühmann (Herr Buchsbaum), Nicole Courcel (Yvonne Steiner), Anita von Ow (Marianne), Rudolf Rhomberg (der Maler), Rudolf Vogel (Herr Fuchs), Peter Vogel (Herr Hirschfeld), Michael Burk (Herr Kropatschek), Hans Pössenbacher (Herr Blum), Günter Gräwert (Herr Hendel), Max Haufler (Herr Katz), Karl Lieffen (Herr Hintz), Hans Leibelt (Herr Holtzheimer), Hubert von Meyerinck (Herr Pickler), Richard Bohne (Herr Stiegler), Elfie Pertramer (Frau Stiegler), Henry Vahl (Professor), Eduard Loibner (der Hausmeister), Karl-Michael Vogler (junger eleganter Herr), Lina Carsten (Frau Höppke), Dietrich Thoms (Inspektor Klaus), Fritz Eckhardt (Gefängnisdirektor), Werner Hessenland (Briefmarkenhändler), Georg Lehn (aufgeregter kleiner Mann), Ernst Fritz Fürbringer (Arzt), Friedrich Domin (Psychiater). *Produktion* Kurt Ulrich. *Länge* 99 Minuten. *Uraufführung* 14. 10. 1959.

Der Finanzbeamte Hans Buchsbaum ist bei seinem Chef und den Kollegen gleichermaßen wie bei säumigen Steuerzahlern beliebt, da er zu allen freundlich und nett ist. Das Dasein des Junggsellen ändert sich jedoch abrupt, als sein bisheriger Bürochef von dem autoritätswütigen Kommißkopp Pickler abgelöst wird. Auch der abendliche Friede wird von stümpernden Klavierschülern gestört, seit in die Nachbarwohnung eine Klavierlehrerin eingezogen ist. Buchsbaum wird mit seinem Leben zunehmend unzufriedener und klagt seinem alten Gymnasiallehrer bei einem zufälligen Treffen: »Wann immer ich im Leben zu großen Plänen ansetzte – immer war es mir, als wäre da eine Wand, durch die ich nicht hindurch konnte.« Dieses Klagelied muß von einer höheren Macht erhört worden sein, denn kurz danach entdeckt Buchsbaum zufällig, daß er durch jede Wand gehen kann. Zunächst ist er darüber erschrocken, zeigt seine seltsamen Fähigkeiten einem Arzt, dann aber seinem tyrannischen Chef die Zähne, so daß dieser reif fürs Krankenbett wird. Seine Lebensfreude erwacht noch mehr, als sich die Nachbarin als reizende junge Französin entpuppt, in die er sich Hals über Kopf verliebt. Zu schüchtern, um Yvonne seine Liebe zu gestehen, macht er von seiner Fähigkeit durch die Wand zu gehen, öfter Gebrauch und hinterläßt in ihrer Wohnung kleine Geschenke. Als er glaubt, einen breitschultrigen Nebenbuhler zu haben, erlaubt er sich immer tollere Kapriolen und spielt sich mit verschämter Eitelkeit zum »Supermann« auf, der durch sein Allotria die ganze Stadt in Atem hält. Nur die angebetete Yvonne nicht, da sie als Französin keine deutschen Zeitungen liest. Er will böse sein, will seine übermenschliche Kraft ausnützen, um zu schaden, zu zerstören. Auch Gefängnismauern können ihm nicht halten, bis er enttäuscht, müde und krank feststellt: »Es gibt keine Wand, durch die es sich lohnen würde zu gehen.« Als er noch dazu erfährt, daß seine Eifersucht unbegründet war, erkennt er, daß man nicht ungewöhnliche Fähigkeiten haben muß, um glücklich zu sein.

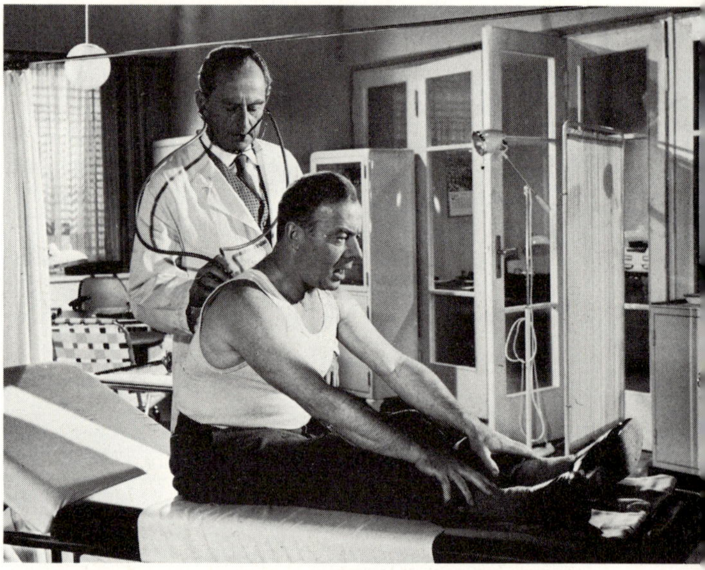

Ernst-Fritz Fürbringer und Heinz Rühmann

Heinz Rühmann, Fritz Eckhardt und Partner

Noch waren sowohl Rühmanns Rolle in *Der Hauptmann von Köpenick* als auch die Regie des gebürtigen Ungarn Ladislao Vajda in dem Lustspiel *Der Hund, der Herr Bozzi hieß* in Erinnerung, da kam *Ein Mann geht durch die Wand* in die Kinos. Es ist ein Märchen für Erwachsene, heiter, nicht ohne Ironie, wohl ein bißchen melancholisch, aber so eine Art jugendfreie Geschichte eines Finanzbeamten mit Frohsinn in den Mundwinkeln und einem Herzen voller Sehnsucht. In der alten Spießermelodie der Selbstbescheidung bot es Filmhumor zu geistig kleinen Preisen – Rühmann war darin wieder einmal großartig. Die deutschsprachige Zeitung *Aufbau* lobte später 1964 in New York: »Wirkliche Filmkomödien sind rar und man nimmt sie stets dankbar entgegen. Mit *Ein Mann geht durch die Wand* mit Heinz Rühmann in der Hauptrolle, hat man einen glücklichen und geschickten Rückgriff auf die bewährte Komödie der Lubitsch-Aera gemacht, und die Wirkung läßt nicht lange auf sich warten. Hier ist nicht mit Slapstick-Situationen gearbeitet worden. Regisseur Vajda erzählt mit jenem Humor, der im englischen so prächtig und zugleich so unübersetzbar mit dem Begriff ›tongue in cheek‹ ausgedrückt ist. Er gibt dem ganzen eine gehörige Prise Satire und entwickelt die Frage, ob ein kleiner Mann das plötzliche Geschenk einer fast unlimitierten Macht nicht mißbrauchen wird, deutlich und unmißverständlich. Es ist eine besinnliche Geschichte aus dem mit Wünschen verklärten Alltag eines Menschen, der Ich sein könnte oder Du... Heinz Rühmann reicht in seiner Leistung an die im *Hauptmann von Köpenick* heran.« Und die *Süddeutsche Zeitung* vermerkte 1959: »Heinz Rühmann setzt seine Buchhalter-Kringelein-Linie mit dem Finanzbeamten Buchsbaum köstlich fort: ein herzensguter Durchschnittsmensch, der den Nachstellungen der Umwelt durch 100%ige Integrität, durch Güte und Humor erfolgreich entgeht.«

Der Jugendrichter
1960

Regie Paul Verhoeven. *Regie-Assistenz* Jochen Wiedermann. *Buch* Hans Jacoby, István Békeffy. *Kamera* Erich Claunigk. *Kamera-Assistenz* Hans Osterrieder. *Musik* Raimund Rosenberger. *Kostüme* Manon Hahn. *Ton* Heinz Garbowski. *Schnitt* Hermann Haller. *Bauten* Rolf Zehetbauer. *Darsteller* Heinz Rühmann (Amtsgerichtsrat Dr. Ferdinand Bluhme), Lola Müthel (Elisabeth Winkler), Karin Baal (Inge Schumann), Hans Nielsen (Landgerichtspräsident Dr. Otto Schmittler), Michael Verhoeven (Fred), Monika John (Maria), Hans Epskamp (Hallmeier), Peter Thom (Bill), Rainer Brandt (Kurt), Lore Schulz (Paula Burg), Erich Fiedler (Vogel), Gerd Frickhöffer (Wellmann), Harry Engel (der »schwarze Fall« Peters), Willi Rose (Justizwachtmeister), Käte Alving, Kunibert Gensichen, Knut Hartwig, Hilla Hofer, Jan Hendriks, Friedrich Maurer, Friedrich Siemers. *Produktion* Kurt Ulrich Film GmbH. *Länge* 95 Minuten. *Uraufführung* 11. 2. 1960.

Heinz Rühmann und Lola Müthel

Karin Baal und Heinz Rühmann

Amtsgerichtsrat Dr. Ferdinand Bluhme hängt sehr an seiner Arbeit, die ihm ermöglicht, Jugendliche durch vernünftige Urteile auf den rechten Weg zurückzuführen. Denn Richter Bluhme weiß, daß die jungen Menschen oft durch soziale und andere Lebensumstände zu Fehltritten und kriminellen Handlungen getrieben werden können. Da ist zum Beispiel der Fall der jungen Inge Schumann, die sich offenbar als Lockvogel für Erpressung benutzen ließ. In der Verhandlung ist sie rotzfrech und trotzig und will die Namen ihrer Freunde keinesfalls preisgeben. Der Jugendrichter verurteilt sie, Polizisten führen das weinende Mädchen ab. Es gelingt ihr zu fliehen und sie droht vom Dach in die Tiefe zu springen. Richter Bluhme verspricht ihr auf Ehrenwort die Freiheit, sie läßt von ihrer Verzweiflungstat ab und wird erneut abgeführt. Fassungslos und zutiefst erschüttert über den Vertrauensbruch beschimpft sie wüst die Beamten und den Richter. Lange grübelt Bluhme über diesen Vorfall nach und ist im Zwiespalt ob er richtig gehandelt hat. Am nächsten Tag bringt er Inge als Hausgehilfin bei seiner strengen Pensionswirtin, Elisabeth Winkler, unter. Bald reißt Inge, unter dem Vorwand ihre Mutter zu besuchen, aus und will sich in einem Lokal mit ihren Freunden treffen. Dort aber wartet Bluhme, der das vorhergesehen hat, auf sie. Er verordnet ihr Arrest fürs Wochenende, aber Inge hintergeht ihn wieder. Mit viel Geduld und Einfühlungsvermögen stärkt der Richter ihr Selbstvertrauen, indem er ihre Rückfälle, wann und wo immer es geht, deckt. Schließlich gelingt es ihm, das Mädchen, das freiwillig in ein Heim zurückkehrt und sich von ihrem Freund samt Bande lossagt, einem normalen Leben näherzubringen.

Die Filmbewertungsstelle in Wiesbaden erteilt dem Spielfilm *Der Jugendrichter* das Prädikat »besonders wertvoll«. In der Begründung dazu hieß es unter anderem: »Dieser Film erfaßt – im Gegensatz zu den häufig so verkrampften und verblasenen Sensationsdramen – das Thema Jugendkriminalität endlich einmal am richtigen Zipfel. Hier wirkt nichts gestellt oder gekünstelt, hier gibt es keine knalligen Effekte um ihrer selbst willen, sondern jede Szene, jede Situation und auch die Elemente der Spannung entfalten sich ungezwungen aus dem inneren Zentrum des Themas.« »Nicht strafen, sondern helfen« oder »Liebe – mit Strenge oder mit Milde« waren die Maximen des Jugendrichters Rühmann, die aber eine Bagatellisierung des sogenannten Jugendproblems darstellten, »Heinz Rühmann tritt als Jugendrichter auf, und wenn er mit innerlich beteiligtem Wohlwollen sehr menschlich und einsichtig, abgewogen in der Rede, befähigt, aufmerksam zuhörend, die Gerichtsverhandlung leitet, dann begibt sich das Leben in die Szene: Schlicht, natürlich, ohne jeden falschen Ton.« (*Christ und Welt,* 1960)

Karin Baal
und Heinz Rühmann

Peter Thom, Heinz Rühmann, Rainer Brandt und Partner

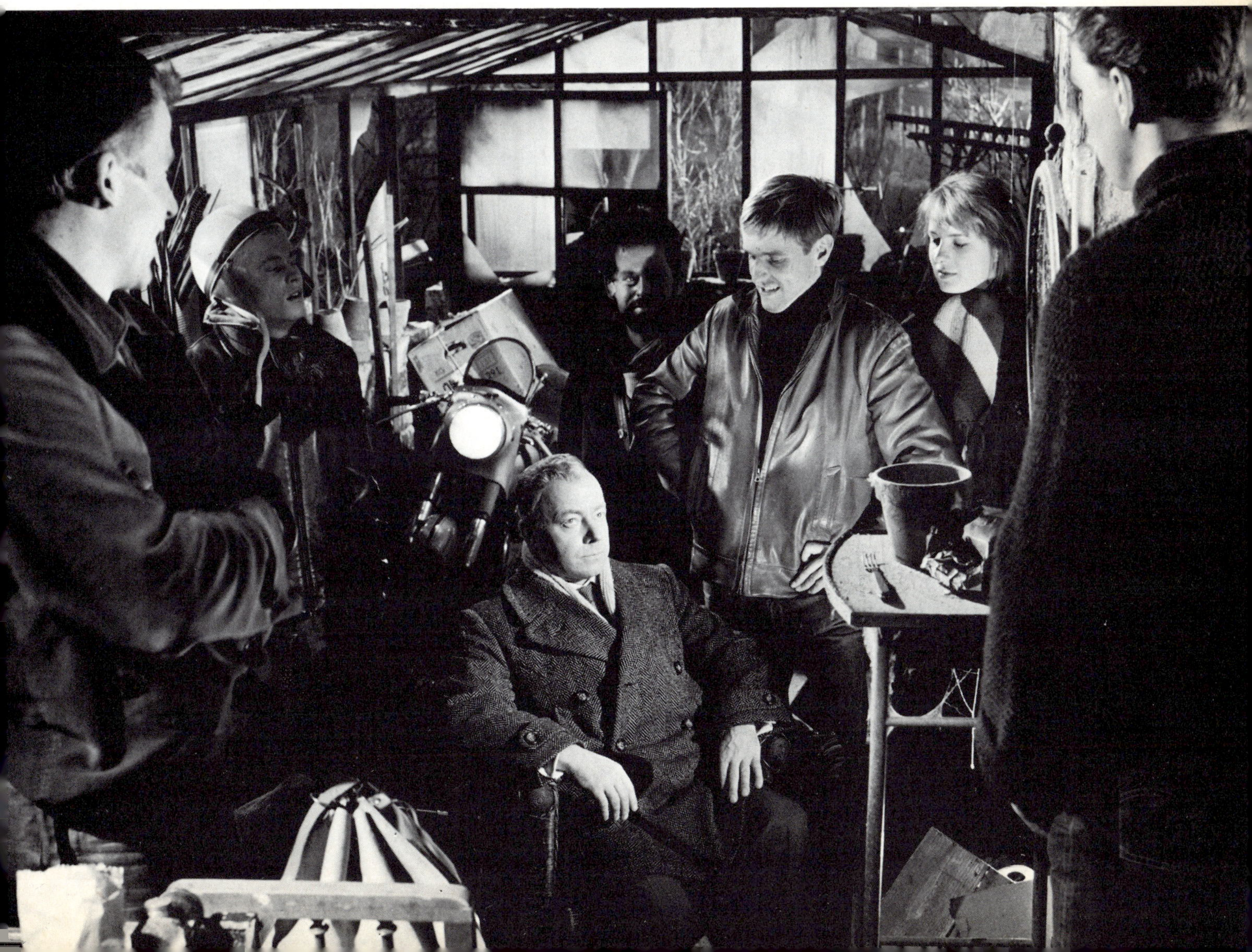

Mein Schulfreund
1960

Regie Robert Siodmak. *Regie-Assistenz* Walter Boos. *Buch* Johannes Mario Simmel, Robert A. Stemmle. Nach dem Bühnenstück »Der Schulfreund« von Johannes Mario Simmel. *Kamera* Helmuth Ashley. *Kamera-Assistenz* Franz Lederle. *Musik* Raimund Rosenberger. *Kostüme* Inge Ege-Grützner. *Ton* Walter Rühland. *Schnitt* Walter Boos. *Bauten* Rolf Zehetbauer, Gottfried Will. *Darsteller* Heinz Rühmann (Ludwig Fuchs), Loni von Friedel (Rosi), Fritz Wepper (Paul), Dieter Cartini (Hans Sonntag), Alexander Golling (Krögelmeier), Carsta Löck (Frau Wenzel), Alexander Kerst (Hauptmann Sander), Ernst Schröder (Hauptmann Kühn), Hertha Feiler (Frau Kühn), Hans Leibelt (Professor Strohbach), Robert Graf (Dr. Lerch), Werner Hessenland (Postrat), Margaret Jahnen (Schwester Camilla), Helga Wiedenbrüg (Frau Sander), Heinz Kargus (Wärter), Reinhard Glemnitz (Geldbriefträger), Wolfgang Reichmann (Dr. Dorn), Hans Epskamp (Postvorstand), Heini Göbel (Richter), Mario Adorf (Niedermoser). *Produktion* Robert Siodmak-Produktion der Divina (Claus Hardt). *Länge* 94 Minuten. *Uraufführung* 23. 7. 1960. Weiterer Verleihtitel *Der Schulfreund.*

Mario Adorf und Heinz Rühmann

Mitten im Krieg schreibt Geldbriefträger Ludwig Fuchs an seinen ehemaligen Schulkameraden Hermann Göring, er möge doch dafür sorgen, daß dieser schreckliche Krieg ein Ende findet. Doch der Brief fällt der Gestapo in die Hände, Fuchs wird verhaftet und entgeht nur dank der geheimen Intervention Görings dem Todesurteil. Er beauftragt Professor Strohbach, Fuchs für unzurechnungsfähig zu erklären. Die Post schickt ihn in Pension. Fuchs überdauert unbehelligt den Krieg, im Vertrauen darauf, daß er danach seine Stelle wiederbekommen werde. Trotz aller Bemühungen findet er jedoch keinen Arzt, der das Urteil einer Kapazität wie Professor Strohbach revidieren möchte. Alle Zeugen, die den tatsächlichen Sachverhalt kennen, sind durch Kriegswirren verschollen. Fuchs erkennt, daß er chancenlos ist. Da verfällt er auf eine letzte Möglichkeit: er will die Gerichte zwingen, seinen Geisteszustand zu untersuchen, und dazu muß er erst einmal eine strafbare Tat begehen. So kommt es, daß der ehemalige Geldbriefträger Fuchs eines Tages die Einrichtung der Schalterhalle des Münchner Postamtes 122 zu verwüsten beginnt, mit Tintenfässern um sich wirft und Ohrfeigen austeilt. Mit sichtlichem Vergnügen läßt er sich verhaften. Endlich wird er wieder für normal befunden. Die Post, die einen Skandal vermeiden will, läßt Ludwig das volle Gehalt für die Jahre erzwungener Untätigkeit auszahlen, und Fuchs ist glücklich, wieder ein Mensch unter Menschen sein zu können.
Nach knapp dreißig Jahren arbeiteten Regisseur Robert Siodmak und Heinz Rühmann wieder zusammen. Die

Alexander Golling, Loni von Friedl, Carsta Löck und Heinz Rühmann

Geschichte des Anti-Nazi-Films beruht auf einem authentischen Vorfall: 1944 hat ein kleiner Geldbriefträger, der die »ganze Schweinerei« satt hatte, an seinen ehemaligen Klassenkameraden Hermann Göring (»Der Hermann hat vor mir in der Klasse gesessen, und ich habe ihm immer eingesagt. Besonders in Geographie, da war er schwach.«) geschrieben. In dem Brief sprach er sich mal so richtig aus und ging nicht gerade glimpflich mit den Tabus der damaligen Zeit um. Trotz dieses »Verbrechens am Deutschen Staat« hat Göring den Mann verschont und gab ihm einen »Jagdschein«; denn schließlich konnte doch nur ein Verrückter zu jener Zeit Zweifel an Führer und Reich hegen. »Das Gemisch aus Realismus und Groteske hält Siodmak mit sicherem Griff im Lot. Heinz Rühmann übertrifft als vom Paragraphen 51 verfolgter Geldbriefträger seine Leistung als Hauptmann von Köpenick.« (*Süddeutsche Zeitung,* 1960) »Das Publikum lacht gelockert, wenn das Lachen vom Schauder des Erkennens mindestens gedrosselt sein müßte. Es kichert schon im Voraus über den kommenden Rühmann-Jux, der gar keiner sein soll. Es gluckst noch dem letzten Rühmann-Ulk hinterher, der gar nicht so gedacht war. Und es bleibt taub, wenn Sätze von bissiger, spröder Härte gesprochen werden. Rühmann mischt in diesem Film die traurige Komik zur leisen Erschütterung, fast geht es nicht besser. Aber der winzige Strich zuviel an Rühmann-Verschmitztheit und die um eine Windung zu locker gedrehte Schraube der Komik sind es, die manchen Phasen des Films bittere Eindeutigkeit nehmen.« (*Die andere Zeitung,* Hamburg, 1960)

Der brave Soldat Schwejk
1960

Regie Axel von Ambesser. *Regie-Assistenz* Dr. Karl Stanzl. *Buch* Hans Jacoby. Nach dem gleichnamigen Roman von Jaroslav Hašek. *Kamera* Richard Angst. *Musik* Bernhard Eichhorn. *Kostüme* Dr. Leo Blei. *Schnitt* Hermann Haller, Angelica Appel. *Bauten* Werner und Isabella Schlichting. *Darsteller* Heinz Rühmann (Schwejk), Ernst Stankovski (Oberleutnant Lukas), Ursula von Brosody (Kathi), Senta Berger (Gretl), Erika von Thellmann (Baronin), Franz Muxeneder (Woditschka), Hugo Gottschlich (Wachtmeister Flanderka), Edith Elmay, Fritz Imhoff, Hans Thimig, Alma Seidler, Guido Wieland, Erik Frey, Egon von Jordan, Fritz Muliar, Rudolf Rhomberg, Jane Tilden. *Produktion* CCC-Film. *Länge* 96 Minuten. *Uraufführung* 22. 9. 1960.

In seinem Stammlokal »Zum Kelch« kommentiert der rheumatische Hundehändler Schwejk das Attentat von Sarajewo mit den sachverständigen Worten, »der erschossene Erzherzog Ferdinand lasse sich keinesfalls durch jeden beliebigen Trottel ersetzen«. Einem zivilen Staatspolizisten am Nebentisch erscheint das höchst staatsgefährdend und er verhaftet Schwejk wegen Majestätsbeleidigung und Hochverrates. Nach dem Verhör im Polizeipräsidium und eingehender Untersuchung seines Geisteszustandes läßt man ihn wieder laufen; Schwejk bekommt Gelegenheit, zu den Fahnen zu eilen. Da ihm am Tag der Musterung das Rheuma besonders heftig plagt, fährt er in einem alten Handkarren vor, nicht ohne lautstark seinen Patriotismus zu bekunden. Dennoch landet er als Simulant in der Krankenbaracke des Militärgefängnisses, weil ein anständiger Mensch bei Kriegsausbruch kein Rheuma zu haben hat. Baronin von Botzenheim, die von Schwejks Patriotismus erfahren hat, sorgt dafür, daß er aus dem Gefängnis raus und in eine gemütliche Garnison zu Oberleutnant Lukas als Bursche kommt. Dieser Oberleutnant möchte den Krieg möglichst weit vom Schuß überleben, hat aber seine Rechnung ohne den Schwejk gemacht. Denn der Hund, den Schwejk seinem Herrn organisiert hat, gehört ausgerechnet dem Oberst Zillergut, und mit dem gestohlenen Hund eines Vorgesetzten erwischt zu werden, bringt selbst den besten Oberleutnant in vorderste Front aufs Schlachtfeld. Lukas und Schwejk müssen dorthin, wo der Krieg stattfindet. Schwejk in seiner gottergebenen Naivität ist vom Krieg enttäuscht, weil er sich den schöner und interessanter vorgestellt hatte. Selbst im dichtesten Schlachtgetümmel schwärmt er deshalb mit herzlicher Unbekümmertheit, wie er daheim im Hotel Prag beinahe seine Unschuld verloren hätte. Auch einen Kriegsgerichtsprozeß, bei dem er als russischer Spion

Heinz Rühmann und Erika von Thellmann ▶

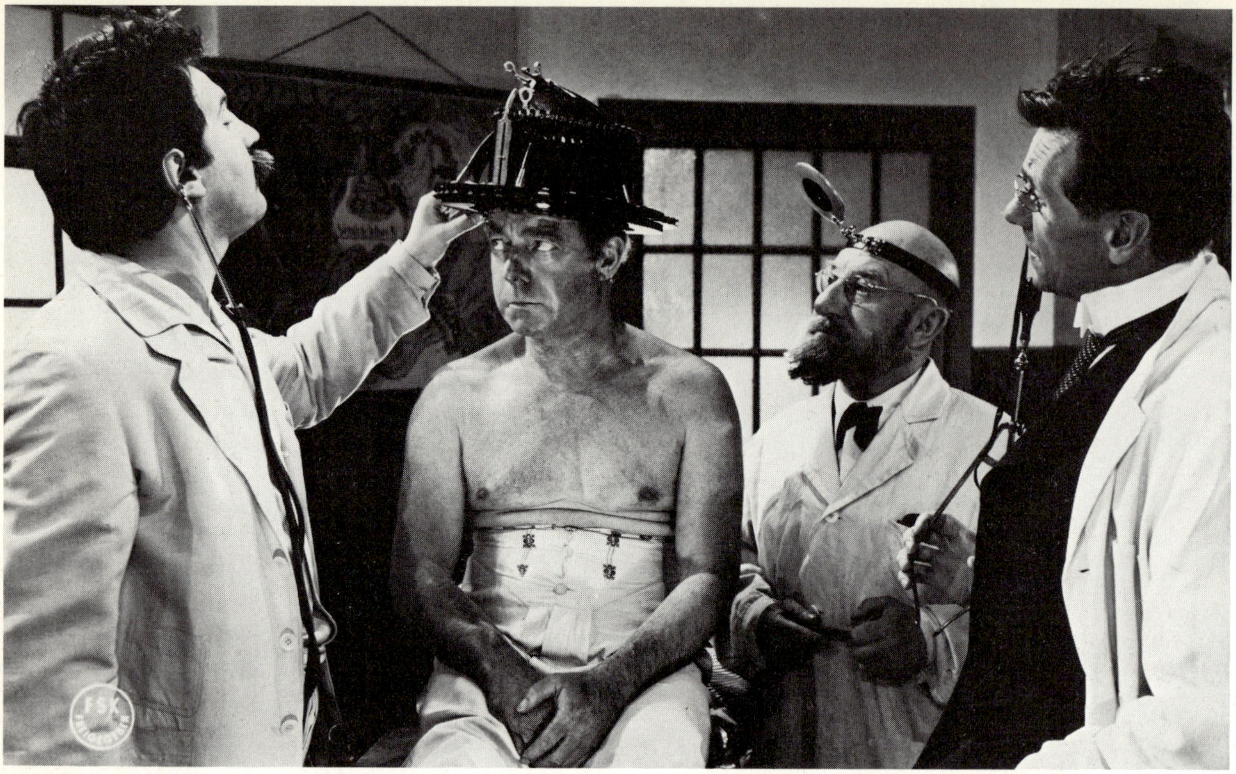

Heinz Rühmann und Partner

angeklagt ist, läßt er einfältigen Herzens über sich ergehen. Nur um Haaresbreite entgeht er den Kugeln des Exekutionskommandos, weil gerade der Frieden ausbricht. So kann er sich, wie verabredet, mit Trinkbruder Woditschka »nach dem Krieg um Sechse« in seiner Stammkneipe »Zum Kelch« zu einem beschaulichen Gläschen treffen, wobei er durchaus glaubhaft versichert: »Den Krieg werd' ich wochenlang nicht vergessen!«

Die erste deutsche Verfilmung der großartigen literarischen Figur Schwejk des tschechischen Journalisten Jaroslav Hašek war für Heinz Rühmann ein langgehegter Wunsch, aber auch eine Herausforderung besonderer Art. Da war das Vorbild Max Pallenberg, der den Schwejk auf der Bühne in perfekt tschechisch gefärbtem Tonfall gespielt hatte. Der Westfale Heinz Rühmann nahm bei dem Wiener Volkstheater-Schauspieler Professor Oskar Willner wochenlang Unterricht. Willner sprach ihm den Text Wort für Wort vor, und Rühmann lernte seine Lektion gut. Zu gut – am vierten Drehtag wurde Regisseur Axel von Ambesser erschreckend klar, daß kein Mensch im Norden des deutschen Sprachraumes ihn je verstehen würde. Von nun an sprach Rühmann ein ziemlich reines Hochdeutsch mit einer Andeutung der Prager Sprachmelodie. Nachdem der Film glücklich fertiggestellt war, plagten Produzent Artur Brauner Zweifel: »Bei der Abnahme des Films gab es nicht einen einzigen Lacher. Niemand verzog auch nur eine Miene. Gewiß, Schwejk ist keine bloße Lustspielfigur. Er gehört zu den großen komödiantischen Rollen, aber ›Lachen verboten‹ galt noch nie bei ihm, und schon gar nicht, wenn Rühmann die Hauptrolle spielt. Wir waren so verzweifelt, daß wir vorhatten, den Film ganz still und leise irgendwo in der Provinz anlaufen zu lassen. Das taten wir dann gottlob nicht, sondern brachten ihn ganz groß heraus.« (»Atze« Brauner, *Mich gibt's nur einmal*) Tatsächlich wurde der Film auch im Ausland ein ganz großer Erfolg. Amerika zeichnete Schwejk mit dem »Golden Globe« aus, der jedes Jahr dem besten ausländischen Film verliehen wird. In Deutschland verglich die Kritik Rühmanns Schwejk mit seinem Hauptmann von Köpenick: »Nach der großartigen Leistung in Käutners Film vom falschen Hauptmann von Köpenick durfte man auf Rühmanns Schwejk gespannt sein. Das Ergebnis ist respektabel, erfreulich in mancher Hinsicht. Durchschlagend ist es nicht. Rühmann läßt die liebenswürdige Seite des Schwejk stark in den Vordergrund treten. Gar so treuherzig und gelegentlich autoritätsgläubig und anhänglich haben wir unseren Schwejk nicht im Gedächtnis. Rühmanns Schwejk freilich läßt den kleinbürgerlichen Gasmann durchblicken. Man kann dem Männlein gram nicht sein, wohl weil das Drehbuch den hinterfotzigen, schlauen Schwejk zurückdrängte. Es ist nur ein Teil des echten Schwejk. Der ganze ist es nicht. Die Akteure rings um Rühmann wirken wie Marionetten in einem Panoptikum. Bosheit und Dummheit sind eins – und Schwejk, Josef, triumphiert als Glückskind wie im Märchen. Rühmann bezaubert durch Einfalt und Herz. Und das ist sehr viel.« (*Frankfurter Allgemeine Zeitung*, 1960)

Heinz Rühmann und Fritz Muliar ▶

Das schwarze Schaf
1960

Regie Helmut Ashley. *Regie-Assistenz* Walter Boos. *Buch* István Békeffy, Hans Jacoby. Nach den Pater-Brown-Kriminalgeschichten von Gilbert K. Chesterton. *Kamera* Erich Claunigk. *Musik* Martin Böttcher. *Ton* Walter Rühland. *Schnitt* Walter Boos. *Bauten* Hans Berthel, Robert Stratil. *Darsteller* Heinz Rühmann (Pater Brown), Karl Schönböck (Theaterdirektor Scarletti), Maria Sebaldt (Gloria), Siegfried Lowitz (Flambeau), Lina Carstens (Frau Smith), Fritz Rasp (Lord Kingsley), Rosl Schäfer (Frau Flambeau), Herbert Tiede (Inspektor Graven), Friedrich Domin (Bischof), Hans Leibelt (Bankdirektor James Conelli), Johannes Buzalski, Gernot Duda, Herta Fahrenkrog, Ernst-Otto Fuhrmann, Katharina Herberg, Seamus Kavanah, T. P. McKanna. *Produktion* Bavaria. *Länge* 94 Minuten. *Uraufführung* 19. 12. 1960.

Gernot Duda, Lina Carstens und Heinz Rühmann

Ausgerechnet während des Sonntagsgottesdienstes wird am Kirchenplatz einer kleinen irischen Pfarrgemeinde ein Mann mit einem Hammer brutal erschlagen. Für die Polizei gibt es keinen Zweifel, daß der bullige Schmied Barnes der Täter ist. Aber Pater Brown, eine Seele von einem Menschen und der Kirche mindestens ebenso treu wie seinen Kriminalromanen, denkt da anders. Es gelingt ihm, den wirklichen »Hammermörder« zu finden und er wird in den Schlagzeilen der Boulevardblätter gefeiert, was der Herr Bischof gar nicht gerne sieht. Das schwarze Schaf unter den weißen Lämmern seiner Geistlichen wird in eine Gemeinde versetzt, wo der kriminalistisch ambitionierte Pater keinen Schaden anrichten kann. Ein stinklangweiliges Nest, in dem als einziger aufregender Kriminalfall ein Fahrraddiebstahl verzeichnet wurde. Kaum hat Pater Brown seine ersten Antrittsbesuche gemacht, da passiert in dem sonst so friedlichen Ort ein heimtückischer Mord. Während der Fernsehübertragung eines Fußball-Länderspiels wird der Bankier James Conelly mitten im Lokal meuchlings erstochen. Für die Polizei ist dieser Mord ohne Motiv ein Rätsel. Pater Brown verspürt nicht die geringste Lust, schon wieder strafversetzt zu werden, er widmet sich seinem neuen Rosengarten, während die Polizei ratlos bleibt. Doch der seltsame Zufall, daß gerade während der Fernsehübertragung für einige Minuten in der ganzen Stadt der Strom ausfiel, läßt den Spürsinn des Paters nicht ruhen. Irgendwie vermutet er einen Zusammenhang zwischen dem mysteriösen Mord und den Machenschaften jenes Unbekannten, der dem ebenso geizigen, wie kauzigen Lord Kingsley wertlose Aktien für ein Butterbrot abgeluchst hat. Mit Pater Browns Ruhe ist es endgültig vorbei, als sein Freund Flambeau, ein bekehrter Ex-Einbrecher dringend des Mordes verdächtigt wird. Einen Unschuldigen zu verurteilen, geht zu weit: Pater Brown kombiniert seine Beobachtungen und überführt fast wider Willen den Täter. Als er daraufhin erneut auf das ödeste Eiland, das seine Eminenz in seinem Machtbereich finden konnte, versetzt wird, lächelt er demütig: Gottes Wege sind unergründlich, aber sie führen immer zum Ziel.

Der kleine pfiffige Brite, Priester und Amateurdetektiv, ist ein naher Verwandter des italienischen Don Camillo und diesem an Raffinesse, Schlagfertigkeit und Bibelfestigkeit ähnlich. Doch während die Schelmengeschichten des Giovanni Guareschi ihren Reiz daher beziehen, daß Don Camillo stets mit seinem Freund-Feind Peppone in ideologische Streitereien gerät, vernachlässigt Pater Brown seine Hirtenpflicht wegen seiner kriminalistischen Neigung. Bekannt war die köstliche Charakterisierung des Pater Brown durch Alec Guiness in einem englischen Film. Nun wagte es Helmut Ashley, erfolgreich als Kameramann, um die skurrile Gestalt einen deutschen Film zu drehen. Die Profis István Békeffy und Hans Jacoby schrieben das Drehbuch, das kein abgeschriebener Chesterton, sondern vielmehr ein Liebeslied auf diesen schlauen kleinen, liebenswürdigen Pfarrer ist. Dadurch steht er im Film viel mehr im Mittelpunkt als in den Kriminalgeschichten. So geschehen im Film eigentlich alle Morde nur, um dem Pater Gelegenheit zu geben, seine Pfiffigkeit, seinen demütigen Charme und seine herzliche Güte auszubreiten. »Pater Brown verfügt über drei Dinge: Herzensgüte, Mutterwitz und Gottvertrauen. Und eben diese drei Dinge weiß Heinz Rühmann außerordentlich überzeugend darzustellen. Er ist nicht der erste Pater Brown im Film, aber bei weitem der humorigste; das Vergnügen, das er bereitet, erwächst aus lächelnder Weisheit.« (*Münchner Merkur,* 1960) Diese Darstellung des Paters brachte Heinz Rühmann den Bundesfilmpreis 1961 als bester Darsteller ein.

Heinz Rühmann und Siegfried Lowitz

Fritz Rasp und Heinz Rühmann

Der Lügner

1961

Annemarie Düringer, Julia Follina
und Heinz Rühmann

Regie Ladislao Vadja. *Buch* Hans Jacoby, István Békeffy. Nach dem Bühnenstück »The Eleven Lives of Leo« von Herman Shiffrin. *Kamera* Günther Anders. *Musik* Siegfried Franz. *Schnitt* Hermann Haller. *Bauten* Herbert Kirchhoff, Albrecht Becker. *Darsteller* Heinz Rühmann (Sebastian Schumann), Julia Follina (Nicky), Annemarie Düringer (Annemarie Karsten), Blandine Ebinger (Fräulein Kriese), Gustav Knuth (Rotbarth), Werner Hinz (Sperber), Joseph Offenbach (Bettler), Siegfried Wischnewski (Kommissar), Werner Schumacher (Goliath), Joachim Wolff (Autoverleiher), Adolph Hansen (Süßigkeitenmann), Erna Nitter (Frau mit Hund), Kurt Alexix (Luftballonmann), Marion Martienzen (Henrietta), Balduin Baas (Wiedemayer), Turay Békeffy (Kundin), Günther Jerschke (Inspektor), Erich Weiher (Wirt Specht), Herbert Weissbach (Vorsitzender), Stanislav Ledinek (russischer Delegierter), Kurt A. Jung (Autoverkäufer), Manfred Steffen (Angestellter), Ralf Wolter (Trainer), Horst Fleck (Funkreporter). *Produktion* Real-Film-Walter Koppel Produktion. *Länge* 94 Minuten. *Uraufführung* 21. 12. 1961.

Der einst erfolgreiche Vertreter einer Porzellanhandlung liebt nur einen Menschen abgöttisch: seine achtjährige Tochter Nicky. Für sie ist »Mutter im Himmel«; die Wahrheit, daß sie ihren Mann betrog und dann verließ, soll das Kind um keinen Preis erfahren. Sebastian Schumann kennt daher nur das eine Ziel, seinem mutterlosen Kinde die Welt möglichst schön zu zeigen und ihm eine glückliche Jugend zu bescheren. Bei einem angespannten Arbeitstag und dem kargen Salär als kleiner Angestellter ist das recht schwer. Deshalb vernachlässigt er seinen Beruf immer mehr und beginnt für Nicky erst ein wenig zu flunkern und zu schwärmen, bald jedoch immer handfester zu lügen. Für sein Töchterchen mimt er einen Diplomaten, berühmten Weltraumfahrer, gefeierten Meisterboxer, bald den Spion und bald den Bankdirektor und reichen Autobesitzer. So sehr sich Annemarie Karsten, die von Nicky als »große Freundin« bewundert wird und die sie gern als zweite Mutti haben möchte auch bemüht – Vater Sebastian findet auf den Boden der Realität nicht mehr so richtig zurück. Schließlich verliert der Chef die Geduld und feuert Sebastian Schumann; auf die Anzeige einer Nachbarin soll Nicky auch noch ins Fürsorgeheim. Fräulein Annemarie gelingt es aber, mit ebensoviel Herz wie Verstand Nickys blühende Phantasie der Realität anzupassen und auch bei den Behörden Gehör zu finden, daß der Vater dem Kind nur jenes Glück vorzaubern wollte, das er selbst nicht hatte. Nach Gerichtsentscheid darf Nicky beim Vater bleiben, er erhält von seinem Chef noch einmal eine Chance und das Töchterlein wird bald eine sehr liebe neue Mutti bekommen.

»Diese Liebesgeschichte zwischen Vater und Töchterchen ist die schönste Liebesgeschichte, die ich jemals verfilmte«, sagte Regisseur Ladislao Vajda. Nach der literarischen Vorlage des amerikanischen Bühnenstückes »The eleven lives of Mr. Leo« von Herman Shiffrin schrieben die Profis Hans Jacobi und István Békeffy ein modernes Märchen mit Münchhausengeflunker, zwischen Traum und Wirklichkeit. Der Regisseur Ladislao Vajda, der bald nach den Dreharbeiten starb, hielt den Film souverän auf dem schmalen Grat zwischen Schein und Wirklichkeit, brachte poetische Einfälle ins freundliche Spiel und verhinderte das Abgleiten der Handlung in Sentimentalität. Auch seine stilsichere Darstellerführung ließ die Kritik sich geradezu überschlagen. »Heinz Rühmann bietet sich wieder einmal eine Rolle Par Excellence, in der er unbestritten brilliert.« (*Westdeutsche Rundschau,* 1961) Und: »Heinz Rühmann, der den Titelhelden mit imponierender schauspielerischer Aufwandlosigkeit gestaltet und mit intelligenter komödiantischer Fantasie den menschlichen Hintergrund der Figur präzisiert, zeigte sich durchwegs von seiner brillantesten Seite und ist so gut, wie selten zuvor.« (*Abendpost,* 1961) »Das überaus gelungene, doch keineswegs ›kühne‹ Werk auf der Leinwand ist mehr als ein verfilmter ›Schelmenroman‹; es zeigt Züge einer profunden Menschlichkeit, die uns erheitern und doch wieder nachdenklich stimmen. Der Film ist eine Serie ergötzlicher Scherze, die erst im Spiel Heinz Rühmanns und seiner kindlichen Partnerin Glanz und tiefere Bedeutung gewinnt. Diesem Sebastian Schuhmann sitzt die Rolle auf Taille wie ein Rock nach Maß, der die Nelke und die Träne im Knopfloch trägt. Rühmanns ›Lügner‹ ist ein gelungener Wurf der deutschen Produktion.« (*Frankfurter Allgemeine Zeitung,* 1961)

Max, der Taschendieb
1962

Regie Imo Moszkowicz. *Buch* István Békeffy, Hans Jacoby. *Kamera* Albert Benitz. *Musik* Martin Böttcher. *Kostüme* Inge Ege-Grützner. *Ton* Walter Rühland. *Schnitt* Walter Boos. *Bauten* Rolf Zehetbauer. *Darsteller* Heinz Rühmann (Max), Elfie Pertramer (Pauline), Arno Assmann (Inspektor Friedrich), Hans Clarin (Fred), Hans Heßling (Arthur), Ruth Stephan (Desirée), Lotte Ledl (Lizzi), Friedjof Vierock (Egon), Helga Anders (Brigitte), Harald Maresch (Joe), Benno Sterzenbach (Charly Gibbons). *Produktion* Bavaria (Utz Utermann/Claus Hardt). *Länge* 92 Minuten. *Uraufführung* 1. 3. 1962.

Heinz Rühmann und Partner

Für seine gutbürgerliche Umgebung scheint Max Schilling als Versicherungsagent zu arbeiten. In Wirklichkeit verdient er den Lebensunterhalt für seine Familie durch die hohe Kunst, anderen Leuten das Portemonnaie aus der Tasche zu ziehen, ohne daß sie es gleich merken. Die Frage der Moral spielt bei ihm eine wichtige Rolle; seine flinken Finger greifen nur dort zu, wo Diebstahl moralischen Nutzen stiften soll – beim Pferderennen zum Beispiel, wo ohne Hände Arbeit Riesengewinne eingestrichen werden. Doch es kann der beste Dieb nicht in Frieden leben, wenn es den bösern Gaunern nicht gefällt. Zwar hat sich Max von vornherein aus einem großen Ding herausgehalten, das von seinem jungen Schwager Fred und dem Möchtegern-Gangster Joe gedreht wird. Als aber die beiden von ihrem Boß sichtlich verheizt werden und die Polizei ihre Leichen in den Flußauen findet, verfolgt Max mit Courage und Ausdauer den skrupellosen Verbrecher. Geschickt spielt er der Polizei den Mörder in die Hände, läßt aber die verlockende, fällige Belohnung aus vielerlei Gründen sausen. Das versteht sein mittlerweile zum Freund gewordener Kriminalinspektor Friedrich durchaus und sorgt mittels Anstellung als Lagerverwalter in einer Delikatessenhandlung dafür, daß Max fremdes Gut nicht mehr anrührt, sondern behütet.

Elfie Pertramer und Heinz Rühmann

Wenige Tage vor seinem 60. Geburtstag präsentierte sich Heinz Rühmann als *Max, der Taschendieb,* in einem sanft moralisierenden und poetisierenden Film seinem Publikum. Mit Imo Moszkowicz, der Assistent von Gustav Gründgens gewesen war, und der hier erstmals Kinofilm-Regie führte, hatte Rühmann einen Regisseur gefunden, der ihm keine Klamotte abverlangte, sondern die stille, entwaffnende zivile Art seines Charmes in den Vordergrund schob. Der 60jährige Rühmann konnte mit dieser kurzweiligen, köstlichen und herzerfrischenden Gaunerkomödie an seine besten Filmleistungen anknüpfen, und die Zuschauer fanden ihn so sympathisch, daß sie, aus dem Kino kommend, Überlegungen anstellten, ob ihr Beruf verfehlt sei und sie nicht besser die ehrbare Kunst des Taschendiebstahls erlernen sollten. Daß der bundesdeutsche Lieblingsstar nun stiehlt und lügt, nahm ihm das Publikum durchaus nicht übel. Denn durch seine Moral und sein kreuzbraves Gemüt heilte er seine oder der Mitmenschen kleine Wunden. »Es kann bei einem solchen Hauptdarsteller über die weiteren Mitwirkenden wenig gesagt werden: er spielt sie alle an die Wand, sogar die Ruth Stephan und den jungen Regisseur Imo Moszkowicz dazu.« (*Frankfurter Allgemeine Zeitung,* 1962)

Er kann's nicht lassen
1962

Regie Axel von Ambesser. *Regie-Assistenz* Walter Boos. *Buch* Carl Merz, Egon Eis. Nach den FATHER-BROWN-STORIES von Gilbert K. Chesterton. *Kamera* Erich Claunigk. *Kamera-Assistenz* Ludwig Maier. *Musik* Martin Böttcher. *Ton* Walter Rühland. *Schnitt* Walter Boos. *Bauten* Rolf Zehetbauer, Herbert Strabel. *Darsteller* Heinz Rühmann (Pater Brown), Grit Böttcher (Bérénice), Rudolf Forster (Bischof), Ruth-Maria Kubitschek (Mrs. Holland), Siegfried Wischnewski (Inspektor O'Connally), Lina Carstens (Mrs. Smith, Haushälterin bei Pater Brown), Peter Ehrlich (Fitzpatrick), Horst Tappert (Simpson), Rainer Penkert (Gilbert Darroway), Otto Schmöle (Lord Bannister), Ernst-Otto Fuhrmann (Koadjutor Malone), Emmerich Schrenk (Joshua), Hans-Dieter Jendreyko (Sam), Paul Glawion (Kellner), Peter Parten, Uli Steigberg. *Produktion* Bavaria. *Länge* 95 Minuten. *Uraufführung* 19. 10. 1962. Fortsetzung des Films *Das schwarze Schaf.*

Von den besten Absichten getragen, seinem Bischof keinen Kummer zu machen, widmet sich Pater Brown, das »schwarze Schaf« der Diözese, in seinem Exil in der Inselpfarrei Abbotte Rock reichlich banalen Dingen, wie etwa der Erforschung der Wege seiner Hauskatze und dem Kampf mit seiner Haushälterin um Zigarren und Tee. Doch die Verbrechen folgen ihm auch an diesen entlegenen Ort: die harmlose Beobachtung der Katze führt ihn zu einem verschollenen Bild van Dycks. Der sensationelle Fund ruft nicht nur eine Diebesbande, sondern im Gefolge Polizeikommissar O'Connally, die Presse und damit den Bischof auf den Plan. Wieder sorgt Pater Brown für Schlagzeilen, wieder folgt die Versetzung auf dem Fuß. Er landet in einer vornehmen Millionärsgemeinde und seine Vorsätze sind wiederum die allerbesten. Leider jedoch ereignen sich auf Schloß Darroway, wo Pater Brown gerne zum Tee geladen ist, zwei sehr seltsame Todesfälle, die dem Detektiv in der Soutane nicht harmlos vorkommen. Mit seinem Regenschirm forschend findet er im Morast des Schloßgrabens den Ruheplatz einer Leiche in Ritterrüstung, und dann verschwindet auch noch die Haushälterin spurlos. Ein zweifelhafter junger Mann gerät in dringenden Doppelmordverdacht, doch der Pater ist – sehr zum Ärger seines ewigen Rivalen Kommissar O'Connally –

Rudolf Forster, Heinz Rühmann und Ernst-Otto Fuhrmann

ganz anderer Ansicht. Ein fürchterliches bischöfliches Donnerwetter und eine besonders originelle Versetzung belohnt die wiederum erfolgreiche Verbrechersuche: Pater Brown muß nach Afrika.

Auf den Tag exakt zwei Jahr nach der Premiere von *Das schwarze Schaf,* der ein beträchtlicher geschäftlicher Erfolg wurde, kam unter dem beziehungsreichen Titel *Er kann's nicht lassen* die Fortsetzung in die Kinos. Die neuen Filmabenteuer des Pater Brown schlossen sich chronologisch an und begannen in der Inseleinöde, wo der pfiffige Detektiv in der Soutane seine kriminalistische Leidenschaft auch nicht lange zurückhalten konnte. Unter der Regie von Axel von Ambesser, verlieh Heinz Rühmann dem »Schwarzen Schaf« wieder Verschmitztheit, mit der der streitlustige Landpfarrer die haarsträubendsten Abenteuer vergnügsam absolvierte: »Drehbuch (Carl Merz und Egon Eis) und Regie mixten Spannung und Humor so geschickt, daß es ein reines Vergnügen ist.« (*Rheinische Post,* 1962)

Meine Tochter und ich

1963

Regie Thomas Engel. *Regie-Assistenz* Edith Zeyn. *Buch* Curth Flatow. *Kamera* Erich Claunigk. *Musik* Franz Grothe. *Kostüme* Inge Ege-Grützner. *Ton* Walter Rühland. *Schnitt* Walter Boos. *Bauten* Rolf Zehetbauer, Herbert Strabel. *Darsteller* Heinz Rühmann (Dr. Stegmann), Gertraud Jesserer (Brigitte), Eckart Dux (Jochen Siebert), Gustav Knuth (Dir. Walther), Agnes Windeck (Frau Winkler), Christiane Nielsen (Marion), Herta Staal (Frau Brenner), Heinz Schubert (Detektiv). *Produktion* Divina. *Länge* 90 Minuten. *Uraufführung* 16. 8. 1963.

Zahnarzt Dr. Stegmann und seine Tochter Brigitte sind seit dem frühen Tod der Mutter mehr denn je ein Herz und eine Seele und auch beruflich unzertrennlich. Der rührende Vater fällt aus allen Wolken, als er erfährt, daß seine geliebte Tochter Biggi einen seiner Patienten, Jochen Siebert, heiraten will. Noch dazu innerhalb von sechs Wochen, weil der junge Mann in Südamerika eine leitende Stellung übernehmen soll. Ein Leben ohne Tochter aber kann sich Dr. Stegmann einfach nicht vorstellen. Außerdem ist er überzeugt, daß Jochen seine geliebte Biggi gar nicht verdient. Um den unerwünschten Bräutigam anzuschwärzen, beauftragt er einen Privatdetektiv. Doch die Aktion erweist sich als Bumerang. Mehr Erfolg hat Dr. Stegmann, als er sich zum Schein dem Suff und einer Liebschaft mit einer attraktiven Bardame hingibt. Tochter Biggi kehrt zwar zu ihm zurück, aber endlich begreift der Papa, wie egoistisch er sich verhalten hat. Er geht in sich und anschließend zu dem verlassenen Jochen, um den zukünftigen gekränkten Schwiegersohn höchstpersönlich um dessen Hand für seine Tochter zu bitten.

Meine Tocher und Ich war ein deutscher Standard-Unterhaltungsfilm. Filme dieser Machart waren im damaligen deutschen Filmbetrieb zu einer Art Markenartikel avanciert und bedurften keiner großen Werbung. »Das gebluffte Publikum verläßt berieselt, gerührt und lächelnd die liebliche Leinwand, auf der eben ein egoistischer Vater die Hochzeit seines Töchterchens zu verhindern suchte. Regisseur Thomas Engel, Sohn des berühmten Bühnenregisseurs Erich Engel, bemühte sich zwar, den schönen Schein so schön wie möglich zu wahren, aber die Geschichte bekam dennoch viel zu sehr sentimentale Breite.« (*Süddeutsche Zeitung*, 1963)

Heinz Rühmann und Gertraud Jesserer

Das Haus in Montevideo

1963

Regie Helmut Käutner. *Regie-Assistenz* Volkmar Kamm. *Buch* Helmut Käutner. Nach der Komödie von Curt Goetz. *Kamera (Farbe)* Günther Anders. *Kamera-Assistenz* Günther Adlmüller. *Musik* Franz Grothe. *Lied* »Wir wandern, wir wandern« Franz Grothe *(Musik)* Willy Dehmel *(Text)*. *Choreographie* Irene Mann. *Kostüme* Elisabeth Urbancic, Hildegard Chmillon-Bornkessel. *Ton* Walter Rühland. *Schnitt* Klaus Dudenhöfer. *Bauten* Werner Schlichting, Isabell Schlichting. *Darsteller* Heinz Rühmann (Prof. Dr. Traugott Hermann Nägler), Ruth Leuwerik (Marianne), Paul Dahlke (Pastor Riesling), Ilse Pagé (Atlanta), Michael Verhoeven (Herbert), Doris Kiesow (Martha), Hanne Wieder (Carmen de la Rocco), Victor de Kowa (Anwalt), Fritz Tillmann (Bürgermeister), Herbert Kroll (Apotheker), Georg Gütlich (Oberst), Elfie Fliegert (Belinda), u. a. *Produktion* Hans Domnick Filmproduktions-GmbH. *Länge* 123 Minuten. *Uraufführung* 17. 10. 1963.

Der sittenstrenge Mittelschulprofessor Dr. Traugott Hermann Nägler erhält eines Tages die Nachricht, daß seine Schwester, die wegen eines Fehltrittes von der Familie verstoßen wurde, seiner ältesten Tochter Atlanta ein reiches Erbe in Südamerika hinterlassen habe. Mit dem Dorfpastor Riesling fährt er nach Montevideo, um die Erbschaft anzutreten. In dem Haus, das seiner 17jährigen Tochter gehören soll, fallen die Herren aus allen Wolken: Zahllose leichtgeschürzte Mädchen tummeln sich. Nägler glaubt, im Freudenhaus zu sein. Zum Glück stellt sich heraus, daß seine Schwester, die in der Fremde eine berühmte Sängerin geworden war, etliche solcher Häuser als Stiftung für alleinstehende Mädchen gegründet hat, um ihnen ihr eigenes Jugendschicksal zu ersparen. Schon will Traugott auf das Haus verzichten, als ihm der Anwalt verkündet, Atlanta käme auch noch in den Genuß eines beträchtlichen Barvermögens, wenn sich in der Familie binnen Jahresfrist der gleiche Fehltritt ereignen würde, dessentwegen Josephine das Elternhaus verlassen mußte. Soll der Vater die Tugend seiner Tochter opfern, oder besser auf das Geld verzichten? Immerhin hat der junge Ingenieur Herbert Kraft ernsthaft um Atlantas Hand angehalten. Soll sie nun Mutter eines unehelichen Kindes werden? Die Verlockungen des Geldes bringen die moralinsauren Ansichten des Pädagogen ins Wanken. Ein Zufall nimmt dem Professor die schwerste Entscheidung seines Lebens ab: Traugotts eigene Hochzeit erweist sich wegen eines Formfehlers als ungültig. Seine Frau Marianne ist vor dem Gesetz Mutter von zwölf unehelichen Kindern und hat somit die Bedingungen im Testament der Schwägerin mehr als erfüllt. Die Hochzeit wird nachgeholt. Auch der wohlanständigen Verbindung von Tochter Atlanta mit ihrem Herbert steht nichts mehr im Wege.

Als Curt Goetz seinen 1924 verfaßten Sketch *Die tote Tante* 1946 auf vier abendfüllende Akte brachte, untertitelte er das Resultat »eine Komödie im alten Stil über Moral, Versuchung und Belohung der Tugend«. Den Hinweis auf den alten Stil kann man durchaus wörtlich verstehen. Der brillante, witzige Autor Goetz mag selbst gespürt haben, daß soviel biedere Naivität wie in diesem Stück nach dem Zweiten Weltkrieg eigentlich nicht mehr erlaubt sei, aber die fortschreitende Restauration indessen machte das Stück bald zum Kassenerfolg, und so folgte Goetz' eigener Verfilmung vor zwölf Jahren, Käutners Remake 1963. Zwar sind Wiederverfilmungen meistens ein Risiko, allerdings nicht, wenn es sich um so todsichere Vorlagen wie Stücke von Curt Goetz handelt. Das mag die Ursache gewesen sein, daß sich *Traumstraßen der Welt*-Millionär Hans Domnick auch entschlossen hat *Das Haus in Montevideo* erneut zu verfilmen, diesmal in Farbe und Panavision. Nun hatte Curt Goetz in der ersten Verfilmung sowohl die Regie als auch die Darstellung Professor Näglers übernommen. Das ließ Rühmann lange zögern, bevor er sich entschloß die Rolle anzunehmen. Denn der Schatten von Curt Goetz machte ihn unschlüssig, bis die Ehefrau des mittlerweile verstorbenen Autors, Valerie von Martens, in einem Brief schrieb, »schon zu Lebzeiten Curtchens war viel von einer Neuverfilmung vom *Haus in Montevideo* die Rede und Curtchen wollte seine Rolle Rühmann anvertrauen, und zwar nur ihm! Das sagte er

Paul Dahlke, Heinz Rühmann, Hanne Wieder und Partner

allen Interessenten. Nicht weil seine Filme soviel Geld bringen, sondern weil er der einzige ist, der das kann, was Curtchen konnte, nämlich eine Figur, die mit Absicht mit soviel Unarten, Faxen und unsympathischen Zügen versehen ist, ›liebenswert‹ zu gestalten.« Auch Regisseur Helmut Käutner, bei dem immer die Gefahr bestand, einen Film durch Überbewertung der Nuancen zu sehr zu »verkäutnern«, hielt sich bei dem Remake zurück und sehr an die Goetz-Vorlage. Vielmehr setzte er seine Akzente durch die Wahl der Darsteller: Nägler, der pausbäckige, leichtbeschränkte, fortpflanzungswütige Bildungsteutone – so wie Rühmann hätte ihn nicht einmal Goetz selber spielen können, da an ihm ja immer eine Spur von Eleganz haftete. Und dann noch Ruth Leuwerik als Familienglucke, ideal als Mutter von zwölf kleinen Kindern. So wurde es nach Meinung des Publikums, dem man sicher dieses Stück alle zwölf Jahre neu verfilmt vorsetzen könnte, eben doch wieder ein typischer Rühmann- oder

Michael Verhoeven, Ruth Leuwerik, Heinz Rühmann und Partner

Leuwerik-Film. Die bebrillte Kinderschar beim Löffeln der Tomatensuppe, der Stammtisch der Honoratioren mit ihren gekräuselten Bärten und ihrem dröhnenden Lachen, das ganze wilhelminische Interieur – es ist mitunter so bemüht auf das Komische hingetrimmt, daß es viel lustiger wäre, wenn das Publikum nicht dauernd darauf hingestoßen werden würde. Die Kritik zollte der Darstellung Rühmanns großes Lob: »Er spielte den standfesten Moralverfechter, das Monument der Unbescholtenheit, den Pauker der Lateinzitate, und es ist natürlich rundum ein Spaß zu sehen, wie dieser Komiker des näselnden Sprechens, der knappen Bewegungen und der wieselnden Zerfahrenheit diese Paraderolle von Curt Goetz auf seinen unverwechselbaren Stil hin verwandelt. Rühmanns Heiterkeit ist nicht die des bloßen Klamauks. Sie ist menschlich – auch wenn er einen im Grunde zuwideren Burschen zeigt, einen knöchernen Haustyrannen und strammen Grundsatzritter« (*Frankfurter Allgemeine*, 1963).

Vorsicht, Mister Dodd!
1964

Regie Günter Gräwert. *Regie-Assistenz* Walter Boos. *Buch* Utz Utermann, Claus Hardt. Nach OUT OF BOUNDS von Arthur Watkyn. *Kamera* Erich Claunigk. *Kamera-Assistenz* Günther Adlmüller. *Musik* Franz Grothe. *Kostüme* Inge Ege-Grützner. *Ton* Walter Rühland. *Schnitt* Elisabeth Imholte. *Bauten* Willi Schatz, Robert Stratil. *Darsteller* Heinz Rühmann (Mr. Dodd-Marmion), Maria Sebaldt (Miss Parker), Robert Graf (Toni, Kellner), Anton Diffring (Howard), Ernst Fritz Fürbringer (Sir Gerald Blythe), Erika von Thellmann (Mrs. Davis), Horst Keitel (Purdie), Rudolf Rhomberg (Glenville), Harry Wüstenhagen (Mr. Bland), Mario Adorf (Buddy Herman), René Axel Franckh (Tommy Blythe), Erik Jelde (Hornblow), Heinz Schorlemmer (Chauffeur Bentley), Ah Yue Lou (Al Miller), Ecko Engelmann (Bardame). *Produktion* Utz Utermann-Claus Hardt der Divina. *Länge* 98 Minuten. *Uraufführung* 14. 2. 1964 Alternativer Titel: *Ihn kann nichts erschüttern.*

Der britische Geheimdienst ist ratlos. Dr. Ivor Marmion handelt mit Staatsgeheimnissen wie andere mit Wurstsemmeln und macht dabei große Geschäfte. Dazu fühlt sich Marmion als Weltverbesserer, der glaubt, auf seine Weise das »Gleichgewicht des Schreckens« aufrecht erhalten zu müssen. Erwischen läßt sich der gerissene Agent dabei nie. Da kommt dem verzweifelten Chef des Geheimdienstes, Sir Gerald Blythe, der Zufall zu Hilfe. Das Flugzeug, das Dr. Marmion von New York nach London bringen soll, stürzt ab, keiner der Insassen überlebt. Sir Gerald wittert eine Chance und will einen Doppelgänger zu Marmions Mittelsmännern schicken, die noch nichts von dem Unglück wissen. In dem Landschuldirektor Mr. Lancelot Dodd hat er einen Mann gefunden, der Marmion wie aus dem Gesicht geschnitten scheint. Mit einiger Mühe gelingt es, Dodd, der eifriger Kriminalroman-Leser ist, für die gefährliche Mission zu gewinnen. Doch alles geht schief. Mr. Dodd verrät sich selbst, gelangt in die Hände einer Gangsterbande, die auf Marmions Geld erpicht ist, und schließlich erscheint auch noch der Totgeglaubte. Er hatte das abgestürzte Flugzeug verpaßt. Doch Mister Dodd, der Geheimagent wider Willen, wächst über sich selbst hinaus und klärt den Fall, was den Chef des Geheimdienstes fragen läßt: »Ich weiß gar nicht, was sie gegen Laien und Amateure haben?«

Einige Kritiken und auch der Schauplatz der Handlung verraten, was dieser Film hätte werden sollen: ein nach britischem Muster gewebter Krimi-Spaß. Dieses löbliche Vorhaben geriet Regisseur Günter Gräwert, nicht ganz nach Wunsch. Er ließ Rühmann nach der altbewährten Rühmann-Manier verfahren, die aber hier fehl am Platz war. Der kleine Schulmeister Mr. Dodd gerät in der gefährlichen Doppelgängerrolle des millionenschweren Geheimaktenhändlers Marmion unversehens in die große, von Pistolenkugeln durchsauste Welt der Gangster und Geheimdienste. Das hatte zwar über einige Strecken Situationswitz und der war nie ganz simpel, aber immer ein wenig zu langsam, zu umständlich. Rühmann spielte wieder den Paradetyp des Biedermannes, der mehr Glück als Verstand hat. »Um Heinz Rühmann war es nach dem Kriege still geworden, bis er dann in Charakterrollen seine Karriere erneuerte, und seitdem sind Filme mit ihm wieder Kassenschlager. Dieser Film knüpft allerdings direkt an den Rühmann von ehedem an. Nur das Alter unterscheidet Mr. Dodd von Quax, dem Bruchpiloten.« (*Frankfurter Allgemeine,* 1964).

Harry Wüstenhagen, Heinz Rühmann, Robert Graf, Mario Adorf und Maria Sebaldt

Ernst-Fritz Fürbringer, Heinz Rühmann, und Heinz Schorlemmer

Dr. med. Hiob Prätorius

1965

Regie Kurt Hoffmann. *Regie-Assistenz* Dagmar Hirtz. *Buch* Heinz Pauck, István Békeffy. Nach dem Bühnenstück von Curt Goetz. *Kamera* (Farbe) Richard Angst. *Kamera-Assistenz* Lothar Kern, Wolfgang Hofmann, Hans Angst. *Musik* Franz Grothe. *Kostüme* Hildegard Chmillon-Bornkessel. *Ton* Walter Müller, Walter Rühland. *Schnitt* Dagmar Hirtz. *Bauten* Max Mellin, Werner Achmann. *Darsteller* Heinz Rühmann (Dr. med. Hiob Prätorius), Liselotte Pulver (Violetta), Fritz Tillmann (Dr. Klotz), Fritz Rasp (Shunderson), Werner Hinz (Violettas Vater), Peter Lühr (Professor Speiter), Klaus Schwarzkopf (Dr. Watzmann), Käthe Itter (Oberschwester), Robert Klupp (Rektor), Maria Ferron, Tatjana Sais, Sigrid Pawlas. *Produktion* Hans Domnick Filmproduktion GmbH. *Länge* 92 Minuten. *Uraufführung* 14. 1. 1965.

Humor und Verständnis tragen wesentlich zum Erfolg des allseits geliebten und geschätzten Arztes Dr. Prätorius bei. Eines Tages zieht ihn die Gutsbesitzerstochter Violetta Höllriegel in ihr Vertrauen. Dr. Prätorius muß ihren angstvollen Verdacht bestätigen: ihre Beziehung zu einem jungen Mann ist nicht ohne Folgen geblieben. Er redet dem verzweifelten jungen Mädchen gut zu, doch kurze Zeit später wird sie mit Verletzungen, die dem Arzt verdächtig nach Selbstmordversuch aussehen, in seine Klinik eingeliefert. Um Violetta in der Krise wieder Lebensmut zu geben, erklärt er, eine neuerliche Untersuchung habe ergeben, daß seine erste Diagnose falsch gewesen sei. Zwischen den beiden entwickelt sich eine starke Zuneigung, die sie einander aber nicht eingestehen. Violetta verläßt heimlich die Klinik und kehrt auf das Gut ihres Vaters zurück. Dr. Prätorius folgt ihr, nicht zuletzt, um den Vater entsprechend schonend auf den tatsächlichen Zustand der Tochter vorzubereiten. Der alte Höllriegel schließt aus dem Verhalten Violettas, daß er in seinem Besucher einen ernsthaften Brautwerber sehen muß und begrüßt den Arzt wie einen künftigen Schwiegersohn. Prätorius versucht den Irrtum richtigzustellen, aber der Gedanke an eine Ehe mit Violetta wird ihm immer sympathischer. Kurze Zeit später sind Violetta und Prätorius

Heinz Rühmann und Partner

Fritz Tillmann, Werner Hinz, Liselotte Pulver
und Heinz Rühmann

Liselotte Pulver und Heinz Rühmann

tatsächlich verheiratet. Der wachsende Erfolg weckt bei seinem Kollegen, Professor Dr. Speiter, Neid und Mißgunst. Er findet einen dunklen Punkt in Prätorius' Vergangenheit, der vor ein Ehrengericht muß. Mit einer brillanten, humorvollen Verteidigungsrede blamiert er seinen Widersacher, seine Rehabilitation wird von Freunden und Verehrern in der Aula der Universität mit dem »Gaudeamus igitur« gefeiert.

Heinz Rühmann trat hier seinem Publikum unter Kurt Hoffmanns Regie als Dr. med. Hiob Prätorius entgegen, jenem Arzt, der auszog, mit Liebe zu heilen, mit Witz die Torheit zu entlarven und mit Eifer die Mikrobe der menschlichen Dummheit zu suchen. 1950, in der ersten Verfilmung der Curt Goetz-Komödie von 1932, hatte die Rolle des beliebten Arztes der Autor selbst gespielt. Wieder mit seiner Ehefrau, Valerie von Martens. Rühmann eiferte gar nicht erst dem unvergeßlichen Film-Prätorius von Curt Goetz nach, der mit herrlich donnerndem Pathos, mit weit ausladender Gestik und genüßlich anzuschauender Mimik die Zukunft der Ärzte auf den Arm nahm. Rühmann versuchte es auf die ihm gemäße leise, sozusagen vorsichtige Art. Die Grenze zum Nur-Sympathischen, Brav- Biederen drohte dabei sehr oft überhand zu nehmen. »Rühmann hat hier ohne Zweifel eine seiner großen und schönsten Rollen gefunden, ohne daß er zum unbescheidenen Solisten wurde.« (*Die Welt,* 1965)

Das Narrenschiff
1965

Regie Stanley Kramer. *Buch* Abby Mann. Nach dem Roman von Katherine Anne Porter. *Kamera* Ernest Laszlo. *Musik* Ernest Gold. *Kostüme* Bill Thomas. *Schnitt* Robert C. Jones. *Bauten* Robert Clatworthy. *Darsteller* Vivien Leigh (Mary Treadwell), Simone Signoret (La Condesa), José Ferrer (Rieber), Lee Marvin (Bill Denny), Oskar Werner (Dr. Schumann), Elisabeth Ashley (Jenny) Georg Segal (David), José Greco (Pepe), Michael Dunn (Glocken), Charles Korvin (Kapitän Thiele), Heinz Rühmann (Löwenthal), Lilia Skala (Frau Hutten), Barbara Luna (Amparo), Christiane Schmidtmer (Lizzi), Alf Kjellin (Freytag), Werner Klemperer (Leutnant Heebner), John Wengraf (Graf), Olga Fabian (Frau Schmitt), Gila Golan (Elsa), Oscar Beregi (Lutz), Stanley Adams (Hutten), Karen Verne (Frau Lutz), Charles de Vries (Johann), Lydia Torea (Pastora), Paul Daniel (Carlos), Rudy Carrella (Ric), Silvia Mario (Rac), Anthony Brand (Gitarrist), Henry Calvin (dicker Mann), David Renard (Holzschnitzer), Justo Robles Quintero, Maribel De Cirez Garcia, José Santiago Martinez. *Produktion* Stanley Kramer. *Länge* 149 Minuten. *Uraufführung* 4. 5. 1965, USA. *Deutsche Erstaufführung* 1. 10. 1965. Originaltitel *Ship of Fools.*

Im Jahre 1933 ist der deutsche Frachter »Vera« von Vera Cruz nach Bremerhaven 27 Tage unterwegs. An Bord ein bunt gemischtes Völkchen, belastet mit allerlei Schicksalen, Problemen und Komplexen. Da ist Mary Treadwell aus Virginia, die enttäuscht, nicht mehr ganz taufrisch, gerade geschieden, am Tisch von Bill Denny placiert ist, einem abgetakelten Baseball-Profi, der ihr mit seiner Primitivität auf die Nerven geht. Zum Ärger des antisemitischen deutschen Verlegers Siegfried Rieber muß ausgerechnet er seine Kabine mit einem Juden teilen. Doch dieser Jude Julius Löwenthal läßt sich auch durch Unannehmlichkeiten nicht aus seiner optimistischen Ruhe bringen, denn schließlich geht es heimwärts nach Deutschland. Er glaubt fest an seinen Talisman, das Eiserne Kreuz in der Brusttasche, und schlägt die gutgemeinten Warnungen des buckligen Zwerges Karl Glocken, der das Schiff »voller Narren« nennt, in den Wind. Da ist auch noch der Schiffsarzt Wilhelm Schumann, der nicht nur Melancholie, sondern auch ein starkes Herzmittel gegen seine häufigen Herzattacken mit sich herumträgt. In Kuba kommt eine seltsame Frau, La Condessa an Bord, eine hoffnungslos von Drogen abhängige spanische Adelige, die wegen politischer Umtriebe ins Exil geschickt wird. Doktor Schumann, den die Frau um ein Schlafmittel bittet, erkennt sofort, daß sie rauschgiftsüchtig ist. Er erliegt ihrer Faszination und will nicht wahrhaben, daß es nur der Stoff ist, der sie in seine Arme treibt. Immer wieder versucht er, sie zu pflegen und aufzurichten, aber die bittersüße Romanze

Heinz Rühmann und José Ferrer

Lee Marvin, Vivien Leigh und Heinz Rühmann

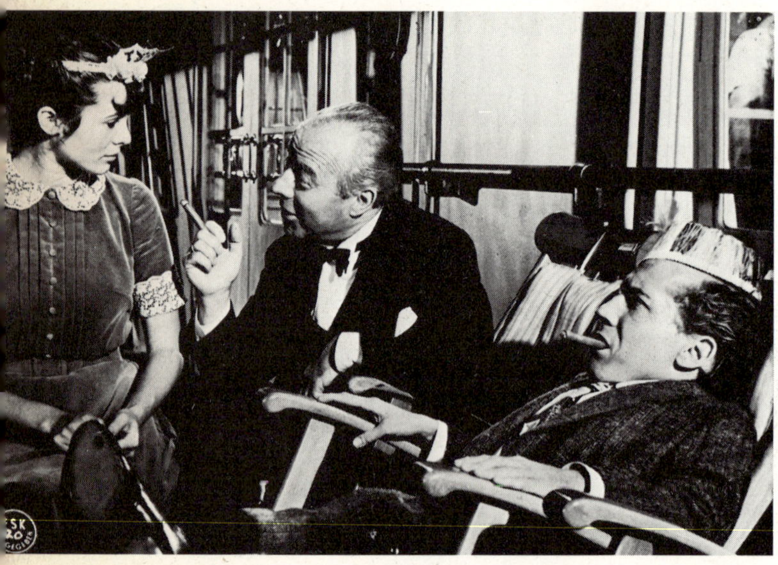

Heinz Rühmann, Michael Dunn und Partnerin

ist jäh zu Ende, als die Contessa in Teneriffa von Bord geholt wird. Kurz darauf beendet ein Herzanfall die Qualen des Schiffsarztes Schumann für immer. Mary Treadwell schlägt den versehentlich in ihre Kabine eingedrungenen Bill Denny furios zusammen. Der Jude Julius Löwenthal wird auf Betreiben des Verlegers auf einen abgesonderten Platz verbannt, ebenso wie der verwachsene Globetrotter Glocken. Doch gerade diese Zwei, die in ihrem Ausgeschlossensein zusammenfinden, scheinen die einzig Glücklichen zu sein, die der Glaube an das Gute im Menschen menschlicher Unduldsamkeit entrückt. Bei der Ankunft in Bremerhaven sind keine Probleme gelöst. Die Passagiere gehen auseinander, erfüllt von Ängsten und Hoffnungen, so wie sie auf das Schiff gekommen sind. Glücklich begrüßt Löwenthal seine Familie. Selbst die Hakenkreuze im Straßenbild können sein Glück nicht trüben. Nur der kleine Krüppel Glocken schaut dem Geschiebe und Gehaste auf der Gangway gelassen zu, zündet sich eine dicke Zigarre an und winkt kopfschüttelnd den Passagieren nach. »Narren – nichts als Narren, auf diesem Schiff.«

Hollywood meldete sich 1964 bei Heinz Rühmann: Stanley Kramer hatte ihn für die Rolle des Juden Julius Löwenthal in *Das Narrenschiff* ins Auge gefaßt. Kramer war als Produzent und Regisseur nicht nur in Amerika, sondern auch hierzulande durch Filme wie dem klassischen Edelwestern *12 Uhr Mittag, Das Urteil von Nürnberg* und *Die Caine war ihr Schicksal* bekannt. Rühmann las den 800 Seiten langen Roman von Catherine Anne Porter, der schwer in wenigen Worten skizziert werden kann. Jedenfalls ist die geschilderte Schiffsreise allegorisch zu verstehen, eine Fahrt ins Chaos. An Bord sind Deutsche und Amerikaner, Schweden und Schweizer, Spanier und Cubaner. Es sind Privilegierte und Zukurzgekommene, unter ihnen auch der Deutsche Julius Löwenthal, den Heinz Rühmann darstellen sollte. Aber er hatte gegen diese Rolle Bedenken. Als Regiesseur Kramer ihn in München besuchte, kamen sie überein, daß das Drehbuch umgeschrieben werden sollte. Monate später kam dann wieder ein Anruf aus Hollywood: »Mister Kramer möchte, daß Sie ihn in Beverly Hills besuchen, um mit ihm das neue Drehbuch zu besprechen.« Heinz Rühmann erinnerte sich: »Abgesehen von der Rolle interessierte mich natürlich Hollywood. Außerdem bedachte ich etwas ganz anderes: Die Dreharbeiten sollten im Juni beginnen, und am 1. Juli hatten Hertha und ich Silberhochzeit. Lange zuvor hatte ich mir schon überlegt, wie wir dieses Ereignis gebührend feiern könnten.« Als Ende Mai die Rühmann-Familie mit Frau Hertha und Sohn Peter in Hollywood eintraf, war die Betreuung märchenhaft. Das Drehbuch war umgeschrieben, die Figur des Julius Löwenthal völlig neu erarbeitet. Auch für die private Betreuung war bestens gesorgt. Agent Kohner hatte ein kleines Landhaus für die Rühmanns gemietet, und alle drei fühlten sich sehr schnell darin zuhause. Kramers Kommentar zu seiner Besetzung: »Ich habe mir das Beste ausgesucht, was ich auf der ganzen Welt finden konnte!« Die simple Formel, daß ein Film so gut oder so schlecht ist, wie seine Schauspieler, hat Stanley Kramer bewiesen. Denn was von dem Streifen im Gedächtnis haften blieb, ist die Erinnerung an subtile Charaktergestaltung, an Momente menschlicher Tapferkeit und Resignation, an die Fähigkeit einiger Figuren, das Leben »trotzdem« zu ertragen. »Diese ›europäische Qualität‹ wird von Simone Signoret, Oskar Werner und Heinz Rühmann beigesteuert. Ohne sie würde das Narrenschiff, nebelumwallt, unweigerlich am Cap der schlechten Hoffnung zerschellen.« (*Süddeutsche Zeitung,* 1965) Obwohl Heinz Rühmann im Originalvorspann erst an elfter Stelle genannt wurde, nach dem großartigen Michael Dunn, der als zwerghaft verkrüppelter Herr Glocken die Filmhandlung für den Zuschauer an- und absagt, hob ihn die deutsche Verleihwerbung entsprechend hervor.

Das Liebeskarussel

1965

Regie Axel von Ambesser, Rolf Thiele, Alfred Weidenmann. *Buch* Dr. Kurt Nachmann, Herbert Reinecker, Paul Hengge. *Kamera (Farbe)* Wolf Wirtl. *Musik* Erwin Haletz. *Bauten* Hertha Hareiter. *Darsteller* 1. Episode »Sybill« Curd Jürgens (Stefan von Crahmer), Nadja Tiller (Sybill von Crahmer), Ivan Desny (Baron Rudolf), Letitia Roman (Paulette). 2. Episode »Angela« Gert Fröbe (Emil Claasen), Cathérine Deneuve (Angela Claasen), Walter Buschhoff (Arzt), Friedrich von Thun (Heitzmann), Ingeborg Wall (Haushälterin). 3. Episode »Dorothea« Heinz Rühmann (Professor Hellberg), Johanna von Koczian (Dorothea Parker), Richard Münch (Walter Morton), Hans Leibelt, Hans W. Hamacher, Alfons Teuber, Bum Krüger, Thilo von Berlepsch, Balduin Baas, Gisela Hahn, Eva Kinski, Christine Schubert, Arlette Pielmann, Elfie Katzer. 4. Episode »Lolita« Anita Ekberg (Lolita Young), Peter Alexander (Peter Sommer), Axel von Ambesser (Ronald). *Produktion* Intercontinental. *Länge* 96 Minuten. *Uraufführung* 30. 9. 1965.

Richard Münch, Bum Krüger, Heinz Rühmann und Partner

Vier Episoden, die zum Teil einen gemeinsamen Nenner haben, wurden in den Film aneinandergereiht. Heinz Rühmann spielt in der dritten Episode den »Primus«: Bei einem Klassentreffen in der Prunkvilla des einst Klassenschlechtesten Walter Morten ist unter den zahlreich geladenen Gästen, die vor dreißig Jahren die Schule verlassen haben, die wesentlich jüngere Journalistin Dorothea Parker, die über Morten eine Reportage schreiben will. Die Gäste haben frechen Schabernack ausgeheckt: sie wollen den ehemaligen Klassenprimus und jetzigen Professor Hellberg, der anscheinend immer noch ein Musterbeispiel an Tugend ist, mit der Journalistin in eine peinliche Situation bringen. Aber erstens kommt es anders und zweitens als man denkt; der vermeintlich üble Streich endet mit einer Überraschung und der Erkenntnis »Liebe ist kein Gesellschaftsspiel«.

Heinz Rühmann und Johanna von Koczian

Heinz Rühmann muß einen Mann mit Prinzipien darstellen, der während eines Abiturienten-Treffens unvermutet in eine Situation gerät, welche die Fähigkeit zur erotischen Spielerei erfordert. Seine moralische Haltung verhindert jedoch das Mitspielen, obwohl er darunter leidet, denn im Geheimen wünscht er sich, als toller Hecht aufzutreten. Er schafft es dann schließlich unter resoluter Beteiligung einer Journalistin. »Zweierlei«, so befand der *Evangelische Film-Beobachter,* 1965, »ist übel an dieser Konstruktion: alte Moralvorstellungen, von ihrem geistigen Gehalt längst abgedrängt und in ihrer Verselbständigung sinnlos, werden als Folie zum Scheinernst für einen Scheinkonflikt zwischen Tugendhaftigkeit und Vergnügen herangezogen. Und zweitens: das erotische Spiel bekommt unter diesen Vorzeichen den Ruch des Zweideutigen, sittlich Anfechtbaren. Die Folgerung, unter diesen Vorzeichen wohlgemerkt, ergibt sich von selber: erotisches Vergnügen ist eine Sache für tolle Hechte, kleinmütige Tugendbolde sind nicht dafür geschaffen.«

Hokuspokus: oder Wie lasse ich meinen Mann verschwinden...?

1966

Regie Kurt Hoffmann. *Regie-Assistenz* Dagmar Hirtz. *Buch* Eberhard Keindorff, Johanna Sibelius. Nach dem Bühnenstück »Hokuspokus« von Curt Goetz. *Kamera (Farbe)* Richard Angst. *Kamera-Assistenz* Wolfgang Hofmann. *Musik* Franz Grothe. *Kostüme* Ingrid Neugebauer, Pierre Cardin. *Ton* Gerhard Müller. *Schnitt* Dagmar Hirtz. *Bauten* Otto Pischinger. *Darsteller* Heinz Rühmann (Peer Bille), Liselotte Pulver (Agda), Richard Münch (Gerichtspräsident), Fritz Tillmann (Staatsanwalt), Klaus Miedel (Mr. Graham), Stefan Wigger (Amundsen, Kunsthändler), Joachim Teege (Munio Eunano), Käthe Braun (Frau Engstrand), Edith Elsholtz (Anna Sedal), Tatjana Sais (Frau Kibutz), Gerd Haucke, Albrecht Bethge, u. a. *Produktion* Domnick/Independent. *Länge* 100 Minuten. *Uraufführung* 3. 3. 1966.

Die attraktive Agda Kjerulf ist des Gattenmordes angeklagt: Sie soll ihren Mann, den Maler Hilmar Kjerulf, dessen Bilder posthum plötzlich reißenden Absatz finden, auf einer Bootsfahrt umgebracht haben. Sie beteuert ihre Unschuld, verstrickt sich aber immer mehr in Widersprüche. Alle Indizien sprechen gegen sie. Als am Vorabend der Hauptverhandlung des sensationellen Falles der Verteidiger sein Mandat niederlegt, gibt niemand mehr der jungen Frau eine Chance. In der Nacht vor dem Prozeß geschehen in der Wohnung des Gerichtspräsidenten seltsame Dinge: Nicht nur, daß er ein Porträt der Angeklagten in seinem Salon aufgehängt und magisch beleuchtet hat – er fühlt sich auch durch eine mysteriöse Warnung bedroht. Deshalb hat er seinen Freund, den Kriminalisten Mr. Graham aus London, zu sich gerufen. Die beiden werden von einem merkwürdigen Besucher aufgestört, der die Unschuld der Angeklagten auf ungewöhnliche Weise zu beweisen sucht. Dieser Peer Bille ist ein sehr vielseitig begabter Mann und sorgt am nächsten Tag im Gerichtssaal für eine Sensation: er ist der neue, mit Zeugnissen und Vollmachten wohlversehene Verteidiger der Angeklagten. Sein geistreich-ironisches Plädoyer fasziniert das Publikum und macht dem Staatsanwalt und dem Gerichtspräsidenten schwer zu schaffen. Doch nach einer dramatischen Zeugenvernehmung wird Verteidiger Peer Bille als Agdas Geliebter entlarvt und des Mordes angeklagt. Zur noch größeren Überraschung gibt Agda zu, ihn angestiftet zu haben. Dann aber macht Mr. Graham am Gemälde der schönen Angeklagten, das der Gerichtspräsident für die Verhandlung zur Verfügung gestellt hat, eine Entdeckung, die allen bisher entgangen war. Der Prozeß nimmt eine ebenso überraschende wie in der Justizgeschichte einmalige Wendung: es kann gar keinen Täter geben, weil es auch kein Opfer gibt.

Klaus Miedel, Liselotte Pulver und Heinz Rühmann

Fritz Tillmann und Heinz Rühmann

Zwei bekannte Stars in der Scheinwelt voller Schmunzeleffekte und gängiger Unterhaltung, das ganze gewürzt mit einem Plädoyer für romantischen Humanismus. Um die Goetz-Dialoge und die spannend amüsante Handlung der Komödie, die Justiz und Indizienprozeß aufs Korn nahm, besser zur Wirkung kommen zu lassen, verzichtete Architekt Otto Pischinger auf naturalistische Dekorationen. Da gab es weder Wände noch Hintergründe, weder Türen noch Fenster, schwarze Lampen und ähnliche Spielereien. Für diese Ausstattung bekam der Film und Otto Pischinger 1966 den Bundesfilmpreis. Mit Farben wurde in einer Form gearbeitet, wie es bislang auf der deutschen Leinwand noch nicht üblich war: *Hokuspokus* war eine Art Zwei-Farbfilm. Zu Weiß kam immer nur eine Kontrastfarbe. »Rühmann, zeitweilig mit Vollbart à la Hemingway – sieht jünger aus denn je. Er hat auch gar keine Zeit zum Älterwerden.« (*Stuttgarter Zeitung,* 1966.)

Liselotte Pulver und Heinz Rühmann

Geld oder Leben

1966

Regie Jean-Pierre Mocky. *Buch* Jean-Pierre Mocky, J.P. Marzelle, Alain Moury. Nach einem Originalstoff von Fernand Marzelle und Jean-Pierre Mocky. *Kamera (Farbe)* Jean Tournier. *Musik* Bernard Kesslair. *Ton* Antoine Petitjean. *Schnitt* Gabriel Rongier. *Bauten* Rino Mondellini. *Darsteller* Fernandel (Migue), Heinz Rühmann (Schmidt), Jean Poiret (Pelepan), Michel Galabru (Notar), Darry Cowl (Marquy), Jacques Legras (Tapu), Gabriello (Kahlbauer I), J. Cl. Remouleux (Kahlbauer II), Pierre Gualdi (Kahlbauer III), Marilu Tolo (Violette), *Produktion* Columbia-Bavaria / Orsay Films-Balzac Societé d'Expansion du Spectacle / Vides. *Länge* 91 Minuten. *Uraufführung* 27.4.1966, Paris. *Deutsche Erstaufführung* 2.9.1966. Französischer Titel *La Bourse et la Vie.*

Fernandel und Heinz Rühmann

Heinz Rühmann, Fernandel und Partner

Die Gebrüder Kahlbauer, die das von Direktor Pelepan erfundene Haarwuchsmittel »Ha-Wu-Fix« auf den Markt bringen sollen, sind in der Klemme. Sie brauchen schnellstens eine Million, denn das angebliche Wundermittel hat sich als radikales Enthaarungsmittel entpuppt. Deshalb müssen die drei Brüder beim Notar in Paris eine Million hinterlegen, um der Strafverfolgung zu entgehen. Direktor Pelepan entschließt sich, das Geld kurzfristig von seiner Bau-Firma zu »leihen«. Er schickt Chefbuchhalter Schmidt und Hauptkassierer Migue mit einem Scheck zur Bank. Zunächst vergessen die beiden, den Geldkoffer mitzunehmen und müssen in der Bank die Geldbündel in Zeitungspapier und Manteltaschen verstauen. Ein Wolkenbruch beschert neue Probleme. Gunstgewerblerinnen und betrügerische Kellner sind hinter Schmidt und dem temperamentvollen Südfranzosen Migue her. Als die beiden endlich in der Firma ankommen, ist dort lediglich die Nachricht des Direktors, daß er mit dem Abendzug nach Paris fahre und sie mit dem Geld am Bahnsteig erwarte. Dort verfehlen sich die drei. Während Schmidt und Migue suchend von Abteil zu Abteil hasten, fährt der Zug los. Die Odyssee der drei Männer und der Million wird immer abenteuerlicher. Von Station zu Station steigern sich die Komplikationen. Als Schmidt & Co. schließlich in Paris landen, haben sie den Verdacht, daß ihr Chef mit dem Geld der Firma krumme Dinge vorhat. Für Pelepan ist das fatal, weil die beiden die Million nicht rausrücken wollen. Erst nachdem er seinen treuen Mitarbeitern alles mühevoll erklärt hat, sind die Probleme gelöst und sie kehren fröhlich nach Toulouse zurück.

Zwei internationale Starkomiker, Fernandel und Rühmann, jeder Liebling seiner Nation, das einzige Mal gemeinsam vor der Kamera; mit einer Story, die Rühmann-Kennern vertraut sein müßte: *Der brave Sünder,* 1931. Diesmal wie damals: als Grundlage die Komödie *Defraudanten* von Alfred Polgar. Doch damals bei Fritz Kortner war es ein hervorragender Erfolg, das beste, was in deutschen Ateliers seit langem gedreht worden war. Was aber ist diesmal daraus geworden! Ein Panoptikum von absonderlichen Figuren, in dem die Hauptakteure hilflos über die Leinwand tölpeln. Keine Szene, die zur vorhergehenden paßt, dümmste Späße werden breit ausgewalzt, und an keiner Stelle konnte Spannung aufkommen. »Wenn Buchhalter und Kassierer mit einer Million zwischen Toulouse und Paris hin und her zappeln, so kann das eine erholsame Klamotte abgeben. Wenn außerdem noch Heinz Rühmann und Fernandel den Buchhalter und den Kassierer spielen, dann gehört schon einiges dazu, um daraus dennoch ein auserlesen miserables, klecksfarbiges Lustspiel zusammenzukleistern. Jean-Pierre Mocky (Buch und Regie) darf sich schmeicheln, dieses Kunststück geschafft zu haben. Fazit: Zwei Stars im verpfuschten Anzug.« (Ponkie, *Abendzeitung München,* 1966).

Grieche sucht Griechin
1966

Regie Rolf Thiele. *Buch* Georg Laforet (= Franz Seitz). Nach der Komödie von Friedrich Dürrenmatt. *Kamera (Farbe)* Wolf Wirth. *Musik* Rolf Wilhelm. *Kostüme* Charlotte Flemming. *Schnitt* Inge Taschner. *Bauten* Wolf Englert, Robert Stratil. *Darsteller* Heinz Rühmann (Archilochos), Irina Demick (Chloé), Hannes Messemer (Fahrcks), Hanne Wieder (Georgette), Charles Regnier (Petit-Paysan), Walter Rilla (Staatspräsident), Franz Kutschera (Bischof Moser), Rudolf Rhomberg (Bibi, Bruder von Archilichos), Leonard Steckel (Maître Dutour), Balduin Baas (Auguste), Walter Buschhoff (Dolder), Birgit Ahsbahs (Marianne), Ingrid Simon (Sophie), Jürgen Clausen (Théophil), Susan Hsiao (Magd Maria), Rudolf Forster, Michael Maien, Hans Leibelt. *Produktion* Seitz-Film. *Länge* 93 Minuten. *Uraufführung* 19. 6. 1966.

Archilochos, Unterbuchhalter einer Maschinenfabrik, ist der Einsamkeit überdrüssig und gibt eine Heiratsanzeige auf. Er hat nur einen Wunsch: sie soll aus dem sonnigen Griechenland stammen, von wo seine Vorfahren einst ausgewandert sind und wohin er sich so sehr zurücksehnt. Archilochos erhält auf seine Anzeige nur eine einzige Zuschrift, aber die Absenderin entpuppt sich als wahre Traumfrau. Die Geschichte ihrer entbehrungsreichen Jugend rührt ihn beinahe zu Tränen. Er ist selig, daß Chloé Saloniki ausgerechnet ihn heiraten will. Bald staunt er über bemerkenswerte Veränderungen in seinem Leben: beim ersten Spaziergang mit seiner Auserwählten beehren ihn hochgestellte Persönlichkeiten mit freundlichen Grüßen. Am nächsten Morgen wird er zu seinem obersten Chef bestellt und zum Generaldirektor ernannt. Dann bittet ihn auch noch der Bischof der altneupresbyterianischen Gemeinde, das Ehrenamt eines Weltkirchenrates zu übernehmen. So viel Glück wird Archilochos unheimlich. Er kann sich nicht erklären, warum gerade er in so schwindelnde Höhen aufsteigt. Als er Chloé zum Traualtar führt, ist sogar der Staatspräsident zugegen. Der Revolutionär Fahrcks sagt dem Bräutigam endlich die Wahrheit über Chloé: Die Dame ist eine stadtbekannte Kurtisane. Archilochos stürzt in panischem Entsetzen aus der Kirche, die ganze Welt erscheint ihm schrecklich und sinnlos. Langsam wird er mit der schockierenden Wahrheit fertig und erkennt, daß sich die Hoffnung – ein Sinn verberge sich hinter allem Unsinn – nur jene bewahren können, die dennoch lieben.

Recht viel Glück war Rolf Thiele mit der filmischen Umsetzung des heiteren Romans von Friedrich Dürrenmatt nicht beschieden. In dieser heiter übermütigen Geschichte hatte Dürrenmatt Gesellschaftskritik verpackt, allerdings so, daß sie niemand traf. Es blieb ein harmloser Scherz mit einer Reihe hübscher Einfälle. Die Darstellung Rühmanns rutschte zu sehr ins Klischee ab. Er spielte den Typ des rührend braven Spießers mit Herz in gewohnt souveräner Weise.

Irina Demick und Heinz Rühmann

Heinz Rühmann, Hanne Wieder und Balduin Baas

Maigret und sein größter Fall
1966

Regie Alfred Weidenmann. *Regie-Assistenz* Wieland Liebske. *Buch* Herbert Reinecker. Nach dem Roman MAIGRET UND DER SPION von Georges Simenon. *Kamera (Farbe)* Heinz Hölscher. *Musik* Erwin Halletz. *Kostüme* Lambert Hofer jun. *Schnitt* Gretl Girinec, Uli Kirsch. *Bauten* Hertha Hareiter. *Darsteller* Heinz Rühmann (Kommissar Maigret), Francoise Prévost (Simone), Günther Stoll (Alain Robin), Günther Strack (Kommissar Delvigne), Gerd Vespermann (Inspektor Caselle), Alexander Kerst (Delfosse), Christo Negas (Adriano), Ulli Lommel (René), Edwin Noël (Jean), Giacomo Furia (Genaro), Francesca Rosano (Franchita), Peter Gross (Inspektor Lapointe), Rudolf Barry (Inspektor Lucas), Günther Ungeheuer (Mr. Holoway), Eddie Arent (Labas), Pier Paolo Caffoni, Peter Gerhard, Silvana Sansoni, Hans Habietinek, Walter Varndal, Ralf Boddenhuser, Toni Wagner, Hannelore Sandtner. *Produktion* Intercontinental/ Terra/Carmina. *Länge* 90 Minuten. *Uraufführung* 24. 11. 1966. Französischer Titel *Maigret fait mouche.* Italienischer Titel *Il caso difficile del Commissario Maigret.*

In einer Pariser Galerie wird ein wertvolles Gemälde von van Gogh gestohlen. Der unbekannte Einbrecher entkommt, am Tatort bleibt der tödlich verletzte Nachtwächter zurück. Kommissar Maigret übernimmt den Fall. Er läßt anstelle des gestohlenen Bildes eine Kopie aufhängen und hofft, den unbekannten Dieb irritieren zu können. Aber der einzige Besucher der Galerie, der sich verdächtig benimmt, geht zur Polizei. Es ist der millionenschwere englische Kunstsammler Mr. Holoway, dem ein Unbekannter das gestohlene Gemälde zum Kauf angeboten hat. Der Kommissar läßt den reichen Engländer beschatten und folgt ihm nach Lausanne, als dieser heimlich dorthin reist. Schon in der Nacht nach seiner Ankunft wird Holoway unter mysteriösen Umständen ermordet. Maigret findet ihn tot im Hotel. Doch dieser Kommissar Maigret hat seine Eigenheiten: anstatt seine Schweizer Kollegen zu benachrichtigen, läßt er die Leiche unbemerkt in einem Wäschekorb in einen öffentlichen Park schaffen. Dann konzentrieren sich seine Nachforschungen auf die Bar »Moulin Bleu«, wo Holoway die letzten Stunden vor seiner Ermordung verbrachte. Dort gibt es genügend Leute, die ihn im Zusammenhang mit dem Verbrechen interessieren. Er findet nicht nur den echten Van Gogh wieder, sondern auch den Pariser Totschläger, der das Bild gestohlen hat. Das aber genügt ihm nicht. Mit Unterstützung von Kommissar Delvigne, der über Maigrets Methoden immer wieder verblüfft ist, kreist er auch den Mörder systematisch ein, und Delvigne staunt nicht schlecht, als ihm der Lausanner Mörder ins Netz geht.

Schon ein Jahr lang hatten jeden Abend um 21.00 Uhr die deutschen Bundesbürger ihren Kommissar Maigret via Bildschirm frei Haus geliefert bekommen, da entschloß sich Produzent Karl Spiehs, Maigret auch noch in einer deutsch-italienisch-französischen Co-Produktion farbig auf die Kinoleinwand zu bringen. Wenige Tage nach Beginn der Dreharbeiten in Wien kam es mit Hauptdarsteller Rupert Davies zum Eklat: Davies hatte nicht nur Herbert Reineckers Drehbuch, sondern auch Regisseur Weidenmann abgelehnt. Sieben Tage später begannen die Dreharbeiten erneut, diesmal mit Heinz Rühmann als Kommissar Maigret. Es war ein waghalsiges Unternehmen, in die Fußstapfen des großartigen Jean Gabin, dem französischen Darsteller des Kommissar Maigret, zu treten. Dazu kam noch: vor einem knappen Jahrzehnt hatte Rühmann in Ladislao Vajdas Dürrenmatt-Verfilmung *Es geschah am hellichten Tag* ebenfalls einen Kriminalkommissar dargestellt. Und bei diesem zweiten Vergleich, Rühmann mit Rühmann, schnitt er nicht so gut ab. Lobende Anerkennung der Kritik fand Rühmann als Pfeifenraucher: »Noch bezieht der Darsteller Rühmann sein Maigret-Image weitgehend aus der Wartung des Simenon-Talismanns, der Pfeife.« (*Film-Echo / Filmwoche,* 1966). Und *Der Spiegel* sekundierte bissig: »Eigenbrötler Maigret, vom Autor groß und dick gedacht, magerte zum Maigretchen.«

Die Abenteuer des Kardinal Braun

1968

Regie Lucio Fulci. *Buch* Adriano Baracco, Ennio de Concini, Paul Hengge, Lucio Fulci, Roberto Gianviti. *Kamera* Enrico Menczer, Alfio Contini. *Musik* Ward Swingle, Armando Trovaioli. *Schnitt* Elisabeth Neumann-Kleinert, Ornella Micheli. *Bauten* Giovanni Giovannini. *Darsteller* Heinz Rühmann (Kardinal Braun), Uta Levka (Samantha), Jean-Claude Brialy (Cajello), Wolfgang Kieling (Poulain), Herbert Fux (Targout), Lando Buzzanca (Napoleone), Christine Barcley (Marisa), Edward G. Robinson (Joe Ventura). *Produktion* Roxy / Ultra / Marianne. *Länge* 96 Minuten. *Uraufführung* 13. 2. 1968. Italienischer Titel *Operazione San Pietro*. Französischer Titel *Au Diable, les Anges*.

In seinem Hauptquartier in Neapel plant ein amerikanischer Gangster den Coup seines Lebens: in der hochversicherten Skulptur »Pietà« von Michelangelo soll Rauschgift in die USA geschmuggelt werden. Seine Leute nehmen den Auftrag wörtlich, und begnügen sich nicht damit, eine Kopie heranzuschaffen, sondern klauen das wertvolle Marmor-Original aus dem Vatikan. Diese nie dagewesene Dreistigkeit ruft seine Eminenz, Kardinal Braun, auf den Plan, der sich per Computer auf Diebesjagd begibt. Bald ist er auf der richtigen Spur und könnte den Rest der Arbeit der Polizei überlassen. Aber mit dem Eifer, der einem Polizeichef alle Ehre machte, zwingt er die Ganoven zur Flucht nach vorn. Nach wilder Verfolgungsjagd landet die Bande nicht nur in den Armen, sondern auch in den Fäusten eines hieb- und stichfesten Kardinals.

Aus dem schwarzen Schaf war nun nach mehr als einem halben Jahrzehnt ein Kardinal geworden, der sich mit wehender Soutane im Gangstermilieu umtat. Als aus dem Petersdom Michelangelos Pietà verschwindet, ruft der Kardinal nicht die Polizei, sondern kurbelt den kirchlichen Fahndungsapparat an. Priester, Ordensbrüder und gläubiges Volk jagen hinter den frechen Gangstern her. »Trotz des Tempos der Gaunerjagd kommt der Film nur wenig in Schwung. Wo Spaß und Parodistisches ausgespielt werden müßte, hat man keine Zeit für einen Aufenthalt und bleibt lieber beim Üblichen. Darüber täuschen auch die gewohnten Lacher für Heinz Rühmann nicht hinweg.« (*Münchner Merkur,* 1968).

Heinz Rühmann und Edward G. Robinson

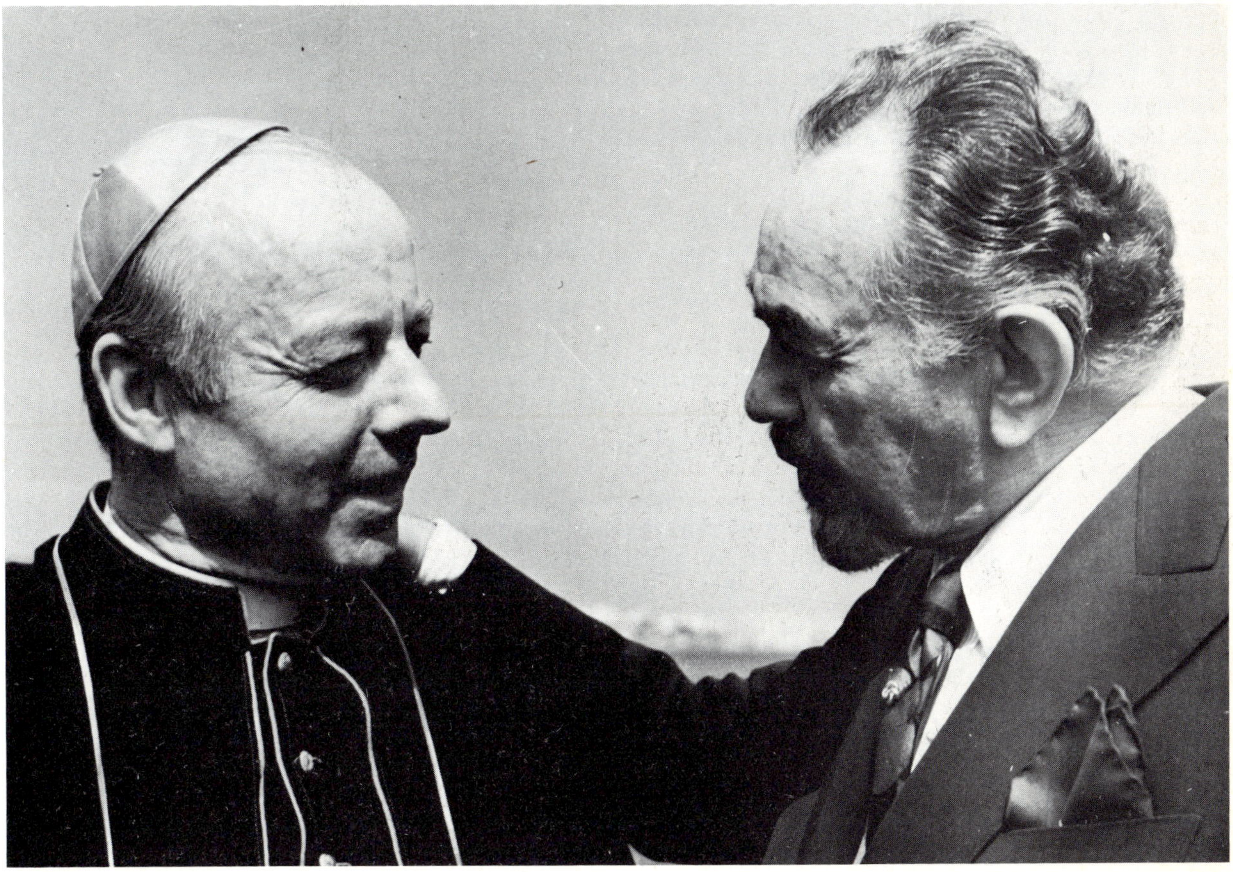

Die Ente klingelt um 1/2 8
1968

Regie Rolf Thiele. *Regie-Assistenz* Gudrun Rabeute. *Buch* Roy Evans, Paul Hengge, Riccardo Ghione. Nach der Geschichte VI ER ALLESAMMEN TOSSEDE von Aage Stenthoft. *Kamera (Farbe)* Wolf Wirth. *Kamera-Assistenz* Frank Brühne. *Musik* Martin Böttcher. *Kostüme* Inge Ege-Grützner. *Masken* Josef Coesfeld, Elke Müller. *Ton* Heinz Terworth. *Schnitt* Ingeborg Taschner, Edith Schumann. *Bauten* Wolf Englert, Herbert Strabel. *Darsteller* Heinz Rühmann (Dr. Alexander), Hertha Feiler (Adela), Grazielle Granate (Dozentin), Charles Regnier (Professor), John van Dreelen (R. A. Kellermann), Balduin Baas (der Lesende), Rudolf Schündler (Staatsanwalt), Monika Teuber (Ulrike), Inge Marschall (Krankenschwester), Angela Hillebrecht (Frau Ilse), Hans Epskamp (Polizeiarzt), Herbert Bötticher (Verkäufer), Sammy Drechsel (Reporter). *Produktion* Roxy (Luggi Waldleitner), München/Sancro-International, Rom. *Länge* 88 Minuten. *Uraufführung* 13. 9. 1968. Italienischer Titel *Siamo tutti matti.*

Computer-Experte Dr. Alexander kann sich auch im Privatleben nicht von seiner geliebten Elektronentechnik trennen. Er programmiert in der supermodernen Küche sogar den Entenbraten, damit er sich um ½8 durch ein Klingelzeichen bemerkbar macht. Um rechtzeitig zu Frau und Ente zu kommen, versucht er einem Verkehrschaos auszuweichen und fährt querfeldein. Dabei nimmt er einen Zirkuselefanten auf den Kühler, wird von der Polizei gestellt und da er von Enten und Elefanten faselt, in die Nervenheilanstalt gebracht. So sehr seine Frau sich bemüht, sie kann ihn nicht herausbekommen. Erst als er nach zahllosen Sitzungen mit einer aufreizenden Dozentin und einem durchaus nicht normal wirkenden Irrenarzt, den Verrückten spielt und zu dem Schluß kommt »Es gibt gar keine Elefanten«, wird er entlassen. Bei der anschließenden Gerichtsverhandlung entdeckt Dr. Alexander im Vorsitzenden einen ehemaligen, echten Patienten der Nervenklinik. Der Prozeß platzt, er kehrt an seinen Arbeitsplatz zurück. Als er den Computer mit den Faktoren »menschliche Dummheit« und »Humor« füttert, streikt die Denkmaschine und verwandelt sich in einen trompetenden Elefanten.

Regisseur Rolf Thiele versuchte in dieser grotesken Satire »Zeiterscheinungen in einer geplagten Zeit«, die Auswüchse der Technik, Massenverkehr, Praktiken von Polizei und Behörden sowie Psychiater und ihre Methoden auf die Schippe zu nehmen. Seine teils rosige, teils gallig-gelbe Humorlinse richtet er auf Konsumzwang und Studentendemonstrationen, auf Staatsautorität und Jungfilmer samt Nackedei, sowie Polizei und Nervenärzte. » Genießbar

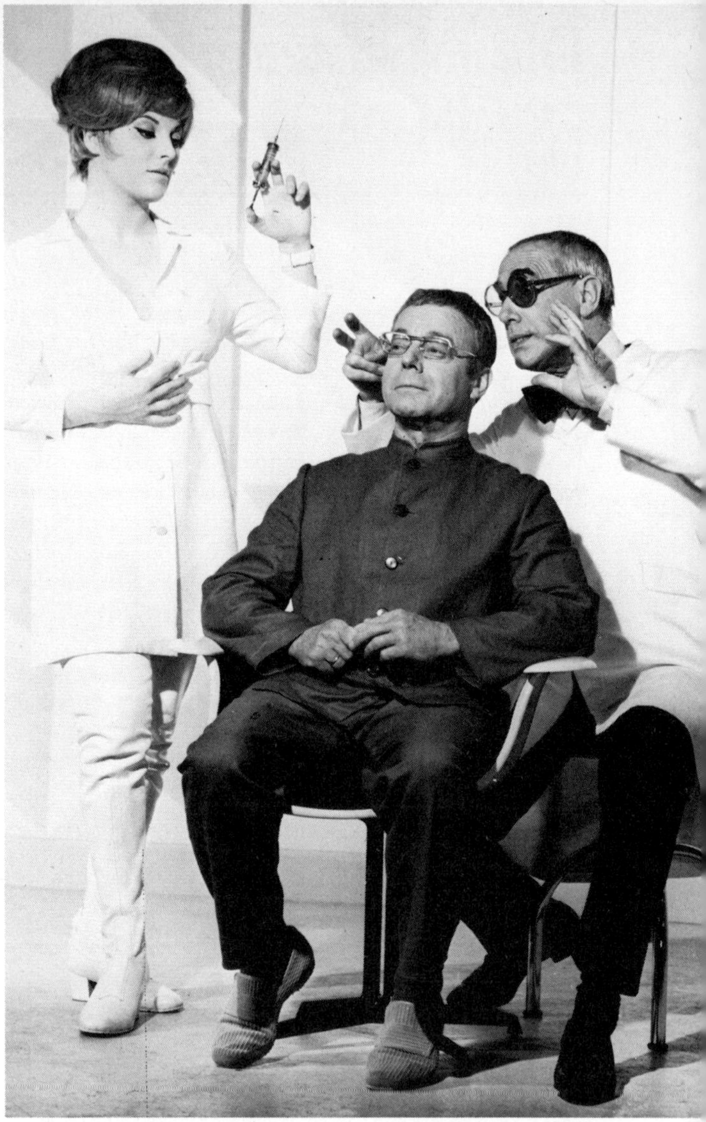

Graziella Granata, Heinz Rühmann
und Charles Regnier

wird die Ente erst durch Heinz Rühmann, diesmal nicht der kleine Mann mit Herz, sondern der kluge Mann mit Kopf.« (*Münchner Merkur,* 1968). Trotzdem hatte auch dieser Film als Essenz die Lebensweisheit vorangegangener Rühmann-Filme: »Mit Verstand allein ist die Welt nicht zu bewältigen«. Rühmann hoffte, im Anzug à la Mao mit lässig nach vorne gekämmten Haaren als zerstreuter Profesor des Computer-Zeitalters einen »Neuen Rühmann« vorzustellen. Nach acht Jahren stand er zum ersten Mal wieder mit seiner Frau Hertha Feiler vor der Kamera. In Zeitungsinterviews erklärte er Journalisten, die ihn auf den Unterschied zu bisherigen Rollen ansprachen: »Ach wissen Sie, es ist vielleicht insofern ein Unterschied, als ich hier mal kein kleiner Mann bin, sondern ein Elektroingenieur, ein ausgewachsenes gescheites Mannsbild – sowas is' ja bei mir immer selten gewesen.« (Edith Eiswald, *Münchner Abendzeitung,* 1968).

Der Kapitän
1971

Regie Kurt Hoffmann. *Regie-Assistenz* Jane Hempel. *Buch* Georg Laforet (= Franz Seitz). Nach dem Roman von Richard Gordon THE CAPTAIN'S TABLE. *Kamera (Farbe)* Ernst Wild. *Kamera-Assistenz* Ernst Stritzinger. *Musik* James Last. *Kostüme* Eva Gall-Eckel. *Ton* Klaus Eckel. *Schnitt* Ingrid Bichler. *Bauten* Werner und Isabella Schlichting. *Produktionsleitung* Walter Tjaden. *Aufnahmeleitung* Friedrich Karl Grund. *Darsteller* Heinz Rühmann (Kapitän Ebbs), Johanna Matz (Claudia Lund), Terry Torday (Ilona Porter-Almassy), Horst Tappert (Konsul Carstens), Ernst Stankovski (1. Offizier Meier-Pollex), Horst Janson (2. Offizier Jörg Neher), Monika Lundi (Anette Breitenbach), Hans Korte (Zahlmeister Prittel), Joseph Offenbach (Steward Otto Krümel), Günter Pfitzmann (Chefingenieur Oldenburg), Karl Lange (Rob E. Anderson), Jane Hempel (Evelyn Moll), Irina von Bentheim (Patricia), Ruedi Walter, Margrit Rainer. *Produktion* Seitz-Film. *Länge* 93 Minuten. *Uraufführung* 28.10.1971, Frankfurt am Main.

Der bisherige Frachterkapitän Ebbs übernimmt den großen Luxusdampfer »Julia«. Schnell erkennt er, daß die Unbilden der christlichen Seefahrt nichts sind im Vergleich zu den Gefahren und Anfechtungen, denen sich der Kommandant eines Luxusliners auf gesellschaftlichem Parkett und im Umgang mit verwöhnten Damen ausgesetzt sieht. Das turbulente Treiben an Bord macht es dem Kapitän oft schwer, seinen Grundsätzen treu zu bleiben. Dazu kommt noch, daß der wichtigste Anteilseigner der Reederei, Konsul Carstens, mit an Bord ist. Er nimmt an allem und jedem Anstoß, will am liebsten dem Kapitän das Kommando abnehmen. Dann aber wäre der Jugendtraum, Passagiere und nicht immer nur Fracht zu fahren, endgültig ausgeträumt. Als Kapitän Ebbs, vom Zahlmeister provoziert, die Nerven verliert und ihn vor allen Leuten verprügelt, scheint es soweit. Schon will er seinen Rücktritt einreichen, als Mann beziehungsweise Frau über Bord gemeldet wird. Nach verschiedenen schwierigen Rettungsmanövern findet sich die Vermißte aber in der Kabine des Konsuls. Das verschafft Ebbs Oberwasser. Er kann die Situation nützen und bleibt Kapitän der »Julia«.

Ein wenig älter geworden, die vergnügten Fältchen um die Augen, mit seemännischem Kinnbartschnitt – so stellte sich Heinz Rühmann nach dreijähriger Pause seinem Publikum vor. In dem Filmmärchen vom ollen, ehrlichen Seebären, der durch einen Ratschluß der Reederei avanciert und vom Kommando einer total verrosteten Gerümpel-Dschunke auf die Brücke eines schneeweißen Luxusschiffes umsteigt, mimte Rühmann mit erprobter Treuherzigkeit einen kautzigen Kapitän. Es war die bislang letzte Regiearbeit Hoffmanns mit Heinz Rühmann (insgesamt drehten sie sieben Filme gemeinsam) und er verließ sich auf seinen Uralt-Bekannten als Hauptdarsteller. Knapp zwei Jahre nach Kinostart von *Der Kapitän* nahm Rühmann bei einem Empfang der Stadt Kassel die Statuette der »Goldenen Leinwand«, die zum 50. Mal vergeben worden war, entgegen. Der Hauptverband deutscher Filmtheater verleiht diesen Preis, wenn ein Film nach 18monatiger Spielzeit von mehr als 3 Millionen Zuschauern besucht wird.

Terry Torday und Heinz Rühmann

O, Jonathan — oh, Jonathan!
1973

Regie Franz Peter Wirth. *Regie-Assistenz* Monika Fischer. *Buch* Franz Peter Wirth. Nach dem Buch von Hans Kräly. *Kamera (Farbe)* Gernot Roll. *Kamera-Assistenz* Udo Drebelow. *Musik* Horst Jankowski. *Kostüme* Ilse Dubois. *Masken* Josef Coesfeld. *Ton* Heinz Schürer. *Schnitt* Margot von Schlieffen. *Bauten* Rolf Zehetbauer. *Darsteller* Heinz Rühmann (Konsul Jonathan Reynold), Peter Fricke (Tobias), Franziska Oehme (Eva Schmidt), Paul Dahlke (Dr. Paul Heizer), Marlis Schoenau (Frau Benditz-Degenhart), Astrid Meyer-Gossler (Gloria), Henning Gissel (Kaplan Heinrich Knöpfle), Ingeborg Lapsien (Barbara), Wega Jahnke (Trixi), Kurt Buechler (Robert), Wilfried von Aacken, Willy Semmelrogge, Horst Jankowski, Jean Pierre Zola, Paul Neuhaus, Günther Becker, Erich Fritze, Paul Bürks, Karl Heinz Steudenmayer, Erich Kleiber, Beppo Brem, Jürgen Scheller. *Produktion* Terra (Dr. Manfred Barthel). *Länge* 100 Minuten. *Uraufführung* 10.5.1973.

Der kauzige, mächtige Finanzmagnat Jonathan Reynold liegt im Sterben. Vor seiner Münchner Villa sind zahlreiche Journalisten versammelt, die nur noch auf die Todesnachricht warten, denn die Nachrufe sind längst in der Druckerei im Satz. In dieser regnerischen Nacht kehrt der telegrafisch verständigte Sohn des Alten, Tobias Reynold aus dem Urlaub zurück. Der Vater hat noch einen letzten Wunsch: Er möchte die künftige Frau seines Sohnes kennenlernen, bevor er aus diesem Leben scheidet. Tobias sucht seine Braut vergeblich in ihrem Hotel, weil sie mittlerweile in einem eleganten Modesalon Trauerkleider probiert. In seiner Verzweiflung zerrt er ein junges Mädchen in seinen Wagen, das ihm über den Weg läuft – die gutaussehende Eva Schmidt, die sich als Garderobenaushilfe ihr Musikstudium verdient. Der Schwindel gelingt, Jonathan ist über die Wahl seines Sohnes entzückt und sinkt zufrieden in seine Kissen zurück. Aber der längst aufgegebene Jonathan schlägt seinen Erben und den immer noch ungeduldig wartenden Journalisten ein Schnippchen. Am nächsten Morgen findet ihn sein Hausarzt Dr. Heizer kreuzfidel im Bett vor. Der Patient verlangt ein kräftiges Frühstück, anschließend eine dicke Zigarre und möchte sofort nochmals seine reizende Schwiegertochter sehen. Tobias kommt in größte Verlegenheit, denn er weiß weder den Namen des Mädchens,

Peter Fricke, Heinz Rühmann, Ingeborg Lapsien und Paul Dahlke

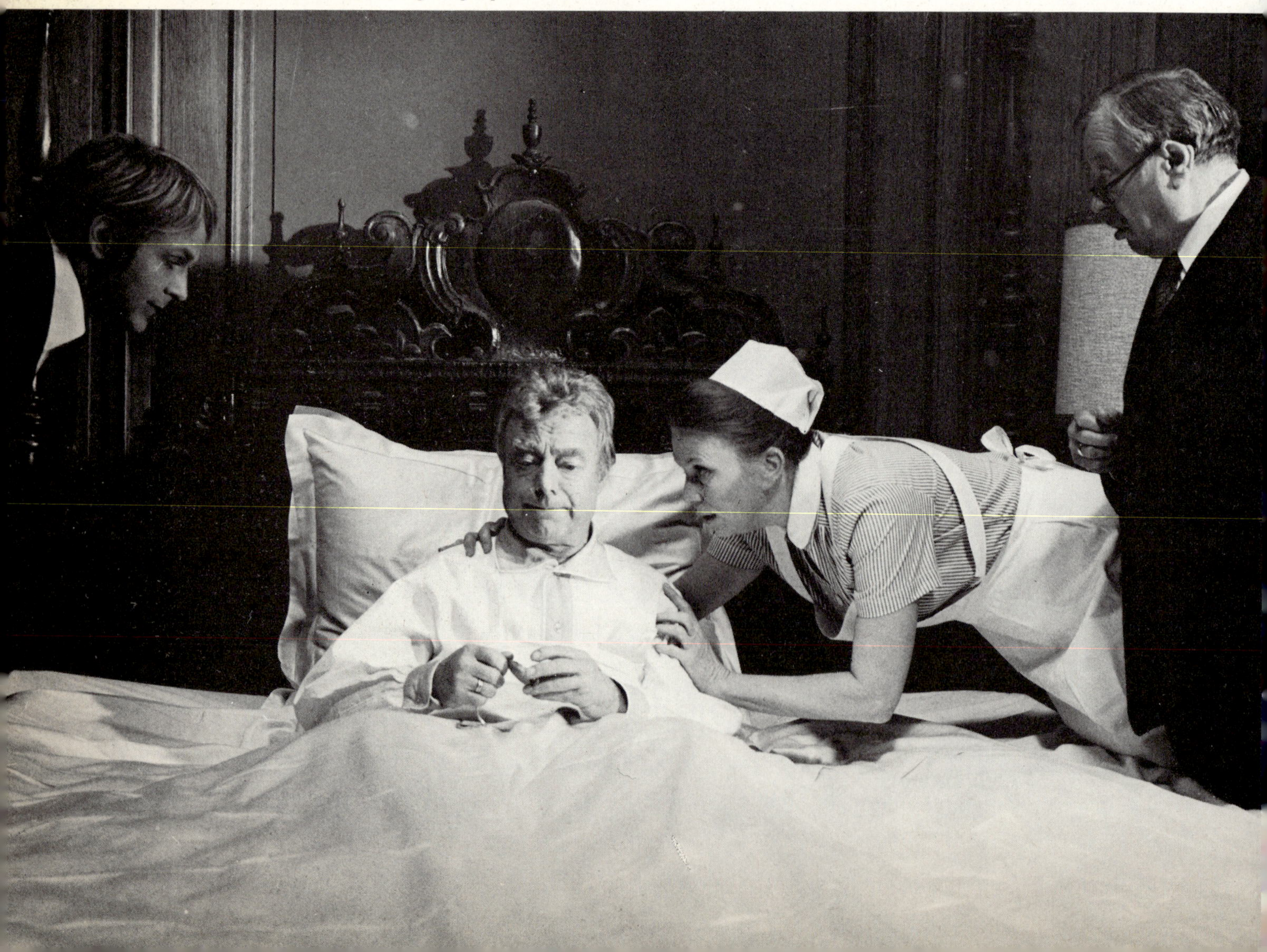

Heinz Rühmann und Franziska Oehme

noch wo er sie finden kann. Schließlich entdeckt er sie auf dem Bahnhof, schleppt sie aus einem anfahrenden Zug zu seinem Vater zurück. Der alte Konsul wird unter dem Einfluß des Mädchens immer gesünder und blüht förmlich auf. Da sich Tobias mit seiner extravaganten Gloria herumschlagen muß, merkt er überhaupt nicht, wie liebenswert Eva tatsächlich ist. Weil sie wegen des Täuschungsmanövers, dessen Ende überhaupt nicht abzusehen ist, Gewissensbisse bekommt, macht sie sich aus dem Staub. Der pfiffige Alte aber hat längst herausbekommen, daß Tobias die reizende Eva in jener kritischen Nacht von der Straße aufgelesen hat. Da er nicht die Absicht hat, eine so liebenswerte Schwiegertochter zu verlieren, beginnt er, einige Fäden zu spinnen, setzt seine wiederkehrende Gesundheit aufs Spiel, nur um seinem Sohn Tobias endlich die Augen zu öffnen. Die exaltierte Gloria muß das Feld räumen, Tobias und Eva werden ein Paar, der geplagte, brave Hausarzt Dr. Heizer muß wegen der zahllosen Aufregungen um den unverwüstlichen Jonathan selbst ins Krankenbett.

Die Unterschiede zwischen dem amerikanischen Original *Die ewige Eva (It started with Eve, 1941)* und diesem Remake, dem jeder Hinweis auf den Vorgänger fehlt, sind charakteristisch für die Misere des deutschen Unterhaltungsfilms: Was bei Henry Koster als turbulente Komödie angelegt ist, wird hier zum Schwank. Rühmann gefällt sich vor allem darin, als eine Mischung aus guter Fee und verschmitztem Kobold mit bissigem Murren durch die Szene zu schnurren, und nur ganz selten sieht man hier den altbekannten Rühmann-Charme aufblitzen. So machte er aus diesem Verwechslungslustspiel durch seine stilleren nuancierten Töne eine recht rührende Aschenbrödelgeschichte, die durch ihn zu einem Märchen, geeignet für alle Altersstufen, wurde. War es die oft zitierte Konzession an vermeintlichen Publikumsgeschmack, oder glaubte man, ohne viel Mühe alles schon richtig hinzubringen, weil man doch ihn hat, Heinz Rühmann? »Natürlich gibt er in väterlicher Güte dem jungen Paar und dem Film seinen Segen. Sein spitzbübischer Charme blitzt im Nobelrestaurant und in der Tanzbar noch einmal auf, sein stillerer Humor dämpfte an manchen Stellen den lauten Ton, auch er schien gelegentlich zu resignieren . . .« (*Münchner Merkur,* 1973). »Eine dankbare Publikumsgeneration hängt entzückt an seinen Lippen, wenn er als oller Jonathan zu Paul Dahlke Sachen sagt, wie ›rutsch mir den Buckel runter‹. Franz Peter Wirths Tribut an die Nostalgie: das allerneueste Lustspiel der 50er Jahre!« (Ponkie, *Münchner Abendzeitung,* 1973).

Gefundenes Fressen
1977

Heinz Rühmann und Mario Adorf

Regie Michael Verhoeven. *Buch* Elke Heidenreich, Bernd Schroeder, Michael Verhoeven. *Kamera* (Farbe) Heinz Hoelscher. *Musik* Stefan Melbinger. *Schnitt* Helga Borsche. *Bauten* Heinz Eickmeyer, Katharina Litzinger. *Darsteller* Heinz Rühmann (Alfred Eisenhardt), Mario Adorf (Erwin Kolozeczik), Elisabeth Volkmann (Maria Kolozeczik), René Deltgen (Schiller), Karin Baal (Gisela), Spomenca Petrovic (Milena). *In Gastrollen* Joachim Fuchsberger, Barbara Valentin, Hans-Jürgen Bäumler, Andrea L'Arronge, Rudolf Schündler, Georg Moorse, Barbara Gallauner, Maria Singer. *Produktion* Sentana (Michael Verhoeven). *Länge* 91 Minuten. *Uraufführung* 3.3.1977.

Der siebzigjährige Penner Alfred Eisenhardt führt zwischen Straße und Münchner Männerasyl Pilgersheim ein armseliges Dasein. Im Laufe der Jahre, in denen er nach dem Krieg nicht mehr Anschluß an die Gesellschaft fand, ist er menschenscheu geworden. Irgendwann, so hofft er, wird er sich von seinen ersparten Groschen den großen Wunschtraum, eine Reise in den Süden, erfüllen können. Da lernt er den vierzigjährigen Streifenpolizisten Erwin kennen, der für ihn so etwas wie ein Freund wird. Aber auch er kann nicht verhindern, daß die Jugoslawin Milena, mit der Alfred zusammenbleiben wollte, in ihre Heimat abgeschoben wird. Wegen einer Magenblutung kommt Alfred mit Blaulicht in die Klinik. Am Krankenbett redet Erwin ihm zu, doch die langersehnte Reise in den Süden zu machen. Tatsächlich löst Alfred nach Entlassung aus dem Krankenhaus sein Sparbuch auf, kauft Tickets und wird von Erwin zum Flughafen gefahren, der verspricht, in ein bis zwei Jahren nachzukommen. Beim Abschied glaubt Alfred nicht, daß sein Freund das jemals schaffen wird. Auch er schafft es nicht. Kurz vor dem Abflug kehrt er um, und in seinen tristen, traurigen Penner-Alltag zurück.

Zum 75. Geburtstag präsentierte sich Heinz Rühmann in der Rolle des etwa siebzigjährigen, verwahrlosten Penners. Der Film hatte einige bemerkenswert komische Einfälle, die ihre Wirkung nicht verfehlten. Als Penner Alfred einmal seine Bockwurst-fetten Hände reinigen will, wischt er sie – scheinbar tierlieb streichelnd – schließlich an den Schlappohren eines Hundes ab, der gerade noch zur rechten Zeit ins Bild kommt. Man spürt förmlich, wie die Kamera mit dem Mann um die Wette sucht. Und auf dem Flughafen, wo er bei der Eingangskontrolle genauso abgetastet wird wie sonst stets im Männerheim, wiederholt er instinktiv seine stereotype Auskunft »Hab kein Bier!« Auch das ist genau berechnet, und zündet beim Beschauer. Für die Dreharbeiten studierte Heinz Rühmann mit seinem Partner René Deltgen tagelang die Atmosphäre unter Pennern und im Münchner Obdachlosenasyl »Pilgersheim«, wo dann auch mit den 190 Insassen fünf Tage lang gedreht wurde. Als Rühmann und René Deltgen in der Kostümierung der Clochards vor dem Münchner Lenbachbrunnen Butterbrote kauten und weit und breit keine Filmkamera zu sehen war, ging wenigstens diesmal Rühmanns langgehegter Wunsch, nicht immer gleich erkannt zu werden, endlich in Erfüllung: »Niemand ist stehengeblieben, niemand hat uns erkannt!« (Rühmann). Die Darstellungskunst des Stars wurde rundum gerühmt: »Rühmann investiert in die Person des alten Gammlers spürbare Anteilnahme, Gefühl und Können, gepaart mit Kälte gegenüber der Welt. Er holte im Feinschliff die Facetten der Figur heraus.« (*Münchner Merkur*, 1977) Das Milieu war bestechend genau beobachtet, die Typen im Obdachlosenheim, die abendlichen Kontrollen, die kleinen Schwindeleien, die Wirklichkeit des unseßhaften Daseins gut wiedergegeben. Regisseur Michael Verhoeven gab Rühmann Gelegenheit, nicht immer wieder die typischen Rühmann-Situationen zu spielen, sondern modifizierte sie und gönnte ihrem Protagonisten Selbständigkeit, Charakter und Festigkeit. In der Sommersaison 1977 war *Gefundenes Fressen* der publikumsstärkste deutsche Film. Außerhalb der Bundesrepublik wurde er in erster Linie von Fernsehanstalten übernommen und in Moskau lief der Film in einem 3000-Plätze-Theater.

Das chinesische Wunder
1977

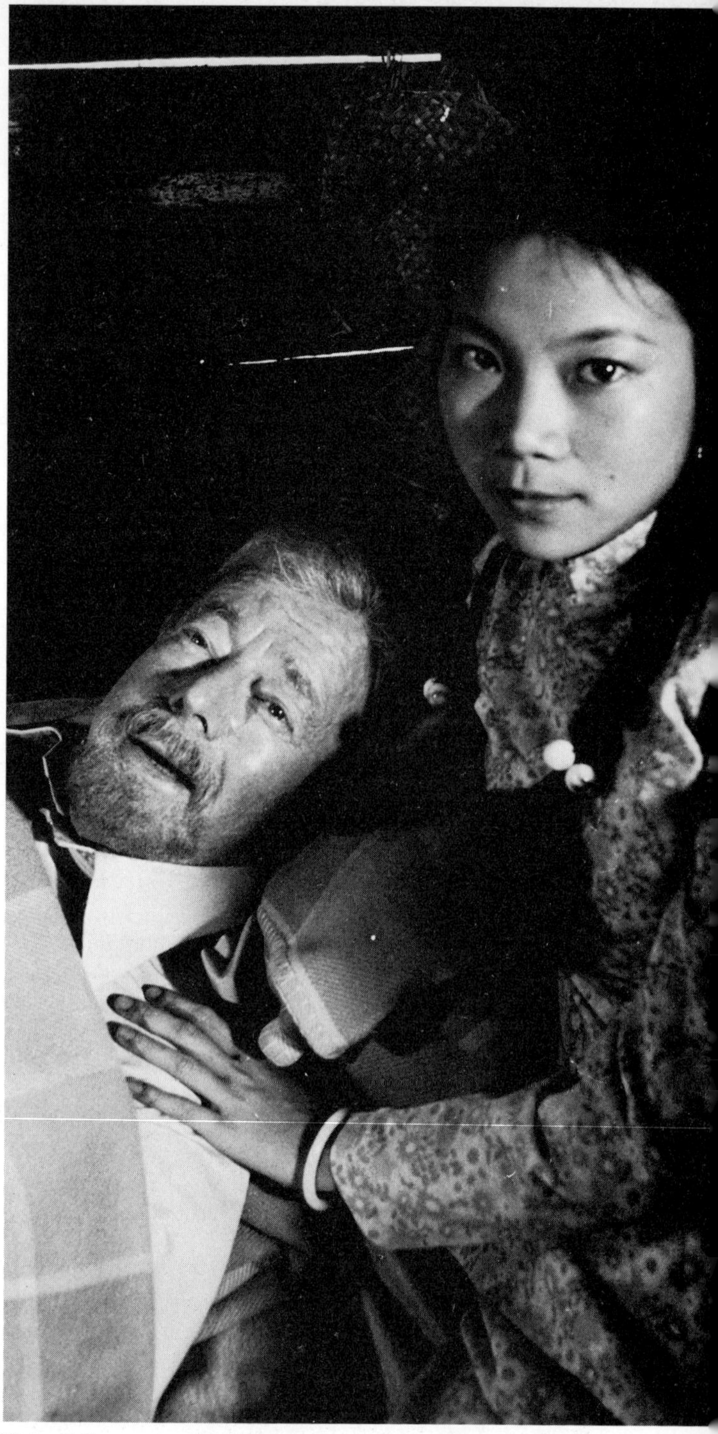

Heinz Rühmann und Mei-Lan

Regie Wolfgang Liebeneiner. *Buch* Dr. Manfred Barthel. *Kamera (Farbe)* Götz Neumann, Rainer Teumer. *Musik* Sam Spence. *Bauten* Robert Stratil. *Schnitt* Annemarie Rokoss. *Darsteller* Senta Berger (Detta Gaspardi), Peter Pasetti (Professor Gaspardi), Heinz Rühmann (Poliakoff), Harald Leipnitz (Dr. Linkers), Christian Kohlund (Dr. Kristian Keller), Friedhelm Lehmann (Dr. Folkmann), Sabi Dorr (Dr. Singh), Bert Fortell (Theo), Herbert Fux (Menzel), Reinhard Koldehoff (Flugkapitän), Lisa Chung Ding Dong (Mei-Lan), Gaby Herbst. *Produktion* Cinema 77. *Länge* 94 Minuten. *Uraufführung* 21. 1. 1977.

Dr. Kristian Keller, ein ambitionierter junger Arzt, fühlt sich an seiner Klinik nicht wohl. Angewidert registriert er die Intrigen und Publicitysucht seiner Kollegen und Vorgesetzten, die der Eitelkeit oder des Geldes wegen sogar das Leben ihrer Patienten riskieren. Er möchte mit der schönen und lebenslustigen Frau seines Chefs, Detta Gaspardi in Hongkong ein neues Leben beginnen. Kristian Keller fliegt voraus. Im Flugzeug bekommt eine Frau Wehen, Keller müßte sofort operieren, aber ohne Narkose? Da schaltet sich ein kleiner, weißhaariger Mann, der Russe Poliakoff, ein. Er setzt der Frau Nadeln ein, die sie schmerzfrei machen. Keller kann operieren, es ist seine erste Begegnung mit der Akupunktur. Detta folgt Keller nicht nach Hongkong, doch er findet Poliakoff wieder, der durch ein Attentat verletzt wurde. Keller und Poliakoffs junge, chinesische Lebensgefährtin, Mei-Lan, pflegen den Verwundeten in einem Versteck. Keller wird in die Geheimnisse der Akupunktur eingeweiht. Als Dr. Keller in Hongkong Medikamente besorgt, erfährt er, daß Detta einen Unfall hatte und bei ihrem Mann bleiben wird. Er fährt zurück zum Versteck und muß mitansehen, wie es in die Luft gesprengt wird. Er findet nur noch das Etui mit Poliakoffs Akupunkturnadeln. Zurück in Deutschland kann er schwere, für unheilbar erklärte Fälle mit seiner Methode erfolgreich behandeln. Auch Detta wird dank der Akupunktur von ihrer quälenden Migräne befreit. Das Paar versöhnt sich und auch Professor Gaspardi achtet den tüchtigen Kollegen.

Mit seinem bislang letzten Kinofilm *Das chinesische Wunder* bewies Rühmann unter der Regie von Wolfgang Liebeneiner, daß er immer noch ein ›urechtes Filmwunder‹ ist. Zwar war diese Abschreibungs-Produktion im dumpfen Problemstil der fünfziger Jahre inszeniert, muß aber zumindest der Produktionsfirma ebenso wie der Akupunktur nützlich gewesen sein. Deutschlands bekanntester Nadelkünstler, Dr. Manfred Köhnlechner wurde als Berater engagiert. Rühmann nahm bei den Außenaufnahmen im feucht-heißen Klima Hongkongs erhebliche Strapazen auf sich. Das Geheimnis seines Durchhaltevermögens begründete der Altprofi mit einem Wort: »Disziplin«. Über die Finanzierung des »Regenbogen-Schicksals aus der bunten Medizin« schrieb *Die Zeit* 1977: »Abschreibungsmanöver sollten wirklich nicht auf dem Rücken eines zahlenden Publikums ausgetragen werden!«

Heinz Rühmann im Fernsehen

Peter Ustinov und Heinz Rühmann 1976
in »Kein Abend wie jeder andere«

Der Tod des Handlungsreisenden
1968

Heinz Rühmann und Christoph Bantzer

Regie Gerhard Klingenberg. *Buchbearbeitung* Gerhard Klingenberg. Nach dem Drama *Death of a Salesman* von Arthur Miller. *Kamera* Mirko Hesky. *Musik* Peter Fischer. *Kostüme* Inge Ege-Grützner. *Szenenbild* Walter Dörfler. *Darsteller* Heinz Rühmann (Willy Loman), Käthe Gold (Linda), Christoph Bantzer (Biff), Peter Thom (Happy), Rolf Henniger (Ben), Boy Gobert (Howard), Peter Paul (Charley), Knut Hinz (Bernard), Max Mairich (Stanley). *Produktion* ZDF. *Länge* 110 Minuten. *Erstsendung* 15. 5. 1968.

Der Handlungsreisende Willy Loman glaubt an seinen beruflichen und privaten Erfolg und an die behagliche Sicherheit seiner kleinbürgerlichen Welt, bis er nach 36 Arbeitsjahren von seiner Firma entlassen wird. Nun aber, alt und verbraucht, ist er der Unbarmherzigkeit des modernen Existenzkampfes kaum mehr gewachsen. Finanzielle Sorgen und private Enttäuschungen wachsen ihm über den Kopf. Er sieht sich so sehr als Versager auf der ganzen Linie, daß er resignierend zu dem Schluß kommt, für seine Familie tot mehr wert zu sein, als lebend. Er stirbt in der splitternden Karosserie seines Wagens.

Heinz Rühmann, Peter Thom und Christoph Bantzer

Im Alter von 66 Jahren, zwar nicht zum ersten Mal auf dem Bildschirm zu sehen, debutiert der bisherige Televisionsgegner Heinz Rühmann in einer Fernsehproduktion. »Das war meine Idee«, sagte Rühmann in Zeitungsinterviews, »denn ich habe mich in die Figur dieses lebensuntüchtigen, schizophrenen Handlungsreisenden verliebt, als ich ihn vor etwa sechs Jahren ebenfalls mit Käthe Gold gut 40 mal am Wiener Burgtheater spielte.« Tatsächlich bot das Stück Rühmann die Chance, scheinbar Unvereinbares zu vereinen: im Tragischen leise, melancholisch Komik aufscheinen zu lassen, die beiden Gesichter des Willy Loman – den grantig-räsonierenden Familienvater zu Hause, den Witze erzählenden Hallodri draußen, glaubhaft zu machen. Mit viel Hingabe bemühte sich auch der Wiener Regisseur Gerhard Klingenberg, durch Ausnutzung noch nicht so gängiger elektronischer Möglichkeiten den ständigen Wechsel zwischen Traum und Wirklichkeit, das Ineinanderübergehen von Phantasie und Realität deutlich zu machen.

Heinz Rühmann, Käthe Gold, Peter Thom und Christoph Bantzer

Sag's dem Weihnachtsmann

1969

Regie Rainer Wolffhardt. *Buch* Derek Bond. *Kamera* Klaus König. *Kostüme* Ingeborg Ege-Grützner. *Szenenbild* Rolf Zehetbauer. *Darsteller* Heinz Rühmann (Leslie Darwin), Doris Schade (June Darwin), Peter Paul (Bill), Anita Kupsch (Dally), Edmund Saussen (Captain Darwin), Hans Quest (Mr. Sleath), Eva Lissa (Miss Pennington), Louise Martini (Doris). *Produktion* FGR (Jürgen Richter). *Länge* 75 Minuten. *Erstsendung* 21. 12. 1969.

Was immer Leslie Darwin in seinem Leben anpackte, ist einfach schief gelaufen. Jetzt verdient sich der schon über 60jährige in der Vorweihnachtszeit als Weihnachtsmann im Warenhaus ein wenig Geld und inmitten der Glitzerwelt aus Flitter und Kunstschnee erscheint dem ärmlichen Aufschneider noch einmal der Bilderbogen seines Lebens. Da ist einmal seine Freundin June, die er heiratete, als sie ein Kind von ihm erwartete. Aber sie verlor das Baby und konnte nie wieder welche bekommen. Als sich Leslie als Lexika-Verkäufer versuchte, fälschte er Unterschriften, unterschlug Geld und wurde gefeuert. Auch seine Rolle im Krieg war kein Ruhmesblatt. Während Leslie nun unter dem Schild mit der Aufschrift »Der Weihnachtsmann wartet auf Dich, wenn du etwas haben willst, bitte ihn darum« die Wünsche größerer und kleinerer Kinder anhört, glaubt er immer wieder, unter den Passanten und Kindern längst verstorbene Personen seiner Vergangenheit zu erkennen. Schließlich sieht er sich selbst als kleinen Jungen, der wegen seines verpfuschten Lebens vehement eine zweite Jugend fordert, eine nochmalige Chance für sein Leben, in dem er alles besser machen will.

Große Offenbarung war Heinz Rühmann mit Pappnase und Rauschebart in diesem »Antiweihnachtsspiel« (Regisseur Wolffhardt) ganz gewiß nicht. Die Rückblenden auf das Leben der Hauptfigur kamen als harte Zwischenschnitte, die die Verwirrung des Leslie Darwin dokumentieren sollten. Der Regisseur versuchte damit deutlich zu machen, daß die Gegenwart nicht immer von der Vergangenheit zu trennen ist, wie es insbesondere bei alten Leuten manchmal vorkommt. Diese Verwirrung gelang ihm auch bei einem großen Teil der Fernsehzuschauer, die nicht viel Verständnis für die Ansicht Heinz Rühmanns aufbrachten, daß er »die Rolle des gescheiterten Mannes, der schließlich ganz im Sinne der abfälligen Bemerkung ›sie sind ein Weihnachtsmann‹ als ideal empfand«. Die Darstellung des zwanzig-, dreißig- und vierzigjährigen Darwins stellte an den 67jährigen Rühmann große schauspielerische Anforderungen. Das wird es wohl auch gewesen sein, was Rühmann dazu veranlaßt hatte, diese Rolle zu übernehmen.

Endspurt
1970

Regie Harry Meyen. *Buch* Peter Ustinov nach seinem Theaterstück »Photofinish«; Übersetzung von Willy H. Thiem. *Kamera* Heinz Christ. *Kostüme* Claudia Stich. *Maske* Josef Coesfeld. *Szenenbild* Otto Stich. *Darsteller* Heinz Rühmann (Sam Kinsale als Achtzigjähriger und als Sechzigjähriger), Hans Söhnker (Sam Kinsale als Sechzigjähriger), Harry Meyen (Sam Kinsale als Vierzigjähriger), Willi Kowalj (Sam Kinsale als Zwanzigjähriger), Rosemarie Fendel (Stella Kinsale), Johanna Elbauer (Stella Kinsale als Zwanzigjährige), Fritz Tillmann (Reginald Kinsale), Dagmar Altrichter (Agnes Kinsale), Erika Pluhar (Ada und Clarice), Horst Sachtleben (Thommy), Viktoria Brams (Alice). *Produktion* FGR (Jürgen Richter) für ZDF-ORF. *Länge* 80 Minuten. *Erstsendung* 15. 1. 1970.

Im Alter von 80 Jahren begegnet sich der ehrgeizige, jedoch erst spät erfolgreiche Schriftsteller Sam Kinsale als Zwanzig-, Vierzig- und Sechzigjähriger. Dabei wird die Vielfalt seines Lebens transparent: Mit zwanzig liebt Sam Kinsale die junge Stella und will sie unbedingt heiraten. Zwanzig Jahre später hat er die Ehe satt und will sie verlassen. Da sie aber ein Kind erwartet, tut er dies nicht. Mit sechzig schließt er sowohl bei seiner schriftstellerischen Arbeit als auch im persönlichen Bereich andauernd Kompromisse. »Der Schriftsteller, der mit den anderen drei Sams konfrontiert wird, ist weder besonders geistreich noch besonders tiefgründig, aber das erhöht nur seine Menschlichkeit. Er ist ein Autor, der sich zu seiner geistigen Befriedigung von der Beobachtung seiner Mitmenschen nährt. Wer ihn wegen seines Mangels an Größe schilt, gegen den wird er sich nicht ohne Hochmut verteidigen. Wer ihn über Gebühr lobt, den wird er für einen Narren halten. Denn Menschen werden um ihrer Fähigkeiten willen bewundert, aber um ihrer Schwächen willen geliebt. Nichts aber macht den Menschen menschlicher, als einer Versuchung nachzugeben, vorausgesetzt, daß das Bemühen, Widerstand zu leisten, echt und gültig war.« (Peter Ustinov zu seinem Theaterstück, das er »Ein biographisches Abenteuer« nennt.)

Endspurt war die vierte Fernsehverpflichtung von Heinz Rühmann, der im Gespräch mit einem Journalisten klagte: »Im Bereich des Fernsehens werden mir viel bessere Möglichkeiten geboten. Der deutsche Film ist auf dem Nullpunkt angelangt, da gibt es keine interessanten Angebote mehr.« (*Münchner Abendzeitung,* 1970). Regisseur Harry Meyen, wußte während der Dreharbeiten über seinen Hauptdarsteller nur Bestes zu berichten: »Rühmann gilt als schwierig, aber ich muß Ihnen sagen, er gehört zu den wenigen Schauspielern, mit denen es angenehm ist, zu arbeiten. Rühmann ist professionell, präzise, er kennt seinen Text schon nach der ersten Probe.«

Mein Freund Harvey

1970

Regie Kurt Wilhelm. *Buch* Alfred Polgar nach »Harvey« von Mary Chase. *Kamera (Farbe)* Alois Nitsche. *Musik* Rolf Wilhelm. *Kostüme* Ingrid Bütow. *Szenenbild* Otto Stich. *Darsteller* Heinz Rühmann (Elwood P. Dowd), Susi Nicoletti (Veta L. Simmons), Charles Regnier (Dr. William Chumley), Adelheid Seeck (Betty Chumley), Barbara Schöne (Myrtle Mae), Gerlinde Locker (Miss Ruth Kelly), Agnes Windeck (Mrs. Chauvenet), Herbert Bötticher (Dr. Lyman Sanderson), Kurt Horwitz (Omar Gaffney), Klaus Knuth (Marvin Wilson), Max Mairich (E.J. Lofgreen), Margot Mahler (Marie). *Produktion* FGR Produktion (Jürgen Richter). *Länge* 95 Minuten. *Erstsendung* 22. 2. 1970.

Die alte Mrs. Dowd hat ihr ganzes Vermögen ihrem immer liebenswürdigen und freundlichen Sohn Elwood hinterlassen. Dadurch sind seine verwitwete Schwester Veta und deren Tochter gezwungen, bei ihm zu leben, obwohl Elwood einen Tick hat: Er behauptet, ständig mit seinem Freund Harvey zusammenzusein, einem übermannsgroßen, weißen Hasen, der sprechen und sogar Ereignisse voraussagen kann. Als Veta ihren Bruder deshalb in eine psychiatrische Klinik bringen will, gewinnt Harvey – der Puka, »ein zauberkräftiger Geist in Tiergestalt«, wie der Wärter im Lexikon nachliest – zusehends an Realität. Zunächst wird aus Versehen Veta, und nicht Elwood, eingesperrt. Nachdem das Mißverständnis geklärt ist, sucht der Chefpsychiater persönlich nach dem inzwischen verschwundenen Elwood, findet ihn in einer Kneipe und trinkt dort mit ihm. Auf dem Rückweg in die Klinik fühlt sich auch der Arzt plötzlich von Harvey verfolgt. Dadurch glaubt nun auch er an das Wunder, das für Elwood Realität ist, und verrät diesem die Absichten seiner Schwester. Chefarzt Dr. Chumley bittet ihn, ihm seinen Freund Harvey in der Klinik zu lassen. Nach Rücksprache mit Harvey ist Elwood damit einverstanden und läßt seinen besten Freund, den großen, weißen Hasen in der psychiatrischen Klinik zurück. Kaum hat sich jedoch das Gittertor des Krankenhauses hinter ihm und seiner Schwester geschlossen, da sieht er Harvey hinterdrein hoppeln. Das Tor öffnet sich von selbst, und Elwood hat seinen Hasen wieder. Die beiden werden sich die Treue halten, und Mister Elwood P. Dowd wird unter der Führung seines Freundes immer ein guter Mensch sein.

Mein Freund Harvey war die zweite große Fernsehproduktion des ZDF, in der Heinz Rühmann die Hauptrolle spielte. Nach seinem ersten Erfolg mit dem Arthur Miller-Stück *Der Tod des Handlungsreisenden,* wurde Rühmann mehrfach gefragt, weshalb er lange Zeit die Fernsehangebote abgelehnt hatte. »Ich wollte gerade in einer Zeit, in der es dem deutschen Film immer schlechter ging, meiner alten Liebe nicht untreu werden und auch zum Fernsehen abwandern«, erklärte er. »Im Laufe der Zeit habe ich aber erkannt, daß Kinoleinwand und Fernsehbildschirm durchaus eine parallele Berechtigung haben, und daß es viel Spaß machen kann, für beide Medien zu arbeiten.« Ebenso wie in *Der Tod des Handlungsreisenden* hatte Rühmann auch schon in *Mein Freund Harvey* in Wien, Hamburg, München und Frankfurt am Main mehrfach auf der Bühne gestanden. Das auch in Deutschland viel gespielte Stück der Amerikanerin Mary Chase war bereits 1950 unter der Regie von Henry Koster mit James Stewart in der Hauptrolle, verfilmt worden.

Heinz Rühmann, Barbara Schöne, Susi Nicoletti und Max Mairich

Der Pfandleiher
1971

Regie Ludwig Cremer. *Buch* Ludwig Cremer. Nach dem Bühnenstück *Angel in the Pawnshop* von A. B. Shiffrin. *Kamera (Farbe)* Manfred Ensinger. *Musik* Bernhard Eichhorn. *Ton* Werner Seth. *Schnitt* Margot von Schlieffen. *Kostüme* Ilse Dubois. *Szenenbild* Otto Stich. *Darsteller* Heinz Rühmann (Hilary), Sabine Sinjen (Lizzie Shaw), Heinz Ehrenfreund (Timothy Spangle), Fred Haltinger (Danny O'Keefe), Christoph Bantzer (Joe Mandelbaum), Ronald Williams (Duke Jones), Karl Maria Schley (Trunkenbold), Edmund Saussen (Tom), Christian Reiner (junger Mann). *Produktion* FGR (Jürgen Richter) für ZDF und ORF. *Länge* 79 Minuten. *Erstsendung* 14. 11. 1971.

Weil das Leben dem alten Pfandleiher Hilary schon oft übel mitgespielt hat, scheint er seinen Mitmenschen gegenüber oft unerbittlich und ungerecht zu sein. Da bei ihm aber täglich Menschen mit all ihren Sorgen und Nöten aus- und eingehen, weiß er sehr wohl, wie leidvoll der Alltag für viele sein kann. Zum Beispiel für den Polizisten Tom, der seit langem auf seinen großen Fall wartet. Oder die kleine Lizzie Shaw, die sich aus Angst vor dem gewalttätigen Danny O'Keefe, den sie einmal liebte, in Hilarys Pfandleihe flüchtet. Hier glaubt sie vor ihm sicher zu sein, hier kann sie in ihren Träumen und Illusionen leben. Dabei versucht sie dem alten Hilary klarzumachen, daß die Welt gar nicht so schlecht ist, wenn man sie nur optimistisch betrachtet. Als der von der Polizei gesuchte Danny O'Keefe im Pfandhaus auftaucht, beweist Hilary sogar den Mut, dem Tod ins Auge zu schauen.

Mit dem Pfandleiher Hilary übernahm Heinz Rühmann die erste Rolle seit dem Tode seiner Ehefrau Hertha Feiler im Herbst 1970. »Eigentlich«, so hatte er nach diesem Schicksalsschlag verlauten lassen, »will ich nie wieder vor eine Kamera.« Doch für dieses TV-Spiel fand er den Weg ins Atelier, und spielte die Rolle , wie ihn Millionen seiner Fans seit dreißig Jahren am liebsten sehen: den gewitzten, liebenswürdigen, bescheidenen aber weisen Kauz, der trotz aller Schicksalsschläge ein gutes Herz für alle bewahrt hat. Die Arbeiten für *Der Pfandleiher,* bei dem nach der englischen Vorlage einiges auf deutsche Verhältnisse adaptiert wurde, war ganz nach Rühmanns Geschmack: »leise und familiär.« Nach Film-Fertigstellung, jedoch noch vor der Sendung ließ Rühmann, ganz gegen seine Art, Journalisten wissen: »Der Film ist genauso geworden, wie ich ihn mir beim Lesen des Drehbuchs vorgestellt habe. Ich bin sehr zufrieden.« Das war denn die Kritik und das Fernsehpublikum mit »ihrem Rühmann« auch.

Sabine Sinjen und Heinz Rühmann

Heinz Rühmann ▶
und Christoph Bantzer

Der Hausmeister
1973

Regie August Everding. *Buch* August Everding. Nach dem Theaterstück »The Caretaker« von Harold Pinter. *Kamera (Farbe)* Alois Nitsche. *Kostüme* Claudia Stich. *Maske* Josef Coesfeld. *Szenenbild* Otto Stich. *Darsteller* Heinz Rühmann (Davies), Gert Baltus (Aston), Michael Schwarzmaier (Mick). *Produktion* FGR (Jürgen Richter) für ZDF und ORF. *Länge* 85 Minuten. *Erstsendung* 14.2.1973.

In einem recht baufälligem Gebäude, das kaum noch vor Wind und Wetter Schutz bietet, bewohnen die beiden Brüder Aston und Mick ein dürftig eingerichtetes Zimmer. Aston ist ein freundlicher, aber etwas begriffsstutziger Mann Mitte 30, sein jüngerer Bruder Mick dagegen ist unberechenbar und läßt sich nicht so leicht die »Butter vom Brot« nehmen. Aston hat den alten Landstreicher Davies vor einer Schlägerei gerettet und aus Mitleid zu sich genommen, um ihm weiterhelfen zu können. Davies lebt ohne ein Zuhause, ohne Papiere und ohne Rente. Davies könnte bei Aston und Mick bleiben, dem das Gebäude gehört und der davon träumt, es in moderne Wohnungen umzubauen; er könnte als festangestellter Hausmeister seinen Lebensabend ohne Not verbringen. Doch Davies ist eitel, jähzornig, verlogen und blind von Vorurteilen und Bauernschläue. Er geht soweit, die Brüder gegeneinander auszuspielen, um sich Vorteile zu verschaffen. Er versucht sich überdies als Chef aufzuspielen, nachdem ihm der vertrauensselige Aston erzählt hat, er habe früher einmal eine Elektroschockbehandlung in einer Nervenheilanstalt erhalten. Davies Unfähigkeit zu Selbstdisziplin und Einordnung in eine Gruppe spielt ihm – wie schon sein ganzes Leben lang – einen Streich: Als Mick das Doppelspiel durchschaut, wirft er ihn hinaus.

Mit dem Part des Bettelgreises Davies hatte der 70jährige Rühmann, der seinem Publikum von unzähligen Lustspielfilmen vertraut war, seine bislang ungewöhnlichste Rolle angenommen. »Nun hat er soviel geschnieft und sich das Maul gewischt und rabautzig gehechelt, und es hat doch nichts genutzt. Einen profilierten Charakterschauspieler ›mal ganz anders‹ zu zeigen (Rühmanns ureigenster Wunsch!), ist eben immer eine leidige Sache: sogar die Besten überanstrengen sich dann. Rühmanns Darstellung wirkte von Anfang an viel zu forciert, viel zu kraftmeierisch bedacht, die absurde Tippelbruderrolle durch bärbeißige Larmoyanz und kurzatmige Ruppigkeit vom gefürchteten komödiantischen Feinsinn wegzuspielen; man merkte immerfort jenes gewisse ›Verkörperungs‹-Verlangen, nämlich den Wunsch, den schweren Jungen, den Rühmann in früheren Rollen allenfalls parodistisch gemimt hat, diesmal ›echt‹ auf die Bretter zu kriegen.« *(Stuttgarter Zeitung,* 1973)

Heinz Rühmann und Gerd Baltus

Kein Abend wie jeder andere
1976

Regie Hermann Leitner. *Buch* Herbert Kirchhoff, Lida Winiewicz nach einer Idee von Gertrud Pröhl. *Kamera* (Farbe) Jans Jura, Walter Hofmann. *Musik* Gerhard Dickel. *Produktion* Gyula Trebitsch Produktion Hamburg/Jürgen Kriwitz (bei Studio Hamburg). *Darsteller* Heinz Rühmann (Antiquitätenhändler Roeder), Peter Ustinov (Inhaber von »Billys Kunstshop«), Ilsemarie Schnering (Mathilde, Roeders Haushälterin), Eva-Maria Bauer (Kundin), Sabine Hennemann (Schulmädchen Lisa), Konstantin Probst (Junge). *Produktion* Polyphon; Gyula Trebitsch/ Jürgen Kriwitz. *Länge* 75 Minuten. *Erstsendung* 24. 12. 1976.

Seit Jahren schauen sie sich gegenseitig kritisch prüfend in die Auslagen: Der anspruchsvolle Antiquitätenhändler Roeder, der Kostbarkeiten für Kenner anbietet, und der Inhaber von »Billys Kunstshop«, der seine weniger wählerische Kundschaft vorwiegend mit Importware aus Hongkong versorgt. Außer einem kühlen »Guten Tag« haben die beiden kaum ein Wort gewechselt. Heiligabend naht. Billy bewirtet eine Gruppe schottischer Dudelsackpfeifer. Es paßt ihm gar nicht, daß er eine Kundin, die Roeder ihm geschickt hat, bedienen muß. Und dann nimmt er auch noch eine Einladung in Roeders Haus an. Dort bestreitet der Kunsthändler ein kleines Festprogramm mit einer Gruppe von Schulkindern. Nun singen, musizieren und spielen alle gemeinsam bis zur Bescherung. Unversehens stehen sich die beiden kauzigen Antiquitäten-Liebhaber in Roeders kostbar ausgestatteter Wohnung gegenüber und tauschen Bekenntnisse und Erinnerungen aus. Und plötzlich zaubert Billy aus seiner Tasche ein Weihnachtsgeschenk: eine fehlende Figur für Roeders Schachspiel. So kommen sich die beiden Rivalen näher und empfinden erstmals menschliches Interesse füreinander. Es sieht aus, als leite dieser Weihnachtsabend eine dauerhafte Freundschaft ein.

Rühmann, als exakter und korrekter Präzisionsarbeiter, lebte ganz in seiner Rolle. Ustinov, der gerne improvisiert und vor Einfällen sprüht, ändert noch während der Aufzeichnung und erfand neue Gags für beide. Der gegenseitige Respekt der beiden Schauspieler, führt dazu, daß sie sich gegenseitig die besseren Pointen zuschoben, was Regisseur Hermann Leitner die Arbeit erleichterte und ihn veranlaßte zu sagen, daß zwar jeder der beiden Charakterdarsteller in seiner Art schwierig sei, daß die Arbeit mit ihnen aber ein »besonders erfreuliches menschlich anrührendes Ereignis« war.

Heinz Rühmann und Peter Ustinov

Summa Summarum
1977

Regie Hermann Leitner. *Regie-Assistenz* Jutta Ehrhardt, *Buch* P. C. Schmidt, Gertrud Pröhl. *Kamera (Farbe)* Günter Clames. *Kamera Assistenz* Otfried Langer, Thomas Rogge, Claus Schroeder, Lutz Wolff. *Maske* Josef Coesfeld. *Kostüme* Irms Pauli. *Szenenbild* Gerd Krauss. *Ton* Reinhold Thiemer. *Schnitt* Ingrid Thüsing, Udo Steffens, Sieglinde Roeder. *Darsteller* Heinz Rühmann, Peter Ustinov. *Produktion* Polyphon/KG Gyula Trebitsch für ZDF. *Länge* 60 Minuten. *Erstsendung* 7. 3. 1977.

Anläßlich seines 75. Geburtstages zog Heinz Rühmann frei nach Wilhelm Busch *Die Summe des Lebens.* In *Summa summarum* oder *Was bleibt unterm Strich* las und spielte er ausgewählte Stücke der Weltliteratur, die Gedanken enthalten, die ihm besonders am Herzen liegen. Darunter waren vergnügliche und nachdenkliche Geschichten des amerikanischen Schriftstellers O'Henry, des deutschen Feuilletonisten Victor Auburtin und des Schauspielerkollegen Konrad Wagner. Den literarischen Texten waren Musiken im Stil der jeweiligen Zeit zugeordnet. Berühmte Maler – unter ihnen Oskar Kokoschka und HAP Grieshaber – hatten Bilder und Graphiken entworfen, die in den Lauf der Handlung eingeblendet wurden. Außerdem trat Rühmann als Pfarrer von Cucugnan nach einer Vorlage des französischen Dichters Alphonse Daudet und als Doppelfigur des Schriftstellers Sam und seines Vaters Reginald aus Peter Ustinovs Komödie *Endspurt* auf. Er beschloß die Sendung mit seiner Lieblingsrolle, dem Clown.

Hier stimmte auch das Etikett der Sendung: heiter-besinnliche Reflexionen über das Leben, die Rühmann erzählte, und Geschichten, die er spielte. Weil das Fernsehen nicht zu Unrecht annahm, daß Rühmann ohnedies jeder kennt, erfuhr der Zuschauer an äußeren Daten nicht mehr als den Anlaß der Feierstunde: Deutschlands liebster Filmkomiker hatte Geburtstag. Und – Herz was begehrst du mehr! – es war tatsächlich der Rühmann in Nuance, zumindest der, den das Publikum kennt. Den Primanerkopf noch fast unversehrt aus der *Feuerzangenbowle* ins 76. Lebensjahr gerettet, auch die ewig »belegte« Stimme und das scheinbar verlegene Lächeln – und trotzdem ein würdiger, tipptopp gekleideter Herr, dem man seine kleinen Weisheiten mit Vergnügen abnimmt. Ein Star, ein Liebling, der sich für uns freundlicherweise konserviert hat. Auch die Kritik feierte den Star, den alle kennen: »Kein Jota wich er ab von unserem Rühmannbild, das wir uns aus seinen vielen Rollen zurechtgemalt hatten. Indem er sich zu offenbaren vorgab, versteckte er sich hinter diesem Bild, von dem er weiß, daß wir es mögen. Wirklich ein Clown. Summa summarum? Von Rühmann nichts Neues, aber eine gelungene Bestätigung des Alten. Der ›kleine Mann‹ denkt gut und praktisch. Wir haben Heinz Rühmann mit dem Herzen gesehen. Freilich nicht ins Herz – dafür ist er selbst zu klug.« *(Frankfurter Allgemeine, 1977).*

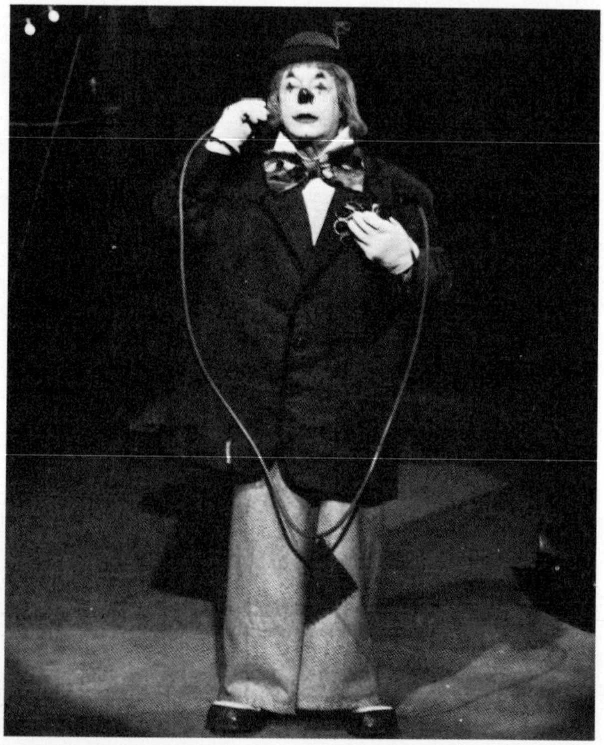

Diener und andere Herren
1978

Regie Wolfgang Glück. *Buch* Lida Winiewicz, nach Somerset Maugham, nach P. G. Wodehouse, Maria Matray nach O'Henry. *Kamera (Farbe)* Wolfgang Peter Hassenstein. *Darsteller* Heinz Rühmann (Kirchendiener, Butler, Edward, Ehemann), Bruni Löbel (Ehefrau), Werner Eichhorn (Penner), Christian Rainer (Lored), Ferdy Mayne (Gastronom), Kurd Pieritz (Bankdirektor), Robert Naegele (Pfarrer), Regine Lutz, Astrid Nestvogel, Franz Hanfstengel, Rainer von Artenfels. *Produktion* ZDF. *Länge* 57 Minuten. *Erstsendung* 5. 2. 1978.

In den vier Geschichten aus Irland spielt Heinz Rühmann einen Kirchendiener, der wider Willen als Tabakhändler zu Wohlstand und Ansehen gelangt; einen Tramp, der vergeblich versucht, zum Überwintern ins Gefängnis zu kommen; einen Butler, der seinen jungen, unerfahrenen Lord vor der Unbill des täglichen Lebens bewahrt; einen Ornithologen, der nach langen Ehejahren zum erstenmal wieder ein Gespräch mit seiner Frau führt.

Jedem der vier Filme, die dem Komödianten von den Drehbuchautoren Lida Winiewicz und Maria Matray nach den erfolgreichen literarischen Vorlagen auf den Leib geschneidert wurden, gab Rühmann am Schluß eine Wendung, die auch Kenner der Erzählungen von Somerset Maugham, P. G. Wodehause und O'Henry überraschten. Immer aber erkannten die Zuschauer dabei den kleinen Mann wieder, der pfiffig gegen Dummheiten und Widrigkeiten der Umwelt seine ureigene, bescheidene Form des Glücks erringt. Der Name des Regisseurs paßte da zu den Geschichten, die Heinz Rühmann so begeistert hatten. Der Wiener Wolfgang Glück war auch von der Zusammenarbeit trotz widrigen Wetters in Dublin begeistert: »Es stimmt einfach nicht, daß Rühmann ein schwieriger Mann ist. Ganz im Gegenteil: bisher habe ich wenige Schauspieler kennengelernt, die so kooperativ waren wie er!« Auch die Sehbeteiligung konnte sich mit 15,5 Millionen Zuschauern sehen lassen. Und Deutschlands größte Fernseh-Illustrierte *Hör Zu* zeichnete den Star für diese Leistung mit der »Goldenen Kamera« aus.

Christian Rainer, Heinz Rühmann
und Rainer Artenfels

Balthasar im Stau
1979

Regie Rudolf Jugert. *Buch* Jon Watkins und Werner-Jörg Lüddecke. *Kamera (Farbe)* Gero Erhardt. *Darsteller* Heinz Rühmann (Taxifahrer Lefèvre, Taxifahrer Balthasar van Krogg, Taxifahrer Lord Barclay und Stationsvorsteher Brown), Cornelia Froboess (Saskia), Louise Martini (Blumenhändlerin), Inge Wolffberg (Putzfrau), Ursula Dirichs (seine Frau), Alexander Hegarth (Tourist), Harald Dietl (Möbelpacker). *Produktion* ZDF. *Länge* 60 Minuten. *Erstsendung* 4. 3. 1979.

Heinz Rühmann spielt in vier Episoden an Originalschauplätzen in Paris, Amsterdam und England einen Taxifahrer. *1. Denise im fünften Rennen.* Taxifahrer Henri Lefèvre aus Paris hegt seit vielen Jahren eine herzliche Zuneigung zur Blumenhändlerin Denise. Ihre Beziehungen erhalten eine entscheidende Wendung, als Henri im fünften Pferderennen sein ganzes Geld auf den Außenseiter Denise setzt, weil er mit dem Namen Denise immer gut gefahren ist. *2. Tea for two.* Der Taxifahrer und Stationsvorsteher Brown wird zum Tee in den Salonwagen der englischen Königin gebeten, deren Sonderzug überraschend auf seinem kleinen Provinzbahnhof hält. Seinen Freunden stockt beinahe der Atem, und sie halten die Putzfrau, mit der Brown stilvoll den Tee nimmt, für die englische Königin. *3. Balthasar im Stau.* Balthasar van Krogg chauffiert in Amsterdam die hochschwangere Saskia in die Entbindungsklinik. Ein Stau verursacht eine Menge Schwierigkeiten und der Taxifahrer wird wider Willen zur Hebamme. *4. Wie wär's mit Shakespeare?* Taxifahrer Lord Barclay bringt das amerikanische Ehepaar Cooper auf dem Weg in die Shakespeare-Stadt Stratford-upon-Avon in ein abgelegenes Schloßhotel, dessen Besitzer, der Portier und sogar das Schloßgespenst dem Taxichauffeur verblüffend ähnlich sehen.

Mal mit Bart, mal ohne, mal weißhaarig, mal brünett, mal mit Baskenmütze, mal mit Cadenabbia-Hütchen, mal in Eisenbahneruniform, mal als flotter Fünfziger, mal als würdiger Greis, mal als erschreckend-häßliches Gespenst – Heinz Rühmann war in jeder dieser Masken glaubhaft, überzeugend und liebenswert wie eh und je. Die Autoren nannten ihre Episoden »Vier bewegte Geschichten«, bei denen das Lokalkolorit nur noch eine beiläufige Zugabe war. Der Zuschauer konnte sicher sein, daß die Welt mit einem spitzbübischen Augenzwinkern von Heinz Rühmann wieder in Ordnung gebracht wurde: die Notleidenden bekamen Hilfe, die Hochmütigen eins auf die Nase. Das Publikum, das zu diesen Miniaturen schmunzeln konnte, merkte sehr wohl, daß hier ein zuvor vergnügter, als Mann in den besten Jahren erstaunlich glaubhafter Rühmann seine zeitlose Pfiffigkeit verbreitete.

Harald Dietl, Heinz Rühmann und Cornelia Froboess

Aller guten Dinge sind drei

1980

Regie Rolf von Sydow. *Buch* Jon Watkins. *Kamera* Gero Erhardt. *Musik* Charly Niessen. *Szenenbild* Hans Zillmann. *Darsteller* Heinz Rühmann (Friebe, Eberts, Weber), Ruth Hausmeister (Gertrud Eberts), Friedrich Schütter (Helmut Brehmer), Fritz Tillmann (Müller-Fisselstadt), Uwe Dallmeier (Pleschke), Günter Strack (Pastor Disselkamp), Wolfgang Lier (Küster Baum), Christa Wehling, Meike Seibt (älteres Mädchen), Tanja Tretow (jüngeres Mädchen), Patrick Binder. *Produktion* ZDF, ORF. *Länge* 60 Minuten. *Erstsendung* 30. 3. 1980.

In der *Serenade für Spieldose, Cello und Orgel* spielt Heinz Rühmann drei Geschichten aus der Welt der Musik. *1. Die Spieldose.* Herr Friebe als Besitzer eines kleinen Kolonialwarenladens hat zwar nur am Rande mit Musik zu tun, aber wegen einer falsch etikettierten Spieldose, die er an zwei Mädchen verkauft, bekommt er sehr schnell mehr mit deutschen Volksliedern zu tun, als ihm lieb ist. Die beiden Mädchen bestehen darauf, das Lied zu bekommen, das auf dem Etikett ausgewiesen ist, und Herr Friebe als guter Kaufmann legt sich deswegen mit seinem Grossisten an. *2. Das Cello.* Herr Eberts leidet stumm unter dem dilettantischen Cello-Spiel seiner Frau. Eines Tages rafft er sich auf, ihr die Wahrheit zu sagen. *3. Die Orgel.* Als Organist einer norddeutschen Kleinstadt-Kirche träumt Herr Weber von einer großen Orgel, an der er seine Fähigkeiten endlich einmal unter Beweis stellen kann. Schließlich bekommt er Gelegenheit dazu, hat aber Angst vor seiner eigenen Courage und trinkt sich Mut an. So spielt er beim Einweihungsgottesdienst statt eines Chorals von Bach einen Walzer.

Von den drei Episodenrollen, die sich alle um die Musik drehten, war Heinz Rühmann nach eigenen Aussagen die letzte die Liebste: »Da spiele ich einen norddeutschen Kleinstadt-Organisten, der von einer richtigen, großen Orgel träumt, und als er die große Chance bekommt, verläßt ihn der Mut. Ich finde, ein bißchen von diesem Herrn Weber steckt doch in uns allen«, sagte Heinz Rühmann 1980 in einem Interview mit *Hör Zu.* In dieser Rolle spielte er auch selbst die Orgel; es waren seine Hände, die für die ersten Takte der Toccata von Bach in die Tasten griffen. Vor Beginn der Dreharbeiten war Rühmann dafür beim Organisten der Hamburger St. Michaelis Kirche in die Lehre gegangen, und der hatte ihm das Wichtigste beigebracht: wie man sitzt, wie man die Arme hält und einige Fingerläufe. Solches Perfektionsstreben war für Rühmann immer schon typisch gewesen, und er machte natürlich auch als 78jähriger seine Arbeit sehr, sehr korrekt und perfekt. Und diese »heiter-melancholischen Geschichten«, die der englische Fernsehautor Jon Watkins extra für ihn geschrieben hatte, spielte der Star so, wie ihn das Publikum noch immer mag: verschmitzt, liebenswert und lächelnd.

Heinz Rühmann, Meike Seibt und Tanja Tretow

Wolfried Lier und Heinz Rühmann

Der Zug nach Manhattan
1981

Regie Rolf von Sydow. *Buch* Eric Burger. Nach der Geschichte von Paddy Chayefsky HOLIDAY SONG. *Kamera* Götz Heymann. *Darsteller* Heinz Rühmann (Kantor Leon Sternberger), Ulrike Bliefert (Esther), Hans Hessling (Synagogendiener Rosen), Bruni Löbel (Sylvia Hardy), Charles Brauer (Juwelier George), Adrienne Kleiweg (Marya Rakin), Jürgen Kühn (Leopold Rakin), Wolfgang Ziffer (Rabbiner), Fred Steinharter (1. Stationsvorsteher), Max Brandt (2. Stationsvorsteher), William Stalling (kleiner Mann in der U-Bahn). *Produktion* ZDF. *Länge* 60 Minuten. *Erstsendung* 8. 3. 1981.

Leon Sternberger ist ein frommer Kantor einer kleinen jüdischen Gemeinde vor den Toren von New York. Eines Tages gerät er in einen fürchterlichen Gewissenskonflikt: Er hat seinen Glauben verloren! Die Überfülle schlechter Nachrichten, die ihm aus den Zeitungen entgegenquillt – man schreibt 1952 –, läßt ihn an Gott zweifeln. Er kapselt sich von seiner Umwelt ab und weiß nicht, wie er am jüdischen Neujahrsfest, das vor der Tür steht, sein Amt in der Synagoge ausüben soll. Sternbergers Nichte Esther, die ihm den Haushalt führt, bittet in ihrer Sorge den Synagogendiener Rosen um Hilfe. Rosen, den nicht nur die jahrelange Zusammenarbeit, sondern auch Freundschaft mit dem Kantor verbindet, rät Sternberger, sich dem berühmten und weisen Rabbi Markus in Manhattan anzuvertrauen. Sternberger, der seit Jahrzehnten nicht mehr in New York war, wird vom Stationsvorsteher in die falsche U-Bahn gewiesen. Da sieht er, wie sich eine junge Frau aus dem Zug stürzen will. Er rettet sie. Sie erzählt ihm, daß sie wie er aus Holland stammt und im KZ Auschwitz ihren Mann und zwei Kinder verloren hat. Er bringt die junge Frau nach Hause und macht sich wieder auf den Weg nach Manhattan. Und wieder gerät er in den falschen Zug. Er will einem jungen Mann, der im selben Abteil sitzt, sein Mißgeschick erzählen, doch der kann kein Englisch. Er ist Holländer und erst seit wenigen Wochen im Land. Der Kantor entdeckt in ihm den totgeglaubten Ehemann der Frau, der er das Leben gerettet hat. Diese Erlebnisse, in denen Traum und Wirklichkeit ineinander übergehen, geben Sternberger den Glauben an Gott zurück. Das Neujahrsfest wird doch nicht ohne den Kantor stattfinden.

Zu seinem 79. Geburtstag präsentierte das Fernsehen zur »Woche der Brüderlichkeit« Heinz Rühmann in einer Rolle, die er im Vorspann betulich erklärte, »warum er diese und keine andere spielen mußte«. Die harmlos-rührende Legende vom zweifelnden Gottesmann ist nicht das stärkste Stück von *Network*-Erfolgsautor Paddy Chayefsky. Aber Rühmanns Komik, dem Weinen stets näher als dem Lachen zu sein, gab sogar dieser Nichtigkeit noch so etwas wie Tiefgang. »Heinz Rühmann zieht alle Register seiner rührenden, verschmitzten, traurig-komischen Kleiner-Mann-was-nun-Starkunst.« *(Süddeutsche Zeitung,* 1981) Und die *Frankfurter Allgemeine Zeitung,* 1981: »Man hat Vergnügen nie leiser und intensiver gesehen als hier, und unwillkürlich fällt einem, will man die Souveränität des Spiels kennzeichnen, sein *Hauptmann von Köpenick* ein. Der ist lange her, aber seitdem hat man nicht vergessen, was für ein großer, weit über das Komikerfach hinausragender Schauspieler er ist. Er hat das jetzt wieder bestätigt, ohne Zeichen von Ermüdung.«

Heinz Rühmann und Partner

Heinz Rühmann als Regisseur

Lauter Lügen
1938

Regie Heinz Rühmann. *Regie-Assistenz* Kurt Hoffmann. *Buch* Bernd Hofmann. Nach dem gleichnamigen Bühnenstück von Hans Schweikart. *Kamera* Carl Drews. *Kamera-Assistenz* Ulrich Heiligenstedt, Walter Chmillon. *Musik* Michael Jary. *Ton* Bruno Suckau. *Schnitt* Gottlieb Madl. *Bauten* Willi A. Herrmann. *Darsteller* Albert Matterstock (Andreas von Doerr), Hertha Feiler (Gerda, seine Frau), Fita Benkhoff (Elisabeth, ihre Freundin), Hilde Weissner (Joan Bennet), Johannes Riemann (Dr. Algys), Charlotte Witthauer (Fräulein Müller), Just Scheu (Dr. Spitzkötter), Eberhard Leithoff (Theobald), Rolf von Nauckhoff (Paul, Rechtsanwalt), Ursula Ulrich (Bettina), Lucie Lumera (Lina), Wolfgang Staudte (Mixer), Paul Bildt (Dr. Nägeli), *Produktion* Terra-Filmkunst GmbH. *Länge* 2386 Meter. *Uraufführung* 23. 12. 1938.

Andreas von Doerr, ein verunglückter Rennfahrer, verliebt sich während seines Sanatoriumsaufenthaltes in den Bergen in die schöne, elegante Joan Bennet. Seine zuhause auf ihn wartende Frau Gerda wird von Joan selbst darüber unterrichtet und macht ihre Ansprüche geltend. Gerda nimmt den Kampf auf, macht ihren treulosen Mann eifersüchtig und schlägt die Rivalin virtuos aus dem Feld.

Schon lange wußten Schauspiel-Kollegen um die Leidenschaft des Heinz Rühmann, der auch als Darsteller »gern mitinszenierte«. Oft pflegte er ungefragt Ratschläge zu erteilen und seine Regisseure in längere Fachgespräche zu verwickeln. Offenbar schien er am besten zu wissen was für ihn am Wirkungsvollsten war – und nicht nur für ihn. Unmittelbar nach der Scheidung von seiner ersten Frau Maria Bernheim, hatte das Reichsministerium für Volksaufklärung und Propaganda auch nichts mehr dagegen und ließen ihn auf den Regiestuhl. Lauter Lügen wurde sein Filmregie-Debut. Mit dem Regisseur Rühmann trat ein erfahrener Filmfachmann in Aktion. Schon mit der Wahl seines Regie-Assistenten bewies Rühmann filmisches Gespür. Es handelte sich um Kurt Hoffmann, der noch im selben Jahr mit dem *Paradies für Junggesellen,* seiner ersten Regie, erhebliches Aufsehen erregte, und in den fünfziger Jahren *Wir Wunderkinder* und die *Spessart*-Filme inszenierte. Fast alles war für Rühmanns Erst-Regie vorhanden. Das Drehbuch war von ihm in rote und blaue Felder zerlegt und dicht mit Randbemerkungen versehen worden. Die Darsteller Albert Matterstock, Johannes Riemann und Fita Benkhoff waren bereits engagiert worden. Nur die wichtigste Person des Films, die fehlte noch – eine junge Frau. Diese sollte den Vorstellungen des Regisseurs entsprechend überzeugend damenhaft, berückend naiv, überaus apart, jedoch nicht verwirrend extravagant, warmherzig und heiter, aber keinesfalls frisch-fröhlich und schon gar nicht von damals zeitgemäßer, prallfleischiger Vitalität sein. Das zuständige Besetzungsbüro der Terra suchte verzweifelt und fand sie schließlich in Hertha Feiler. Die Verständigung zwischen Regisseur und weiblicher Hauptdarstellerin klappte auf Anhieb. »Eine beachtliche Neuentdeckung, eine mehr vom Herzen als vom Verstand dirigierte Frau eines Rennfahrers. Die tapfere Verteidigerin ihrer Ehe: wunderbar zärtlich und entzückend in ihrer Angst – ein ausgezeichneter Start in ihrer ersten, größeren Filmrolle.« Hans Erasmus Fischer über die Regieführung Rühmanns: »Sie haben weiterhin eine junge Nachwuchsschauspielerin in einer Hauptrolle so liebevoll geführt und ihr erstaunliches Talent so scharf herausgearbeitet, daß nicht nur sie, sondern auch wir dafür dankbar sein sollen.«

Johannes Riemann und Hertha Feiler

Lauter Liebe
1940

Regie Heinz Rühmann. *Regie-Assistenz* Kurt Skalden. *Buch* Thea von Harbou, Egbert van Putten. *Kamera* Ewald Daub. *Musik* Werner Bochmann. *Lied* »Mir gehts gut«, Werner Bochmann (Musik), Bruno Balz (Text). *Kostüme* Margot Hielscher. *Ton* Ewald Otto. *Schnitt* Helmuth Schönnenbeck. *Bauten* Alfred Bütow, Heinrich Beisenherz. *Darsteller* Hertha Feiler (Marlies), Rolf Weih (Hans Haeberling), Hansi Arnstaedt (Frau Nathusius), Hans Leibelt (Herr Haeberling), Olga Limburg (Frau Himmelsteig), Albert Florath (Herr Himmelsteig), Helmut Weiß (Traugott Himmelsteig), Elsa Wagner (Frau Gackstetter), Franz Weber (Herr Gackstetter), Ilse Stobrawa (Agathe Gackstetter), Gretl Theimer (Silvia Gaden), Willi Domgraf-Faßbaender (Enrico Battini), Jeanette Bethge (Frau Klipp), Walter Werner (Herr Klipp), Josefine Dora (Minna), Lucie Lumera (Lisbeth), Claire Reigbert (Wirtin), Hans Sternberg (Wirt). *Produktion* Heinz Rühmann Produktion der Terra-Filmkunst GmbH. *Länge* 2240 Meter. *Uraufführung* 16. 2. 1940.

Hans und Marlies Haeberling kennen einander schon von Kindesbeinen an. Die beiden heiraten, doch nur, um sich bald wieder scheiden zu lassen, denn jeder hat einen heißen schwärmerischen Traum, der verwirklicht werden soll. Hans hat sein Herz an eine Operettendiva verloren, und Marlies ist in einen Sänger verliebt. Das Paar lebt fröhlich und unbeschwert wie Bruder und Schwester zusammen, doch die Enttäuschung über ihre jeweils Angebeteten von einst wandelt ihre Kameradschaft in Liebe und Ehe.

Das Drehbuch von Thea von Harbou und Egbert von Putten läßt zwei junge Leute eine Ehe nur zu dem Zwecke schließen, damit dadurch mißliebige andere Eheschließungen vermieden werden. Die Drehbuchautoren siedelten ihren Film in einer deutschen Kleinstadt an, wo es noch glaubhaft war, daß Eltern für ihre Kinder die »geeignete Wahl treffen« ganz gleich, ob sie sich nun lieben oder nicht. Bei dieser fröhlichen Auseinandersetzung zwischen lebensbejahender und herzerfrischender Jugend und den moralinsauren Vorurteilen eines kleinstädtischen Spießbürgertums führte Heinz Rühmann zum zweitenmal Regie. Es gelang ihm, wirksame Situationseffekte in die Tat umzusetzen. Der Verleih warb mit dem Slogan »Wenn Heinz Rühmann Regie führt, dann sitzt jedes Wort, dann lauert hinter jeder Dialogwendung der Schalk«. Nach der Premiere lobte die Kritik »die Leitung des Spielleiters Rühmann, und die herrlichen Aufnahmen aus Rothenburg ob der Tauber. Allerlei drollige Zwischenfälle und überaus amüsante Parallelszenen geben dem Film das Tempo und die Stimmung, an der man herzliche Freude haben kann.« Auch Hertha Feilers Talent, die bereits Frau Rühmann war, wurde von der Kritik beachtet: »Hertha Feiler kann von neuem ihre große Begabung für unfreiwillige Komik bekunden«.

Hertha Feiler, Ilse Stobrawa, Rolf Weih und Helmut Weiss

Rolf Weih, Hertha Feiler und Josefine Dora

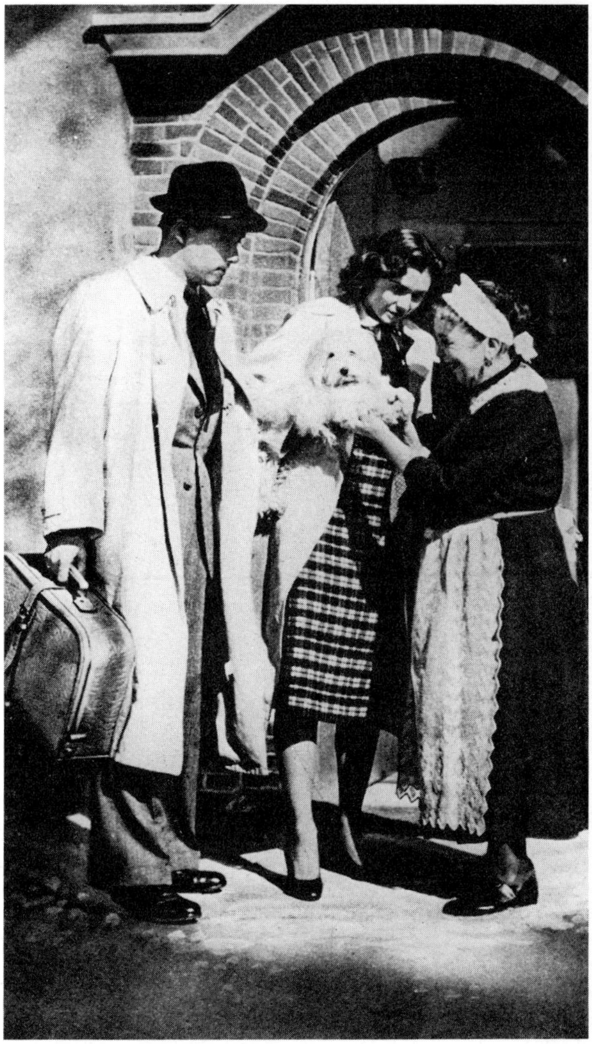

Sophienlund
1943

Regie Heinz Rühmann. *Buch* Fritz Peter Buch, Helmut Weiß. Nach der Komödie von Helmut Weiß und Fritz von Woedtke. *Kamera* Willy Winterstein. *Musik* Werner Bochmann. *Lied* »Mit Musik geht alles besser« Werner Bochmann (Musik), E. Knauf (Text). *Ton* Alfred Zunft. *Schnitt* Helmuth Schönenbeck, *Bauten* Willi A. Hermann. *Darsteller* Harry Liedtke (Erich Eckberg), Käthe Haack (Sigrid), Hannelore Schroth (Gabriele), Fritz Wagner (Knut), Robert Tessen (Michael, Hans Quest (Jürgen), Christina Sorbon (Birgit Lundquist), Jeanette Bethge (Selma, Wirtschafterin), Clemens Hasse (Kramer, Musikschüler). *Produktion* Terra (Produktionsgruppe Heinz Rühmann). *Länge* 2506 Meter. *Uraufführung* 26. 2. 1943.

Die Familie Eckberg lebt auf ihrem Landsitz Sophienlund in vollkommener Harmonie. Am Tage ihres einundzwanzigsten Geburtstages erfahren die Zwillinge Knut und Michael, daß Ihre Mutter gar nicht ihre Mutter ist, sondern nur die leibliche Mutter ihrer Schwester Gaby und sie selbst aus der ersten Ehe ihres Vaters stammen. Diese Eröffnung bringt das Weltblild der Kinder völlig durcheinander. – Unter dem Einfluß des Alkohols bittet Michael seinen Vater um die Hand seiner Stiefmutter. Knut verläßt das Haus und Gaby, die nun nicht mehr nur schwesterliche Liebe für Knut empfindet, sucht ihn in der Stadt und verlobt sich mit ihm. Michael, inzwischen wieder nüchtern, vergißt die Schwärmerei für seine Mutter und sieht seine Mitstudentin Birgit Lundquist mit ganz anderen Augen. Somit ist die Harmonie in Sophienlund wieder eingekehrt.

Käte Haack und Hannelore Schroth

Fritz Wagner, Christina Sorbon, Robert Tessen, Harry Liedtke, Käte Haack und Hannelore Schroth

Für den Film *Sophienlund,* der einer der besten Regieleistungen Rühmanns ist, gelang es ihm, für die Hauptrolle den einst hochgefeierten Stummfilmstar Harry Liedtke zu verpflichten. Auch dafür mußte Rühmann einige Widerstände der damaligen Machthaber überwinden, um Liedtke, der seit Jahren zurückgezogen lebte, vor die Kamera zu bekommen. Im Gespräch mit einem Journalisten äußerte sich Hannelore Schroth über die Dreharbeiten zu *Sophienlund:* »Rühmann war für mich der erste Regisseur, der so geprobt hat, wie man es meiner Meinung nach machen muß. Er sagte damals zu mir, es sei nicht so gut, wenn man eine Textpassage lernt und dann runterkurbelt, man müsse den ganzen Stoff vor Augen haben. Deshalb ließ er die ganze Dekoration aufbauen, und wir probten vier Wochen lang darin. Erst nachdem alles fix und fertig war, wurde der Film gedreht. Ich glaube wir haben damals nur ein Drittel der Zeit gebraucht, die man sonst für einen Film braucht. Und es klappte einfach alles. Rühmann war wahnsinnig präzise.« Tatsächlich wurde *Sophienlund* ein großer, anhaltender Erfolg. »Es ist der sehr behutsamen Regieführung Heinz Rühmanns gelungen, den Wirbel der Gefühle und Taten, die sich in überstürzender Folge Ausbruch zu schaffen versuchen, zu dämpfen, so daß ein Film entstanden ist, über dem, wie ein silberner Schimmer, eine Stimmung liegt, die den echten Komödienstoff in eine Sphäre hebt, die zu den liebenswertesten Darstellungsformen gehört.« (*Steglitzer Anzeiger*) Solche Begeisterung führte denn auch zu der verbindlichen Anregung des Propaganda-Ministers Joseph Goebbels an die deutschen Filmschaffenden »von jetzt ab mehr Familienfilme« zu drehen.

Der Engel mit dem Saitenspiel

1944

Regie Heinz Rühmann. *Buch* Curt J. Braun, Helmut Weiß. Nach dem Bühnenstück von Alois Lippl. *Kamera* Ewald Daub. *Musik* Werner Bochmann. *Kostüme* Walter Schultze-Mittendorf. *Ton* Alfred Zunft. *Schnitt* Helmuth Schönnenbeck. *Bauten* Willi A. Hermann, Julius Daumann, Bruno Monden. *Darsteller* Hertha Feiler (Susanne Henrici), Hans Söhnker (Achim Strengholt), Hans Nielsen (Bernhard Zoller), Susanne von Almassy (Vera Schellhorn), Otto Graf (Dr. Thomas Weinzierl), Lina Carstens (Maria Theresia), Erich Ponto (Barnabas), Walter Werner (Werkmeister), Paul Rehkopf (Rainbichler), Emil Heß (Linus Lanzinger), Friedrich Honna (Dienstmann). *Produktion* Heinz Rühmann, Produktion der Terra. *Länge* 2759 Meter. *Uraufführung* 19. 12. 1944.

Der Klavierfabrikant Achim Strengholt und die Kunststudentin begegnen sich in der Sylvesternacht auf einer einsamen Berghütte und verlieben sich ineinander. Strengholt schenkt seiner Geliebten einen aus Holz geschnitzten gotischen Engel. Das Paar beschließt, gemeinsam Urlaub zu machen. Sie verpassen sich auf dem Bahnhof, und weil beide nicht einmal den Namen des anderen wissen, fahren sie getrennt und tief enttäuscht nach München zurück. Die Liebesnacht auf der Hütte bleibt nicht ohne Folgen und Susanne bekommt ein Kind. Zwei Jahre vergehen. Susanne arbeitet in einem Antiquitätengeschäft. Die zahlreichen Heiratsanträge von netten und seriösen Herren weist sie zurück. Achim Strengholt hat sich inzwischen entschlossen, seine alte Freundin Vera zu heiraten. Vera, auf der Suche nach einem Geschenk für ihren zukünftigen Ehemann, kauft bei Susanne jenen gotischen Holzengel. Der Engel führt Susanne und Strengholt wieder zusammen, Vera verzichtet und Susanne, Strengholt und der kleine Junge werden eine glückliche Familie.

»Trotz aller beschwingten Flügel an Regie, Dialog, Pointen – Heinz Rühmanns Humor zielt diesmal zu zwiespältig: auf Herz und Verstand, auf Tränendrüsen und Zwerchfell. Aber auch die Sonne des Humors erwärmt nur dort am nachhaltigsten, wo sie – um mit Jean Paul zu sprechen – auf Augenblicke wenigstens in Übereinstimmung mit der Welt strahlt. Wunderbar warmherzig und echte Töne erreicht Rühmann dort, wo er aus dem einfachen Menschlichen, Seelischen behutsam schöpft. Darin liegt der eine tiefe Wert des Films, der andere in der brillanten witzigen Dialog-Führung und der liebevollen Malerei kleiner Begebenheiten und Dinge am Rande.«

Hertha Feiler und Hans Söhnker

Die kupferne Hochzeit

1948

Regie Heinz Rühmann. *Regie-Assistenz* Max Michel, Ilona Juranyi. *Buch* Fritz Peter Buch. Nach dem Theaterstück von Svend Rindom. *Kamera* Erich Claunigk. *Musik* Lothar Brühne. *Bauten* Max Mellin. *Kostüme* Gertrud Waldmann. *Ton* Heinz Terworth. *Darsteller* Hertha Feiler (Mette), Peter Pasetti (Per), Sybille von Gymnich (Inge), Hans Nielsen (Otto), Hilde Classen (Hedwig), Bum Krüger (Georg), Erich Ponto (der alte Lehrer) Albert Florath (Zietemann), Georg Vogelsang (Jeschke), Margarete Haagen (Fräulein Truelsen), Christa Berndl (Susi). *Produktion* Comedia (Alf Teichs/Heinz Rühmann). *Länge* 2530 Meter. *Uraufführung* 15. 12. 1948.

Drei junge Ehepaare, die ihre Hochzeit gemeinsam gefeiert haben, geben einander das Versprechen, zu ihrer kupfernen Hochzeit wieder zusammenzukommen. In den sieben Jahren hat sich manches verändert, leider nicht zum Guten: Mette und Per quälen einander mit sinnloser Eifersucht und vergiften ihr Leben mit Egoismus und falschem Stolz. Inge und Otto stehen vor einem nicht geringeren Problem, denn Inge glaubt, bei einem anderen Mann tiefere Erfüllung zu finden. Otto will ihr in selbstlosem Verzicht nicht im Wege stehen, aber diese Haltung übersteigt fast seine Kraft. Die Ehe von Hedwig und Georg dagegen droht in Kühle, Vernunft und gefühlloser Sachlichkeit zu erstarren. Die drei Paare versuchen, ihre Nöte voreinander zu verbergen, und es gelingt ihnen, nach ernsthafter Prüfung wieder zu selbstloser Liebe zu finden und den weiteren Lebensweg gemeinsam zu gehen.

Hans Nielsen, Sybille von Gymnich, Peter Pasetti, Hertha Feiler, Albert Florath, Hilde Classen, Bum Krüger, Margarete Haagen und Partner

Bibliographie

Aeckerle Fritz, *Heinz Rühmann – Der Weg eines Humoristen.* Verlag Carl Curtius, Berlin 1940.

Ball Gregor, *Heinz Rühmann. Seine Filme – sein Leben.* Wilhelm Heyne Verlag, München 1981.

Bandmann Christa / Hembus Joe, *Klassiker des deutschen Tonfilms 1930–1960,* Citadel-Filmbücher bei Goldmann, Wilhelm Goldmann-Verlag, München 1980.

Barthel Manfred, *Heinz Rühmann.* Rembrandt-Verlag, Berlin 1958.

Bauer Dr. Alfred, *Deutscher Spielfilm Almanach 1929–1950.* Filmladen Christoph Winterberg (Herausgeber), München 1976.

Bawden Liz-Anne und Wolfram Tichy (Herausgeber), *rororo Filmlexikon* Band 1–6. Rowohlt Taschenbuch Verlag GmbH, Reinbek bei Hamburg, 1978.

Borgelt Hans, *Das süßeste Mädel der Welt – Die Lilian Harvey Story.* Hestia Verlag, Bayreuth 1974.

Brauner »Atze«, *Mich gibt's nur einmal – Rückblende eines Lebens.* Herbig Verlag, München, Berlin 1976.

Brinker Käthe, *Heinz Rühmann/Hertha Feiler – Er und Sie.* Wilhelm Gründler Buch- und Kunstverlag, Berlin 1941.

Courtade Francis und Cadars Pierre, *Geschichte des Films im Dritten Reich.* Wilhelm Heyne Verlag, München 1975.

Cornelsen Peter, *Helmut Käutner. Seine Filme – sein Leben.* Wilhelm Heyne Verlag, München 1980.

von Cziffra Géza, *Kauf dir einen bunten Luftballon.* Herbig Verlag, München und Berlin 1975.

Eser Willibald, *Helmut Käutner, »Abblenden« Sein Leben, seine Filme.* Moewig Verlag, München 1981.

Eser Willibald, *Hans Moser, »Habe die Ehre« Sein Leben, seine Filme.* Moewig Verlag, München 1981.

Euler Friederike, *Der Regisseur und Schauspielerpädagoge Otto Falckenberg.* Kommissionsverlag J. Kitzinger, München 1976.

Fraenkel Heinrich, *Unsterblicher Film,* Kindler-Verlag, München 1957.

Graff Sigmund, *Von S. M. zu N. S. Erinnerungen eines Bühnenautors (1900 bis 1945).* Verlag Welsermühl München-Wels, 1963.

Hippler Fritz, *Die Verstrickung.* Verlag Mehr Wissen, Düsseldorf, 1981.

Holba Herbert, mit Beiträgen von Günter Knorr, Peter Siegel, *Gustav Gründgens Filme.* Verlag des Dokumentationszentrums Action, Wien 1978.

Ihering Herbert, *Von Reinhardt bis Brecht. Vier Jahrzehnte Theater im Film,* 1924–29, Band II, 1930–32, Band III. Aufbau-Verlag, Berlin, 1961.

Kalbus Dr. Oskar, *Vom Werden deutscher Filmkunst. Der Tonfilm.* Cigaretten-Bilderdienst Altona-Bahrenfeld, Berlin 1935.

Kirst Hans Hellmut, *Heinz Rühmann – Ein biographischer Report.* Kindler-Verlag, München 1969.

Koschnitzki Rüdiger, *Helmut Käutner – Filmographie.* Deutsches Institut für Filmkunde (Herausgeber). Wiesbaden 1978.

Koschnitzki Rüdiger, *Kurt Hoffmann-Filmographie.* Deutsches Institut für Filmkunde (Herausgeber). Wiesbaden 1980.

Kracauer Siegfried, *Von Caligari zu Hitler.* Ein Beitrag zur Geschichte des deutschen Films, Rowohlt Verlag, Hamburg 1958.

Landsittel Claus, *Kortner anekdotisch.* Kindler Verlag, München 1967.

Markus Georg, *Hans Moser – Ich trag im Herzen drin ein Stück vom alten Wien.* Herbig Verlag, München, Berlin 1980.

Markus Georg, *Paul Hörbiger – Ich hab für euch gespielt.* Herbig Verlag, München, Berlin 1979.

Ophüls Max, *Spiel im Dasein – Eine Rückblende.* Henry Goverts Verlag, Stuttgart 1969.

Riess Curt, *Das gab's nur einmal.* Verlag der Sternbücher, Hamburg 1956.

Rühmann Heinz, *Heinz Rühmann erzählt vom Geschenk der Weisen und anderen Begebenheiten.* Hans Christians Verlag Hamburg, 1977.

Scheugl Hans, *Sexualität und Neurose im Film.* Die Kinomythen von Griffith bis Warhol. Hanser Verlag, München 1974.

Schumann Uwe-Jens, *Hans Albers. Seine Filme, sein Leben.* Wilhelm Heyne Verlag, München 1980.

Sinyard Neil und Turner Adrian, mit Beiträgen von Heinz-Gerd Rasner, Reinhard Wulf, Frank Arnold, *Billy Wilders Filme.* Verlag Volker Spiess, Berlin 1980. Herausgegeben von der Stiftung Deutsche Kinemathek.

Siodmak Robert, *Zwischen Berlin und Hollywood – Erinnerungen* eines großen Filmregisseurs. Herausgegeben von Hans C. Blumenberg. Herbig Verlag, München 1980.

Spiess Eberhard, *Hans Albers – Eine Filmographie.* Kommunales Kino, Frankfurt 1977.

Ullrich Luise, *Komm auf die Schaukel Luise – Balance eines Lebens.* R. S. Schulz Verlag. Percha am Starnberger See 1973.

Wichmann Karin, *Hans Moser. Seine Filme – sein Leben.* Wilhelm Heyne Verlag, München 1980.

Wulf Joseph, *Theater und Film im Dritten Reich.* Sigbert Mohn Verlag, Gütersloh 1964.

Zeitungen und Zeitschriften

Abendpost, Frankfurt, 1952, 1961

Abendzeitung, München, 1968, 1970, 1973

Aufbau, New York, 1964

Berliner Lokal-Anzeiger, 1937

Berliner Tagblatt, 1931

BZ am Mittag, Berlin, 1933

Cahiers du Cinéma

Der deutsche Film, 1939, 1940

Der Film, 1931, 1937

Der Führer, 1937

Der Spiegel, 1966

Deutsche Allgemeine Zeitung, 1936
Deutsche Zeitung, 1934
Die andere Zeitung, Hamburg, 1960
Die Welt, 1949, 1965, 1977
Die Zeit, 1977
Evangelischer Filmbeobachter, 1965
Film-Echo/Filmwoche, 1966
Filmkurier, 1933
Filmwoche, 1933, 1935, 1936, 1937, 1939
Focus on Film
Frankfurter Allgemeine Zeitung, 1960, 1961, 1962, 1963, 1964, 1977, 1981
Frankfurter Rundschau, 1952
Hör Zu, 1980
Katholischer Filmdienst, 1958
Kinematograph, 1931, 1932, 1933, 1934
Kölner Stadtanzeiger, 1957
Licht-Bild-Bühne, 1936, 1937
Morgenpost, Berlin, 1932, 1933, 1934
Münchner Merkur 1960, 1968, 1973, 1977
Neue Zeitung, Frankfurt, 1952
Neue Züricher Zeitung, 1956
Paimann's Filmlisten, 1931, 1940, 1941
Rheinische Post, 1962
Rhein-Neckar-Zeitung, 1949
Rheinisch-Westfälische-Filmzeitung, 1934, 1935, 1936
Steglitzer Anzeiger, Berlin, 1938
Stuttgarter Zeitung, 1966, 1973
Süddeutsche Zeitung, München, 1953, 1959, 1963, 1965, 1981
Tagesspiegel, Berlin, 1959
Tobis-Pressedienst, 1938
Völkischer Beobachter, 1941
Welt am Sonntag, 1965, 1969
Weltbühne, 1931
Weser-Kurier, Bremen, 1950
Westdeutsche Rundschau, 1961